行走在阳光教育的大道上

戴建华　宋江伟　编著

浙江工商大學出版社
ZHEJIANG GONGSHANG UNIVERSITY PRESS
·杭州·

图书在版编目(CIP)数据

行走在阳光教育的大道上 / 戴建华,宋江伟编著.
— 杭州:浙江工商大学出版社,2019.9
ISBN 978-7-5178-3473-1

Ⅰ.①行… Ⅱ.①戴… ②宋… Ⅲ.①中学教育－教育研究 Ⅳ.①G632.0

中国版本图书馆 CIP 数据核字(2019)第 205067 号

行走在阳光教育的大道上

XINGZOU ZAI YANGGUANG JIAOYU DE DADAOSHANG

戴建华　宋江伟 编著

责任编辑	张　玲
封面设计	林朦朦
责任印制	包建辉
出版发行	浙江工商大学出版社
	(杭州市教工路 198 号　邮政编码 310012)
	(E-mail:zjgsupress@163.com)
	(网址:http://www.zjgsupress.com)
	电话:0571-88904980,88831806(传真)
排　　版	杭州朝曦图文设计有限公司
印　　刷	杭州高腾印务有限公司
开　　本	710mm×1000mm　1/16
印　　张	18.75
字　　数	336 千
版 印 次	2019 年 9 月第 1 版　2019 年 9 月第 1 次印刷
书　　号	ISBN 978-7-5178-3473-1
定　　价	58.00 元

序

　　一所地处城乡接合部的初中——杭州市上泗中学,一直把教育科研作为促进学校发展的动力源,多年来潜心研究,屡屡在杭州市教育科研成果评比中获得大奖,在杭城诸多初中中脱颖而出,实属不易,值得钦佩和尊敬! 今天,欣闻学校又一成果——《行走在阳光教育的大道上》即将出版,在此表示祝贺! 本书是学校全体教育工作者立足学校实际而开展的草根研究,它演绎了学校阳光办学理念的发展过程,它是学校落实课堂教学改革、不断促使学生核心素养落地的又一新成果。

　　研究总会给学校带来意想不到的收获,经过全体教师的努力,学校的发展有目共睹:在课程改革方面,为区域整体改革做出了自己的努力,打造了部分省市精品课程,成为浙江省首批全国国际跳棋特色学校,尤其是结合非物质文化遗产开设了上泗竹马课程和木艺 STEM 课程,成为非物质文化传承基地;在课堂教学改革方面,从各个学科入手,积极开展项目制教学实践,逐步形成了以学生素养提升为目的的教学模式;在教学评价改革方面,探索基于项目化教学的校本作业命题研究,形成了特色化课堂项目重现的命题方式,让学生在知识掌握的同时提升了实践能力;在教师专业发展方面,通过多年的课堂教学研究,培养了一大批优秀的教育教学能手。

　　细细品读本书,其传递了一个重要信息——立足课堂教学改革才是学校发展之本。上泗中学深谙此道,在全校教师的努力下,在上级部门的指导下,坚持与区域课堂改革同行,以助力区域课改为己任,致力于课堂教学模式的改革。学校从区域课改背景出发形成学校阳光课堂体系,充分借助小组合作学习带来的课堂效益。与此同时,构建阳光教师精神序列,形成具有上泗特色的教师核心素养,为更好地服务学生奠定基础。

本书的出版,既是学校立足教科研、依托教科研的成果体现,也是所有西湖教育人真思考、真研究、真行动的生动体现。本书的学校发展篇充分投影了过去几年学校在各个教育教学领域的研究,多科融合的拓展课程样态的开发,让教师深入合作,资源共建,形成科学的课程体系;单一学科的项目化教学模式从科学学科做起,不断辐射到各个学科,从而形成初中国家课程的项目化实施体系;艺术领域的学科教学充分结合校内外资源,让阳光学子展示其内在的核心价值,让更多的学生融入艺术,文化学习之余更能感受艺术带来的乐趣。每一个学科在课堂改革的探索上都扎实、有效,这凝聚了全校教师的智慧与汗水,为区域课堂教育教学提供了实践样本,贡献了自己的教育智慧。

　　路漫漫其修远兮,吾将上下而求索。我们有理由相信,学校会以此为基点,坚持走"教科兴校"之路,再次迈开教育教学改革的新征程。相信在新课改的路途中,上泗中学会给大家带来更多的惊喜,因为他们的研究永远在路上……

杭州市教育科学研究所所长　俞晓东

2019 年 9 月 1 日

目 录 CONTENTS

/文科教学/

/艺体教学/

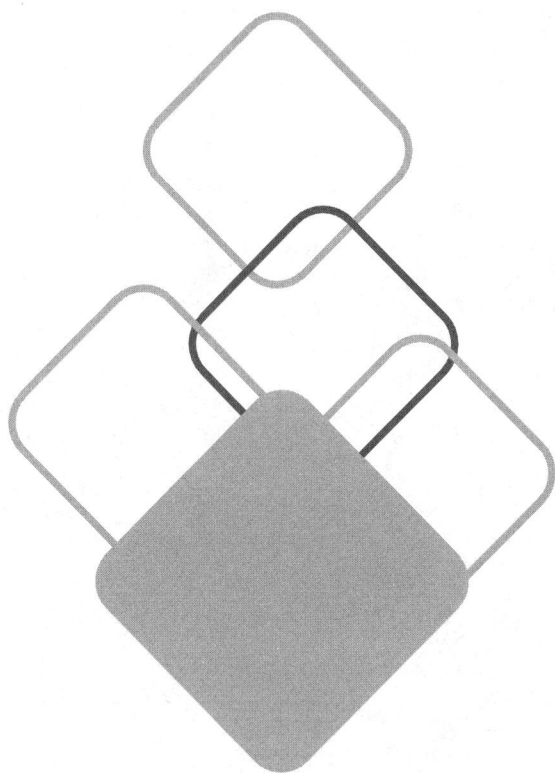

学校发展

构建教师精神序列　促进现代学校发展
——绩效工资背景下的学校教师精神建设研究

戴建华

【摘　要】随着我国社会的快速发展和绩效工资的全面实施,学校管理的大背景已发生深刻变化,这需要我们认真加以研究。现代学校管理是一项复杂的系统工程,涉及的内容非常广,其中教师队伍建设是现代学校管理的核心,而教师精神建设是学校管理中的重中之重。本文认真研究学校管理的背景,结合学校的实际,提出传承和发展学校教师精神建设,构建以职业精神、科学精神和人文精神为主要内容的现代教师精神,促进教师队伍建设,提升教育教学水平。

【关键词】绩效工资　教师精神　职业精神　科学精神　人文精神

一、研究背景及意义

(一)课题研究的背景

1. 在价值多元化的今天,学校教师精神建设的课题一直是个难题

我国目前正处在社会转型时期,社会出现价值多元化,存在着传统价值观与现代价值观的冲突,存在着本土价值观与外来价值观的冲突,人们的信仰与追求也出现了多元化,社会各个阶层也出现了前所未有的变化,社会矛盾随着国内经济的发展和国际环境的变化而变得更加复杂。随着学校外部环境变化的日益复杂,社会的主流文化影响着学校文化,学校作为一个特殊场所肩负着教书育人的重要职责,尤其需要加强学校教师精神建设,而学校教师精神建设又是当前学校管理者面临的一个难题。

2. 绩效工资实施以来,物质的刺激张力日渐变弱

(1)教师积极性的激励问题

2009年中小学进行了工资结构改革,实行了绩效工资,学校的所有经费全部实行收支两条线,而且全年人均总额限定,按照既定方案进行发放,今天"暮四",明天只能"朝

三"了,非常透明,没有任何悬念。校长手上的"财权"和"自主权"同原来相比少了,而且有相当部分学校,和原来相比收入降低了,教师的积极性也随之降低了。教师积极性的调动,特别是骨干教师积极性的调动,是学校管理者面临的一个难题。

(2)学校中层积极性的激励问题

绩效工资改革以前,学校中层只有任教老师的一半工作量,另外一半工作量就是行政事务,每月给相应的职务津贴。绩效工资改革后,取消了行政职务津贴,学校行政或多或少也受到影响。总之,实行绩效工资以来,物质刺激的张力日渐变弱,摆在学校管理者面前的是如何进行精神激励。

(二)课题研究的意义

1.加强学校教师精神建设,有助于教师的专业成长

教师是一种职业,更应当是一种事业。作为一种职业,教师必须对职业忠诚,遵守职业道德和职业行为规范。作为一种事业,教师的工作要能使教师通过创造性的劳动实现自我价值,达到成功体验。课改的成功与否,其中的一个重要因素就是教师的专业化程度。而教师精神则会激励着教师不断取得成功,过一段幸福完整的教育生活,在促进学生成长和学校发展的过程中实现自我价值。加强学校教师精神建设,有助于加速教师的专业成长。

2.加强学校教师精神建设,有助于学校的和谐发展

对国家而言,稳定压倒一切,对一个单位或组织而言亦是同样道理,只有稳定了,我们的事业才能发展。绩效工资的改革,掀起了不小波澜,使部分教师更关注回报的问题。付出与得到是否成正比,教师与管理者之间、教师与学校之间的问题凸显,要做到科学公正,真的很难,这个时候尤其需要"小事讲奉献,大事讲原则",需要讲政治、讲正气、讲精神,通过绩效工资改革这一契机,用学校精神去引领学校各项工作的开展,促进学校的和谐发展,从而使学校发展上一个新台阶。

3.加强学校教师精神建设,符合国家教育发展纲要

《国家中长期教育改革和发展规划纲要(2010—2020年)》第十七章第五十一条指出,建设高素质教师队伍。教育大计,教师为本。有好的教师,才有好的教育。提升教师素质,努力造就一支师德高尚、业务精湛、结构合理、充满活力的高素质专业化教师队伍。第五十二条指出,加强师德建设。加强教师职业理想和职业道德教育,增强广大教师教书育人的责任感和使命感。教师要关爱学生,严谨笃学,淡泊名利,自尊自律,以人格魅力和学识魅力教育感染学生,做学生健康成长的指导

者和引路人。这里都涉及学校教师精神建设。所以,本课题的研究也符合《国家中长期教育改革和发展规划纲要(2010—2020 年)》的要求。

二、对绩效工资背景下教师精神的理性思考

(一)绩效工资

绩效工资是指通过对教职员工的工作业绩、工作态度、工作技能等方面的综合考核评估,确立员工的绩效工资增长幅度,以科学的绩效考核制度为基础。

国家从 2009 年开始对中小学进行了工资结构改革,实行了绩效工资,学校的所有经费全部实行收支两条线,而且全年人均总额限定,绩效工资总额的 70% 由区财政统发,绩效工资的 30% 由学校制定方案进行发放。学校的物质激励措施随着绩效工资的改革,也发生了很大变化,这就对学校的管理提出了挑战。

(二)学校精神

学校精神是指一所学校在一定的社会历史条件下,在长期的文化创造过程中积淀、整合、提炼出来的,反映学校广大师生员工共同的理想目标、精神信念、文化传统、学术风范和行为准则的价值观念体系和群体意识。就其内涵来说,它是一所学校在长期的发展过程中逐渐形成的共同的价值取向和心理诉求,是一所学校在各种环境下得以发展壮大的精神支柱,是激励全校师生为实现美好目标积极进取的精神动力;从其外延看,它体现在全校师生的思维方式、行为方式和生活方式之中,体现在全校师生的共同理想信念、道德品格、价值准则和性格特征之中,体现在学校的全部生活和文化形态之中。学校精神的内容非常丰富,教师精神是学校精神的重要体现。

(三)教师精神

教师精神特指绩效工资背景下教师层面的精神文化建设,不涉及制度文化、行为文化和物质文化精神,是伴随着学校的教育管理和教育教学活动逐渐积累起来的,能够被全校教师所认同的一种群体认识和工作氛围。其核心内容是学校教师的精神风貌、目标追求、价值取向和行为模式。

1. 提炼学校精神

(1)研究办学历史

我校是一所历史悠久的初级中学,它的历史任务是普及九年义务教育。从

1959年开办至今,50余年共培养初中毕业生48届15200余人,高中毕业生21届2800余人,入学率、巩固率、合格率、毕业率达99%以上,为各条战线输送了大批劳动后备力量,为各类高等学校输送了大批优秀人才。

在初步发展时期,学校坚持贯彻国家教育方针,教育教学秩序井然,师资力量逐步充实,学习文化知识与农业技能结合,形成"严谨治学、刻苦求学、遵纪守法、尊师爱生、热爱劳动、勤俭建校"的良好氛围。

"文化大革命"时期,学校遭受严重破坏。党的十一届三中全会后,经过拨乱反正,落实知识分子政策,调动了师生积极性,学校规模扩大,还兴办企业,五金厂、服装厂、玻璃钢设备厂、保安器材厂和综合商店等,从而有资金改善办学条件,一手抓智育,一手抓德育,学校重新走上健康发展之路,多次荣获杭州市西湖区先进集体称号。1987年10月,国家教委副主任柳斌,在副省长李得葆、省教委副主任邵宗杰、市教委副主任王蛟及西湖区、局领导陪同下莅临学校视察,为学校历史留下光荣、难忘的一页。

特别是20世纪90年代以后,在党和国家的方针政策指引下,上级政府及主管部门的领导下,学校全面快速地发展,坚持国家的教育方针,积极实施素质教育,解放思想,转变观念,锐意改革,建立了校长全面负责、党支部监督保证、教代会民主参与的管理机制。2005年,学校通过了区教育督导优秀级评估。

迄今,学校经过全面改建,校园面貌焕然一新,办学条件趋于完善,师资队伍更加充实,教育质量大步提高,已赢得当地政府的充分肯定和社会的良好赞誉。

(2)提炼教师精神

学校开办之初,条件极为艰苦,困难重重。师资不足,为开齐课程,教师勇挑重任,毫无怨言。校舍尚未全部完工,窗户未装玻璃,门窗未上油漆,室内还是泥土地,即遭台风暴雨来袭,校内积水尺余,室内亦被水淹,但并未停课,师生均赤足浸在水中坚持上课,足见求学之深切,教师敬业之感人。

学校校址原为水田,地势偏低,操场凹凸泥泞,不能进行正常体育活动,师生们齐心协力,从狮子山上掘土填垫,垫高操场。学校头一年尚未通电,晚自习时教室挂一盏汽灯,教师夜间办公用煤油灯,但师生们不畏艰难,从不懈怠。

他们将美好的青春乃至一生的心血都献给了上泗,经过上泗人一代又一代的努力,形成了"艰苦创业、奋力拼搏""严谨治学、敬业爱生"的教师精神,这种教师精神将永远激励上泗人继续开创美好的未来。

(3)构建三大精神

根据目前学校发展的实际情况、教育形势发展的新要求和新时期教师精神的新呼唤,在继承传统的教师精神基础上,吸收了新的元素,主要从职业精神、科学精神和人文精神三个维度来构建教师精神:构建"有信仰、遵操守、不懈怠"的教师职业精神,构建"善学习、会研究、能创新"的教师科学精神,构建"雅情趣、品幸福、共和谐"的教师人文精神。

三、实践操作

在学校开办五十周年之际,随着社会经济的发展、国家综合国力的增强和人民群众对教育需求的变化,教育的要求和形势也发生了根本性的变化。2009年国家对教育系统实行了绩效工资改革,学校教育的大环境发生了很大的变化。因此,学校需要传承五十年来积淀的"艰苦创业、奋力拼搏""严谨治学、敬业爱生"的教师精神,并在传承的基础上融入新时代的元素,研究现代学校背景,探索现代教师精神内容,充实现代学校教师精神,构建我校教师精神序列,培育符合新时代要求的教师精神,推动学校实现新的跨越式的发展。

在实践的过程中,培育形成了以"有信仰、遵操守、不懈怠"的教师职业精神,"善学习、会研究、能创新"的科学精神,"雅情趣、品幸福、共和谐"的人文精神为主要内容的现代教师精神,充实了现代学校教师精神,形成了我校教师精神的序列(见图1)。

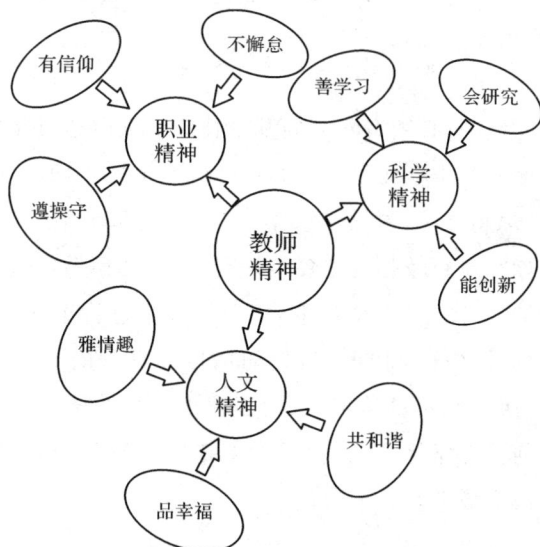

图1 教师精神序列示意图

（一）培育具有"有信仰、遵操守、不懈怠"的职业精神的现代教师

现代教师所具有的职业精神，主要从"有信仰、遵操守、不懈怠"三方面来构建（见图2）。

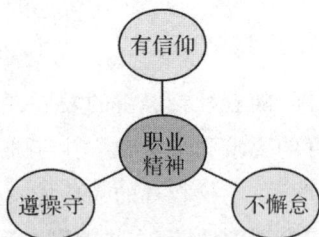

图 2　现代教师职业精神构成

1. 规划教师专业，做"有信仰"的现代教师

（1）价值引领

任何一个行业，要想做好，都需要一种职业情怀，都需要一种职业信仰、一种职业理想。所谓信仰，是指人的心灵被某种主张、说教、现象或力量所震撼，从而在意识中自动建立起来的一套人生价值体现。作为教师，同样需要树立坚定的信仰和远大的理想，也就是从做教师那天起，就要钻研学科专业，研究学生，立志做最好的自己，争取做最好的教师。

（2）技能引领

教师要做最好的教师，必须有专业的基础技能培训。通过技能培训，让教师树立"面向全体学生，促进学生全面发展"的教学观念，形成正确的学生观和教育质量观，不断优化教学过程和方法，引导学生学会学习，使每个学生在原有的基础上得到充分的发展。比如针对新教师的主要培训有：一是如何做好教学五认真，即做好"备课、上课、批改、辅导、考试"五个环节，每个环节都进行细化，详细剖析和讲解，让教师明白应该做到什么样的程度；二是如何培养良好的学习习惯，努力做好 N 个第一次，包括第一次如何面对学生、课代表和小组长的培养，作业的格式与收发要求、作业订正，如何做课堂笔记，如何整理纠错本，如何处理学生第一次违纪，等等。正是这些细节决定成败！

（3）规划引领

做最好的自己，必须要学会规划自己的教师职业。为此，我们引进 SIDR（思得）模式帮助教师进行职业规划（见表1）。这项研究基于20世纪70年代英国学校

的效能研究,其目的是通过改善学校的管理方式,使校长学会战略管理,使教师学会职业规划,促进教师的专业成长。

表1 杭州市上泗中学教师个人专业发展三年规划表

姓名		性别		职称		学历		学科	
个人情况简单分析									
1.自我定位 2.优势分析									
三年发展目标(— 年)									
1.学科上: 2.科研上: 3.管理上: 4.职称上:									
具体落实措施									
1.学习上: 2.写作上: 3.学科上: 4.学生方面: 5.科研方面: 6.职称方面:									
审核 <div style="text-align:right">教务处 年　月　日</div>									
协调 <div style="text-align:right">校长室 年　月　日</div>									

2.追求幸福生活,做"遵操守"的现代教师

(1)遵守教师职业道德:师爱——教育之灵魂

没有爱就没有教育,师爱是教育之灵魂。师爱蕴藏在教师平日的一言一行中,一个鼓励的眼神,一句及时的表扬,一个会心的微笑,无不体现师爱,师爱无小事。

（2）提高教师职业素养：礼仪——教师之形象

教师的礼仪包含很多内容，如教师的言行举止和穿着打扮等等，体现教师之形象，同时也影响自己的职业幸福感。一个人的气质、自信、涵养往往从他的姿态中就能表现出来。作为教师，更要注意自己在各种场合的行为举止，做到大方、得体、表情丰富。目光、站姿、手势等方面都有一定的要求。言语表达要准确、音量要适当、语言要精练、讲课可以适时插入一些风趣、幽默的话，亲近学生。

（3）调节教师职业心理：心态——幸福之密码

教师的心理健康水平从某种意义上讲，会影响学生的心理健康。而处于初中阶段的学生本身是非常敏感的，作为教师更需注意调节自己的心态，使自己的情绪处于积极状态，"勿傲、勿暴、勿怠，宜和、宜静、宜庄"。树立积极阳光的心态，快乐工作每一天。

3. 教师诲人不倦，做"不懈怠"的现代教师

（1）诲人不倦

所谓诲人不倦，是指教育学生要有耐心，从不厌倦。诲人不倦出自孔子的《论语·述而》："学而不厌，诲人不倦，何有于我哉？"教师教育的态度应该要做到诲人不倦，主要包括以下两层意思：

第一，耐心育人。耐心育人体现现代教师的一种职业态度，一种职业精神。《管子·权修》中写道："一年之计，莫如树谷；十年之计，莫如树木；终身之计，莫如树人。"这段话延伸出来的意思就是"十年树木，百年树人"。

教育需要一个很长的过程，教育是一种慢艺术，需要教育者用耐心去倾听，去等待，去体会，去欣赏，收获的是学生更大的成功。智慧民族犹太人有这样一句名言："没有卖不出去的豆子。"故事说的是做买卖时，如果卖不完豆子，就把豆子加入水让它发芽，几天后就可以卖豆芽。如果豆芽卖不出去，那么让它长大些，卖豆苗。如果豆苗卖不动，再让它长大些，移植到花盆当盆景。如果盆景卖不出去，那就再次移植到土里，让它成长，会结出很多新豆子。一粒豆子变为成百上千粒豆子，不是一种更大的收获吗？豆子的多样性潜质，被犹太人用耐心去发现，并合理地挖掘和开发出来了。其实，教育也一样，教育需要耐心。耐心育人是现代教师精神的一个重要内容。

第二，智慧育人。教师在做到耐心育人的同时，还需要做到慧心育人。所谓慧心育人，就是指教师在遵循为了每一个学生的健康成长原则的基础上，教师用慧眼去观察学生，用慧心去和学生沟通，用慧手去引导学生，用智慧去教育学生，做一个

有智慧的教师。

随着现代科技的发展,社会形势和人口结构均发生了很大的变化,教师需要根据变化,准确把握形势,科学研究学生,做到智慧育人。现代科技迅猛发展,新技术、新产品层出不穷,更新非常之快;社会形势也发生日新月异的变化,城市化进程非常之快,各项事业的改革向纵深推进,社会的矛盾日益突出;与此同时,由于受科技发展和社会形势迅速发生变化的影响,人口结构和成长氛围也发生了很大的变化,学生的发展变化受到前所未有的挑战,正因为如此,需要教师有正确的教育态度,做到智慧育人。

(2)有教无类

孔子提出了有教无类的思想。教育面前人人平等,每个人都有接受教育的权利,没有高下贵贱之分。教师对学生的爱是不分类别的,爱是广博的。有教无类主要从因材施教和一视同仁两个方面进行阐述。

第一,因材施教。学生的差异不仅是客观存在的,而且是合理的,我们既找不到两个完全相同的学生,也不会找到能适合任何学生的一种教学方法。学生存在不同方面、不同水平的差异,这就需要教师去关注、去研究学生的差异,以便找到个性化教学的科学依据来因材施教,针对学生的不同情况,设计不同的教学方案,我们要保证适应每一位学生的学习方案才行,这样的教育教学行为才能真正得到学生的认可,更能体现学校教师良好的职业精神。正因为如此,美国心理学家加德纳提出多元智能理论。现代教师就是努力开创适合学生的教育,适合学生的教育才是最好的教育。

第二,一视同仁。这里的一视同仁,主要表现在教师对学生态度的一视同仁上。教师要真正树立人人都能成才的观念,对待学生一视同仁,热爱每一个学生,不歧视任何学生,哪怕他身上有不少缺点;教师要有"包容心",教师要"有所为有所不为",给学生充分的自主空间。这样学生在活动中更多看到的是自我意识的体现和自我价值的创造,对于培养他们的动手能力和创新意识均有事半功倍的效果。师生的关系是平等的、民主的、互相理解和信赖的、和谐的。只要教师有了这大爱的职业精神,教育就能顺利进行。现在很多教师因为种种观念、考核等因素,眼里都揉不进后进生。在教育发展的今天,尤其需要教师在教育学生的过程中真正做到对学生一视同仁。这既是教育的内在要求,也是学生受教育的权利。

(二)培育具有"善学习、会研究、能创新"的科学精神的现代教师

现代教师所具有的科学精神,主要从"善学习、会研究、能创新"三方面的内容

来构建,三者关系如图 3 所示。

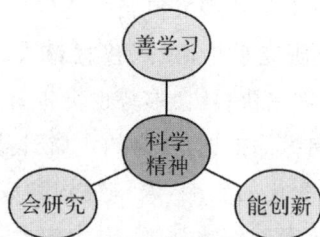

图 3　教师科学精神的构成

1. 开发教师培训,做"善学习"的现代教师

根据教师的培训意向,制定出菜单式的培训项目清单,为不同的教师选择培训内容提供参考,使培训目标更加具体化、实际化,更易于操作,满足教师需求。

(1)教育教学理论培训菜单

①国内外先进教育理念专题培训。通过借鉴国内外的先进管理经验、课程及教材等,使教育事业发展更加深远、快速。此项内容借助光盘,骨干教师外出取经,专家教师引领等途径借鉴国内外教育的新理念。

②国家中长期教育规划专题培训。通过学习《国家中长期教育改革和发展规划纲要(2010—2020 年)》,明确其工作方针,了解其对义务教育提出的目标和任务;学习《国家中长期教育改革与发展规划纲要(2010—2020 年)》,进行论坛交流,结合学校"十三五"发展规划,同时规划好自己的三年成长计划,并积极落实。通过培训,使教师更加明确当前义务教育的发展方向和工作重点。

③班级管理专题培训。班主任管理也作为一项专题培训,通过专家引领讲座、班主任主题论坛交流、班级现场指导、师徒结对等途径提升教师的精细化管理能力,倡导精细化的班级管理理念,力求在一日工作中各环节精细化、明确化,每个活动每个环节都能促进学生的发展,进一步提升教师的班级管理水平。

④中层干部管理培训。正确路线确定后,干部就是决定因素。学校的中层干部是学校的中坚力量,学校的办学方针、政策和措施实施的效果如何,很大程度上取决于中层的执行力。所以学校中层干部管理培训,非常有必要。培训的内容主要涉及管理理念、岗位职责、策划能力、团队能力、执行能力等等。通过中层干部管理培训,提高行政的执行力、创造力和团队凝聚力。

(2)教学实践能力培训菜单

①有效教学专题培训。有效教学是指教师通过单位时间的教学,使学生的学习效益获得最大化,使每个学生在原有的基础上都尽可能最大化地发展。此专题

培训内容主要有理论学习与实践教学,理论学习以书籍、刊物、网络资源为主,实践教学以观摩研讨为主,包括同课异构、异课同构、青年教师汇报课、学科带头人展示课、学科教学讲座等研讨活动,进一步完善、调整教学策略,进而达到教学的有效性,使学生受益终身。

②听课评课专题培训。通过此菜单培训,要求听课者明确听课的目的、计划和要求;了解教材、学生和教师的基本情况;处理好听课者与被听课者的关系;不断地学习教育教学理论,了解有关学科的课改信息;做到听、看、记、思有机的结合;学会科学地做好听课记录;积极参与评课,大胆地表达。评课会从十个方面展开,即从课前准备、教学态度、教学方法、教学组织安排、教学具的运用、师生的互动、学科专业技能、应变能力、教学媒体的运用、教学设计能力等方面进行评课,通过评课提高教师专业水平。

③说课技巧专题培训。说课就是教师以教育教学理论为指导,在精心备课的基础上,面对同行、领导或教学研究人员,主要用口头语言和有关的辅助手段阐述某一学科课程或某一具体课题的教学设计(或教学得失),并与听课者一起就课程目标的达成、教学流程的安排、重点难点的把握及教学效果与质量的评价等方面进行预测或反思,共同研讨进一步改进和优化教学设计的教学研究过程。说课主要培训说教材、说目标、说重点难点、说教法、说学法、说设计等等。通过培训,使教师加强对课程标准、教材的理解程度,对学生、教学方法、教学媒体等的了解程度,增加教师的实践经验,提高其语言表达能力并扩大其知识面等。

(3)教育科研能力培训菜单

①科研论文专题培训。培训内容主要包括学会选择论文题目、学会查阅资料、学会整理收集资料、掌握论文的基本格式、学会修改论文。

②科研立项课题培训。培训内容主要包括当前科研的形势、如何选择研究课题、立项课题方案的撰写、课题立项的基本程序、课题结题报告的撰写等内容。

2.提升科研水平,做"会研究"的现代教师

(1)构建学习型组织

①创设环境。环境能潜移默化地影响人,也能改造人,创设一个良好的环境,需要从软环境和硬环境两方面来进行。硬环境,就是指校园环境的布置,需要有一个安静、温馨、学习的物质空间环境。这几年,学校遵循"环境育人"的理念,非常重视校园环境的建设,学校环境有了很大的变化。走进学校大门迎面就是校标——托起明天的太阳,寓意教师用手托起明天的太阳——学生,提醒着我们教师的责任

和使命;走进校园里面非常幽静,有"静思、博学"的雕塑,只有"博学、静思",教师的专业化才能提升。优美的校园环境,不仅能陶冶教师的思想情操,更能激发教师的工作激情和进取发展的精神。因此,学校校园环境的设计和布置也是需要精心考虑的。软环境,指的是教师精神。学校有良好的发展愿景,有良好的学习文化,有良好的执行力。目前我校管理者带头学习,认真细致地制定"十三五"发展规划,组织教师先后进行读书论坛学习,班级管理论坛学习,营造良好的学习氛围。

②制定规划。人的发展是需要规划的。前几年教师不是很重视制定规划,学校管理层却非常重视,因而对教师进行分类指导、督促。对骨干教师,学校要求志存高远,认真钻研教材教法,提高课堂效率,努力成为学科带头人、教坛新秀。在发展自己的同时注重团队建设,成为团队发展的领头雁,促进整个团队水平的提高。对年轻教师,学校重点认真指导年轻教师做好规划的制定工作。年轻教师规划制定好之后,学校分别对每一个年轻教师制定的规划进行细致的指导,然后定期汇报执行情况,帮助年轻教师修正规划,督促年轻教师认真执行规划。

③设计载体。构建学习型组织,需要设计有效的活动载体。只有通过设计贴近学校实际又体现教师发展需要的载体活动,才能创造良好的学习氛围,才能激发教师的学习力,这是我校管理层一直在思考的问题。近年来,我校设计了很多载体,如追寻精神、录像诊断、撰写反思、读书活动、成长汇报等等,创设良好的学习氛围,为教师搭建成长的平台,弘扬教师科学研究的精神。在追寻精神的活动中,通过寻访老教师,述说学校办学历史,挖掘艰苦创业的老黄牛精神,感动在校教师,激励在校教师勇于担当、积极向上。在录像诊断活动中,为了使新教师更快地适应课堂教学,尽快地进入状态,每个学期从开学初就要求信息组教师对新教师第一个月的课进行跟踪拍摄,让新教师充分利用好自己的上课录像,用心观看,写好反思,修正教学行为,从而使自己尽快地进入状态,熟练掌握中学课堂教学的基本要求。在教育教学反思活动中,每次上课结束之后,或者试听课结束后,教师都做一个有心人,及时记录所思所想,学会记录,坚持写教育随笔,使教师成长得更快更好。

(2)案例研讨

案例研讨,可以使教师准确把握教学目标,提高驾驭教材的能力。为教师提供一个良好、宽松的学习环境,使教师有较大的自由度、有较多展现自己的机会。如采用呈现案例(文字或录像)—小组讨论分析案例—集体讨论—总结评述的过程研究。如就如何组织情景教学活动、如何进行说课评课、如何更好地与家长交流、如何促进培养班干部、如何推进班集体建设等问题的研究。又如组织教师按照"主题设计—小组研究—活动展示—个人反思—集体反思—形成模式"的程序开展研讨活动,以点带面引导教师进行课例研讨,通过集体剖析、反思、互相启迪,不断切磋,从而转变教育行为,提升教育理念,架起理论联系实际的桥梁,有效地提高教师的教育教学能力与反思能力。

(3)课题研究

科研兴校,科研兴教,科研是学校发展的助推器。开展有效的科研活动,有利于提高教师研究水平,是教师在职业务学习的重要手段,是教师提升自己的重要途径。近年来学校每年都有一个总课题,学校以总课题为中心,以课题引领研修,以课题带动研修,以课题推动研修。以课题研究并进,基于课题研究,鼓励教师积极参与教育科研,成立课题小组,以群众的力量带动个体,让教师在集体中成长。

在开展课题研究的过程中主要开展了以下活动:①理论引导。学校科研室编辑理论资料或者购买理论书籍,开展理论学习,促进教师提高理论水平。②名师引领。学校开展名师上课、名师讲座、名师协同等形式的活动,为了发挥名师(骨干)的示范效应,让老师们观摩,学习教学理念、教材处理、教学设计、教学规范、教学艺术、课题研究等,从而促进教师成长。③勇于实践。在开展科研活动时,学校一般先发范式,让老师照样画葫芦。然后选点,教师根据自己的实际提出自己教育教学上最有效的做法或最需要解决的问题,作为研究的课题,完成草稿后再进行修改、调整。只有实践过了,亲身去做了,才知道自己也是行的,进而克服了心理恐惧感,这样教师们受益匪浅,提高了自身的科研力。

3.构建理想课堂,做"能创新"的现代教师

(1)采用常态课管理机制运行策略:分级定岗、分层推进

第一,分级管理,明确职责。常态课教学管理制度实施策略,从纵向的层次来看,以常态课为中心,实行备课组长、教研组长、教务处、校长室分级管理,分工明确,各司其职,各负其责,如图4所示。

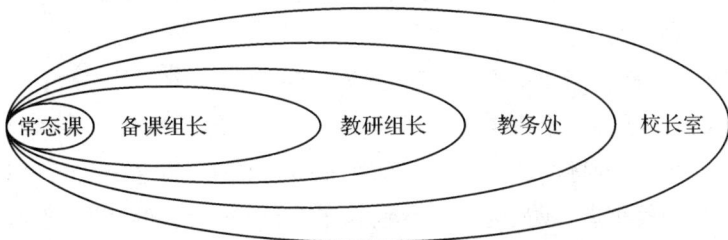

图4 学校部门分级管理示意图

备课组长:主持、督促、协调备课组成员之间的活动;做好本备课组老师的点名工作;协调分工好每一次集体备课活动的主讲人;安排好台账的记录工作;负责审核同一备课组其他成员的教案。

教研组长:主持、督促、协调教研组成员之间的教科研活动,负责审核《期初集体备课记载表》,协助教务处检查教研组成员教案,协助教务处做好常态课听课、评课工作。

教务处:安排各类常态教研活动;定期参加、检查和指导各教研组集体备课活动;定期检查教案和作业,并做好记载;经常深入课堂检查常态课质量和做好评课活动;定期检查和展览课堂笔记和纠错本;引导教师研究常态课。

校长室:指导教务处开展工作;经常深入常态课堂了解常态课情况,开展校本研修活动,提高常态课质量。

第二,步步为营,深入课堂。常态课教学管理制度实施策略,从横向的层次来看,主要完善常态课的常规检查制度和监测制度,成立常态课教学质量监控小组,主要负责:

①步步监控,审核教案。重点监控审核以下几方面的内容:监控审核常态课学科内容的重难点、深广度,监控审核常态课训练系统的问题,监控审核常态课教学方法的问题,监控审核常态课教学手段的选择问题。

②深入课堂,随堂听课。为了切实了解常态课,最主要的是开展随堂听课、跟踪听课。通过随堂听课,来观察、诊断教学行为的有效程度,是否落实常态课的重难点,常态课的训练系统是否有层次性,学生的听课状态是否聚焦课堂。

③因人而异,目标驱动。根据每位教师的“最近发展区”,因人而异,体现教师发展的层次性,实行阶梯目标。为此,我们提出三年以内的年轻教师常态课要上达标课、规范课,一般教师常态课要努力成为有效课,骨干教师常态课要努力上成示范课。对不同的教师提出不同的要求,然后用不同的标准去要求,因人而异,促其发展,努力常态有效甚至高效。

(2)常态课管理机制实施途径:录像诊断、反思对话

第一,录像诊断法。常态课教学质量是一个学校教师教学水平和教学质量高低的一个重要指标,问题的关键不再是简单地分出优劣,而是如何帮助教师诊断,促其提高。作为管理者,我认为最大责任在于此,为教师提供服务,录像诊断法就提供了这种可能。从常态课立项研究开始,对学校的备课组、同课异构常态课、学科带头人展示课、青年教师演练课等都进行了录像实拍。

常态课录像诊断法,从研究的情况来看,可以分为四个阶段来进行。我把它称

为"录像诊断四步法",具体如下:

①主题录像。这一步的实施主要由学校信息中心教师负责完成。在课前做好录像准备,提前在教室架好摄像机,上课一开始立即进行拍摄。在拍摄的过程中,根据不同的主题,选择不同的拍摄方法。如何拍摄,那就是拍摄技巧的问题了,我这里不细说了。拍摄好之后,进行拷贝,刻盘保存。

②集体诊断。上课结束之后,听课教师对上课教师的情况,结合录像,运用技术处理如快进搜索等,进行评课。每个教师根据事先的分工,从各自观察的视角,进行点评交流,这就是课堂教学的"他评",从而促进教师教学水平的提高。集体诊断是通过同伴互助,共同分析观察资料,共同磋商教学改进的策略,以加强教师对自我教学的改进。这个过程强调教师彼此平等和相互密切互动和支持,是真正的平等合作,既有助于教师专业发展,也有助于形成良好的校园合作文化。

③自我诊断。通过第二阶段的"集体诊断",然后反复观察录像,还原教学现场,进行全方位的立体反思,消化吸收,实现第三阶段的"自我诊断",从而提高教师的课堂驾驭能力,促进教师教学综合能力的提高。

④录像复诊。所谓录像复诊,就是在前面录像拍摄、集体诊断、自看自评的基础上,对诊断对象进行第二次录像拍摄、集体诊断、自看自评,主要观察与前一阶段诊断相比,存在的问题是否得到了改善和修正,用医学上的术语来说就是复诊。

在"集体诊断"和"自我诊断"的基础上,明确了自己的不足或短处之后,并采取相应的组织修正措施和自我修正措施,经过一段时间的努力实践之后,进行再次录像拍摄,并完成"常态课录像复诊表"。通过这种反思的反思,促进教师常态课质量上一个新台阶。

第二,反思对话法。一位哲人说过:"你有一个苹果,我有一个苹果,相互交换,每人仍有一个苹果;你有一个思想,我有一个思想,相互交换,我们每个人就有了两个思想。"为此,我们把反思对话法作为常态课教学管理机制的又一个实施途径。

所谓反思对话法,是指学校教学管理者和教师基于常态课的教学行为或某一主题而展开的平等尊重、交流提高的反思对话行为,以反思自己的教学理念,指导自己的常态课教学行为,共同提高常态课教学质量的活动。反思对话,不是漫无目的地闲聊,而是有主题的学术论坛。其主要有以下几个特点:

①内容:常态课堂。围绕常态课堂而展开,包括常态课上的个别教学行为或共性的教学行为,也包括常态课有效教学的专题讲座。

②形式:学术论坛。可以是备课组或教研组或全校范围内的平等尊重、交流提高的学术论坛。下面具体以草根教研对话反思和主题论坛对话反思为例来说明。

③目的:发展提高。遵循"为了每一位教师的专业发展"的理念,反思自己的教学行为,提高自己的常态课教学质量,促进自己的专业发展。

(三)培育具有"雅情趣、品幸福、共和谐"的人文精神的现代教师

现代教师所具有的人文精神,主要从"雅情趣、品幸福、共和谐"三方面的内容来构建,三者关系如图5所示。

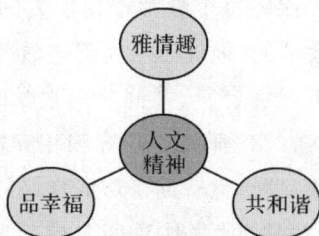

图5 现代教师人文精神的构成

1.营造书香校园,做"雅情趣"的现代教师

(1)推荐与自选书目相结合

现代管理之父彼得·德鲁克:"成功者不是经验丰富的人,而是变革速度最快的人,学习能力最强的人。"社会的发展重在人才,人才的培养在教育,教育的关键在教师。教师必须抱着领先一步就是领先一个时代的信念,从更新理念入手,开展课堂实践研究。作为育人的教师努力使自己成为学习能力最强的人,这样才能引领学生快速成长。

研究阅读需要,把握阅读心理,培养阅读习惯。经过慎重考虑我们向教师重点推荐:励志类、学科类、教育理论类和人文类四类书籍。这几年我们推荐教师阅读了苏霍姆林斯基《给教师的建议》,方明《陶行知教育名篇》,李慧波《团队精神》,陈大伟《怎样观课议课》,郑金洲《课堂教学的50个细节》,严红《促进学生成长和教师发展的评价改革》,宋运来《什么是最有效的教学》,严育洪《问诊课堂:教学望问切》,朱永新《我的教育理想》,张彦春和朱寅年《16位教育家的智慧档案》,肖川《教师的幸福人生与专业成长》,余文森《有效教学十讲》,王君《王君说语文》,R·柯朗、H·罗宾《什么是数学》,等等。同时倡导教师根据自己的兴趣爱好自选书目,特别是前沿信息类的书刊,及时了解社会变革,掌握教育改革动态,与时俱进,跟上时代要求,体现教师个性化的需求。

(2)实施课题研修式读书活动

为了提高教师读书的针对性和实效性,把教师读书作为校本研修的一项重要内容。学校把读书活动与校本研修、课题研究融合在一起,做到三结合。既解决了教师读书时间紧张的问题,又提高了阅读的实效性和针对性,有力推动了学校教育教学工作开展。

①2007学年开展了以"学会听课评课及寻找一堂好课"为主题的课题研修式读书活动。在开展此项研修活动之前,我们做了精心准备。首先,专门学习由四川教育出版社出版的陈大伟的《怎样观课议课》和首都师范大学出版社出版的严育洪的《问诊课堂:教学望问切》等书,同时还专门编辑了《如何听课评课》《一堂好课的标准》等专题资料,发给每一位教师进行学习。其次,召开教研组长会议,统一思想,对教研组长进行培训,并结合学科特点进行讨论学习。最后,由教研组长组织教师运用培训的知识进行深入课堂听课、评课。通过集中阅读、研修,教师们受益匪浅!

②2008学年开展了以"常态课录像诊断"为主题的课题研修式读书活动。"农村中学常态课教学管理机制的研究"是我校被列为区重点规划的研究课题。通过课题的形式来推动校本研修,这是一个转变,也是一种非常好的尝试。每次校本研修,推荐老师学习由福建教育出版社出版的郑金洲的《课堂教学的50个细节》一书,指导教师开展常态课录像诊断活动。在听课之前先讨论确定诊断主题,并制定相应的记载表,然后带着"诊断主题"去听课。同时信息技术组对课堂"原生态"进行全程跟踪录像,刻制成光盘。教研组长再次组织教师观看录像、还原课堂、诊断主题,进行定格分析并撰写录像反思。就这样,形成了"录像四步诊断法"的研修方式,即第一步录像实拍法,第二步集体诊断法,第三步自我诊断法,第四步录像复诊法。这样的课题研修式读书活动,具有很强的视觉冲击力,使很多教师受到了震撼,同时也带动了广大教师主动参与录像诊断与研究。

③2009学年开展了以"修正教学行为,提高教学实效"为主题的课题研修式读书活动。推荐教师学习由江苏人民出版社出版的宋运来的《什么是最有效的教学》,教师根据自己的实际情况,先申报要修正的教学行为,然后交备课组、教研组讨论,确定自己的申报是否恰当。修正主题定好后,要求在一年的教学中进行跟踪分析,即由教师本人针对要修正的教学行为进行修正,本组教师进行观课、讨论、督促,教师本人及时听取意见,并做记载、反思,收集典型案例,修正教学行为,提高教学实效。

④2010学年开展了以"提高教学能力,丰富精神生活"为主题的课题研修式读

书活动。"绩效工资背景下的学校教师精神建设"这一课题被列为杭州市A级课题,学校围绕此课题,开展"提高教师教学能力,丰富教师精神生活"的活动,推荐教师学习由华东师范大学出版社出版的余文森的《有效教学十讲》一书,该书作为通识本每位教师人手一本。全书共分十讲,有教学的有效性、教学的生成性、三维目标、教学情境、教学关系、有效教学的三条"铁律"、新课程教学改革成绩与问题反思、新课程学习方式的基本特性、校本研究的三个基本要素和校本研究的三种基本类型等十讲。每次校本研修活动时,由教研组长按专题讲座组织组内成员学习,并进行讨论,反思自己在教学上存在的问题,以及如何做到有效。同时每个教研组根据自己的学科特点,又精心挑选了一本书,如语文组的《王君说语文》,数学组的《什么是数学》,社会组的《教育的智慧与真情》等,通过阅读书籍,付诸实践,反思教学,提升自己,充实精神。

(3)搭建教师读书交流平台

①开展读书沙龙。每个学期安排几次读书沙龙活动,每次活动由教研组长主持,每次既可以围绕学校既定的主题展开读书沙龙活动,也可以根据组内实际有针对性地开展读书沙龙活动,品读精彩细节,分享教育智慧,畅谈教育心得。由于读书沙龙这种形式比较宽松,教师可以随心所欲地表达自己所读、所思、所感、所困,零距离接触,非常真实,彼此进行心与心的交流,思想与思想的交换,这种形式非常有效,受到教师们的喜欢。

②摘抄读书笔记。教师对精彩的语句或片段进行适当摘抄,或摘录到自己的博客,形式不限,积累素材,充实自己,使自己的理论性知识和教育教学的实践性知识融合在一起,使自己的眼界更加开阔,思维更加富有创造性,真正做到"厚积而薄发"。

③名家走进校园。每次读书活动之际,都邀请社会名家进校园,为教师提供精神大餐。2009年11月在第二届阳光读书节开幕之际,我们邀请了国家一级作家、浙江省作家协会副主席、杭州市作家协会主席薛家柱老师给我们师生做了《读写结合 文理兼长 培育英才》的讲座,讲座分为读书的意义、读书的功能和作用、读什么书、怎么读书四个部分。薛主席引经据典,风趣幽默,娓娓道来,受到了师生的热烈欢迎,使我校阳光第二届读书活动达到了高潮。

④设立读书论坛。从本学期开始,我校定期举行教师读书论坛。到目前为止已经举行了三次读书论坛,草根论坛,精彩纷呈,阅读—反思—交流—碰撞,火花在这里迸射,智慧在这里显现!开学伊始,学校便精心挑选了通识书籍——余文森的《有效教学十讲》,该书非常切合我校连续几年研究常态课堂、改善教师教学行为的

实际。为了使研究走向深入,需要让这种理念植根于每个教师心中。教师品读好书,丰厚底蕴,重构教师精神。这是学校阳光读书活动的延续,更是绩效工资下学校寻求精神文明建设的重大举措。读书就是要读自己,陶冶情操,丰富精神生活,养成读书习惯! 读书就是要读经典,品味名家,体悟教育规律,争做智慧教师! 读书就是要会实践,追求卓越,实现专业成长,做最好的自己! 学校开展读书论坛,就是要为教师搭建成长的舞台,让教师自信地展示自己,推动教师深度阅读!

(4)构建阅读特色校本课程

①开设阅读特色课。每周开设一节语文和英语阅读指导课,由语文和英语教师有计划、有目的地进行阅读指导,向学生推荐经典书目,指导学生阅读方法,带领学生潜心阅读经典美文,培养阅读兴趣,形成阅读习惯,提高阅读水平。

②定期出刊《狮子风》。为了促进全校师生形成"我阅读,我快乐;我写作,我成长"的良好氛围,为教师和学生提供一个写作平台,提供一个梦想舞台,提供一个成功的机会,学校从 2006 年 11 月开始成立《狮子风》文学社,定期出刊。全校师生踊跃投稿,每次出刊后,不论是教师学生,还是家长,都争相阅读,形成了良好的阅读和写作氛围。教师专刊主要刊登教育教学前沿信息、教师科研立项方案、教师科研论文成果、教师读书心得等等,为教师提供了一个展示自己的平台,为其他教师提供了一个成功的参考范本,受到了教师们的欢迎,得到了家长、教研员及上级领导的好评。

2.关怀教师身心,做"品幸福"的现代教师

每位教师来自不同的地方,来自不同的家庭,其成长经历都是不同的,有差异也是正常的。教师和学生一样,也希望自己被关心、被关注、被尊重。这就需要学校去了解教师背景,关心教师需求,推动教师发展。为此,学校提出"为了每一位教师的专业发展"的理念,在专业发展上采取以教师为本的原则,同时在生活上开展一系列活动关怀教师。

(1)在聊天中帮助教师

实行教师聊天制度,指的是学校领导定期或不定期地与教师进行轻松的交流,旨在重视和教师心与心的沟通,关心老师的思想、生活和工作,对于遇到的困惑或困难,帮助教师一起解决。宽松,是这种聊天制度的最大特点。具体主要体现于内容广泛、时空自由、非强制性。

①内容广泛。实行教师聊天制度,聊天的主要内容非常广泛,包括教师的思想,教育发展的形势,教师的业余生活、兴趣爱好、工作困惑等方面的内容,在聊天

中进行心灵沟通,关怀教师,促进教师身心健康。

②时空自由。这种聊天的方式非常自由,不受时间空间的限制,可以随时随地交流,可以在办公室、走廊,也可以是校外;可以是面对面的,也可以是网络上的交流。

③非强制性。这种聊天是学校领导非正式的聊天,不具有强制性,非常宽松,所以教师也很乐意交流。通过这种宽松的聊天方式,了解教师,关怀教师。

(2)在座谈会中关怀教师

刚参加工作的年轻教师面临着了解学校、钻研教学、课堂管理、学生管理、组建家庭等多重压力,学校经常召开青年教师座谈会,了解青年教师的思想动态、疑难困惑,及时地帮助青年教师解惑。

(3)在慰问活动中体贴教师

实施送温暖活动,关注教职工的生活、工作等情况,做到少说空话,注重实效,努力为教职工排忧解难,把教职工困难群体作为帮困的重点。关心教师身体健康,定期开展体检活动,做好预防保健。对教职工结婚、子女上大学、退休等进行走访慰问,关心教师生活。

(4)在团队活动中凝聚教师

教师平时的工作任务重,压力大,需要适当地进行放松调节,开展丰富多彩的活动,在活动中调节教师身心,在活动中增强教师的凝聚力。为此,我校成立了教师羽毛球俱乐部、教师登山俱乐部等,教师根据实际情况安排参加适合自己的俱乐部,旨在锻炼身体、创造交流机会,劳逸结合,促进教师身心健康。另外,还组织教师外出旅游考察,休养,开展茶话会、文艺表演等活动。通过团队活动,丰富教职工的精神文化生活,增强教师团队的凝聚力、战斗力。

3.加强团队建设,做"共和谐"的现代教师

(1)在捆绑考核中打造和谐文化

原来我们关注的是个体考评。实际上,个体优与劣是非常清楚的事,说到底没有太大意义。问题的关键不是简单地分出优与劣,而是如何帮助他们提升自己。捆绑考评就是把个体评价和整体评价结合起来,注重整体评价,通过整体评价促进个体水平的优化和提高,从而达到整体水平的优化和提高。捆绑考评,促使年级组、教研组、备课组里的教师相互帮助、资源共享、共同提高。备课组考评,我校已经开展了几年,效果比较好,今后还会加大力度,同时开展教研组和年级组捆绑考评,打造优秀教研组、年级组,促使学校整体上一个新台阶。

（2）在集体备课中提高团队水平

为了改变以往备课组活动"重教轻研"的现象,也为了适应新课改、师德师能建设和校本研训的需要,实施以"学会合作"为精神,以"同伴相助"的方式,学校积极加强教研组的集体备课组建设,备课组本着相互学习、相互提高、互动双赢、力争实效的原则,开展教师"老带新、师徒结对"活动,老教师努力以自己的良好师德、严谨的态度和鲜明的教育教学风格帮带新老师,做到诲人不倦,尽力使新老师早日成为教育教学有特色、业务过硬的教师。通过和谐的集体备课,促进教育和谐发展。只有这样,才能达到整合集体智慧,打造团队精神,实现资源共享,提高课堂效率和教育教学质量的目标。

（3）在获得成功中品味教师幸福

坚持以人为本,牢固树立"教师第一"的思想,让每位教师都有自主发展的空间,在和谐并富有战斗力的集体中不断成长。为提高教师的教学能力和业务水平,丰富教学经验,提升教学理念,学校组织开展了说课比赛、优质课评比、教学论文评比、命题技能比赛等,让教师在发展中迸发激情,在实践中充实自我。打造和谐的团队学习氛围,构建学习型教师组织。

（4）在青蓝工程中发挥教师引领作用

为充分发挥名师、骨干教师的辐射带动作用,加快学校年轻教师成长,帮助他们在业务上尽快走向成熟,我校积极开展"青蓝工程"拜师结对活动。每学年伊始,学校都要给新教师选派思想觉悟高、教学经验丰富的骨干教师担任指导教师,在思想上引导他们,在教学上帮助他们,在生活上关心他们。每学期开展师徒相互听课评课活动,师傅定期对徒弟进行指导,学习有小结。并开展"青蓝工程"座谈会活动,通过交流联络感情,相互取长补短,让他们切切实实体会到学校对他们的真诚关怀和良苦用心,激发他们安心教学、认真施教、乐学善教的工作精神,增强学校长远发展的后劲。

四、研究成效

（一）教师职业精神和谐师生关系

"有信仰、遵操守、不懈怠"的教师职业精神的建设,促进了教师与教师之间、教师和学生之间关系更趋和谐。"遵操守""不懈怠"的教师职业精神,就是教师遵从教师职业道德和职业底线,对教育教学工作不懈怠,对问题学生不推诿,关爱学生,有耐心有爱心,经常找学生谈话,并且主动和家长进行联系。好多家长很感激地说:"你们老师真好,真的非常感谢老师,有时比我们家长想得还周到。"对基础比较薄弱的学生,教师经常抽课余时间进行个别辅导,帮助学生找回自信,使学生在原有的基础上有进步;对同事,教师职业精神和人文精神建设,有助于其关心同事,相互体谅,相互理解,避免内耗,从而使相互之间的关系更加和谐。所以说,"有信仰、遵操守、不懈怠"的职业精神建设,使师生关系、师师关系变得和谐,使学校有良好的氛围。

(二)教师科学精神激励教师发展

"善学习、会研究、能创新"的科学精神的建设,养成了教师永不满足、追求创新的工作习惯,激励着教师做最好的自己,促进了教师的发展。"善学习"科学精神的培育,让教师养成终身学习的习惯,注重学习教育理念、教育形势、管理能力、有效教学、听课评课、科研论文等等,不断学习教育理论,更新教育观念,探索教育教学方法,体悟教育情感。"会研究"促使教师学会研究,养成研究的习惯,增强了教师的专业素养,提升了教师的专业能力。教师把学习获得的能量转化为教育教学智慧,用研究的眼光看待问题,用自己的语言表达思想,有自己独到的见解,并能进行持续的反思,构建和完善自己的专业知识体系,在研究的基础上"能创新",形成教师自己的风格,促进自己专业的发展。近年来,正是在这种精神的激励下,我校教师得到了很大的发展,在市区优质课评比中,有两位教师获得杭州市优质课评比二等奖,五位教师获得区优质课评比一等奖;在市、区科研论文评比中,有十位教师获一等奖,有十四位教师获二等奖,有十五位获三等奖。

(三)教师人文精神滋润教师气质

"雅情趣、品幸福、共和谐"的人文精神的建设,关注教师的生命状态,提升了教师的生活质量,滋润了教师气质。为进行"雅情趣"人文精神的培育,学校开展了教师阳光读书节系列活动,如人文讲座、经典推荐、读书论坛等,营造了书香校园,让阅读成为一种习惯,让阅读伴随教师的生命历程,让阅读提升教师的生命品质。读一本好书,就是在与一位大师对话;读一本好书,精神就会得到一次升华;读一本好书,灵魂就会受到一次洗礼。

(四)教师精神建设促进学校发展

在学校的发展中,教师精神起着非常重要的作用。不同历史时期的教师精神需要被赋予相应时代特征。五十年来,我校形成了"艰苦创业、奋力拼搏""严谨治学、敬业爱生"的教师精神,推动着学校不断地前进。如今,学校在传承五十年来积淀的教师精神的基础上,融入新时代的元素,即逐步构建形成了以"有信仰、遵操守、不懈怠"的教师职业精神,"善学习、会研究、能创新"的科学精神,"雅情趣、品幸福、共和谐"的人文精神为主要内容的现代教师精神,充实了现代学校教师精神,形成了我校教师精神的序列,培育形成了符合新时代要求的教师精神,推动学校实现新的跨越式的发展。

五、研究反思

(一)教师精神建设不能脱离教师物质基础

我们强调学校教师精神建设,但不能忽视物质需要。古人云:"仓廪实而知礼节,衣食足而知荣辱。"如果没有一定的物质基础做保证,精神建设就难以为继。在市场经济发展的今天,利益、效率、竞争等市场规则深入人们的生活和观念之中,传统的价值观受到了很大的挑战,给学校教师建设带来很大的挑战和压力。国家在2009年开始实施绩效工资改革,由于种种原因,在实际的操作过程中还存在这样那样的不足,对骨干教师、学科带头人和管理干部的考评等还有许多有待进一步完善,绩效工资的标准和科学分配不尽合理,特别是在物价快速上涨的今天,这对教师精神建设是个挑战。

(二)教师精神建设的外在存在着很多挑战

如今的社会发展呈现多元化,精神价值也多元化。在一个物欲横流的现代社会里,现代社会可谓一个信仰缺失的时代,浮躁、焦虑、精神迷失,而教师作为社会的人,自然而然受到社会的影响,现实生活中相当部分人把教师这个职业当作生存的饭碗,不思进取,热衷家教补课,沉湎于交际玩乐,不利于教育事业的发展。有人说,今天的教育,缺的不是楼房,而是文化与技术;缺的不是理念,而是行为与操守;缺的不是水平,而是责任和精神。正因为如此,学校更要注重教师精神建设,传承和发展教师精神,建设教师精神家园,促进教育事业的发展。

(三)教师精神建设的内涵本身丰富且复杂

现代社会非常复杂,社会对教育的期望值高,教师精神建设内涵丰富。教师精神建设本身非常复杂,它是学校文化建设的重要组成部分,是一个重大的时代命题,涉及的内容非常丰富,包括教师的价值观念、教育信念、共同愿景、思维方式、行为模式、评价体系等等。教师既是社会的一分子,每位教师都是一个与众不同、精神丰富的个体,但同时又是一个特殊的群体,这就决定了教师精神建设的内涵本身非常丰富且复杂,在进行教师精神建设的时候,需要我们抓住最核心的内容,这样才能准确地把握教师精神的内涵,促进教师精神建设。

(四)学校教师精神建设是一个长期的过程

学校教师精神外在环境和内在内容的复杂性,决定了教师精神建设是一个复杂的长期过程。学校的发展,需要教师精神的指引。但教师精神建设不是一蹴而就的,而是一个逐步的渐进过程,需要一段相当长的时间。而且教师精神建设在不同的时期,有不同的内容。每个不同的时期,都需要融入符合时代要求的新元素。

参考文献:

[1] 陈春莲.马克思论人的精神生活[J].北京政法职业学院学报,2009(4).

[2] 周国平.做一个有灵魂的人[J].做人与处世,2012(5).

[3] 俞国良.学校精神和学校文化力[J].教书育人,2011(26).

[4] 陈洪泉.论人的精神生活需要与文化建设[J].青岛行政学院学报,2009(11).

[5] 庞桂美.人的精神世界的建构与精神教育[J].当代教育科学,2010(7).

[6] 李清臣.教师精神文化:涵义、价值取向与建设策略[J].教育学,2010(6).

[7] 魏东平.教师的精神需要及其激励[J].文教资料,2007(25).

[8] 李清臣.教师精神文化内在影响因素探究[J].现代教育管理,2009(3).

基于小组合作学习阳光课堂教学模式的研究

戴建华

【摘　要】教育的最终目的是培养认识世界和改造社会的人。教育是通过培养人的各种素质加以实现的。现代社会需要的人是全面发展的人,包括生理素质、心理素质、思想素质和文化素质都健康发展的人。本课题结合学校实际,从理念先导转变观念、制度建设阳光保障、精心设计阳光培训、模式构建阳光文化等四方面进行实践探索,构建阳光课堂,打造阳光教师,培养阳光学生,促进学校内涵发展。

【关键词】小组合作学习　阳光文化　阳光教师　阳光学生　阳光课堂

一、课题研究的背景及意义

(一)生源结构的改变需要我们去适应改变

我校是一所典型的城乡接合部学校,城市化进程发展迅速,老百姓对教育的要求也越来越高,同时外来务工人员增多,现在校的 240 余学生中有 90 人是来杭的民工子女。生源结构较前几年发生了很多变化,这需要我们主动去适应改变。

(二)班额人数的减少需要我们去创造改变

初一年级现编为 7 个班,每个班均在 35 人以下。《国家中长期教育改革和发展规划纲要(2010—2020 年)》提出要"深化课程与教学方法改革,推行小班教学"。《浙江省中长期教育改革和发展规划纲要(2010—2020 年)》中提出要"切实落实中小学新课程理念和要求,注重因材施教,扩大小班化教学,推进分层教学、走班制、学分制等教学方式"。《浙江省义务教育标准化学校基准标准》提出:"实施小班化教育的学校,小学每班不超过 30 人,初中及九年制学校每班不超过 35 人。"我校目前的学生数已经属于小班化班额的学生数了,这也给我们提供了发展的契机,需要我们去创造改变。

（三）教师主导地位太强势，学生的主体地位被弱化了

目前的课堂教学普遍存在着教师主导地位太强势、学生的主体地位被弱化的现象，不利于面向全体学生的发展。教育的最终目的是培养认识世界和改造社会的人。教育是通过培养人的各种素质加以实现的。现代社会需要的人是全面发展的人，包括生理素质、心理素质、思想素质和文化素质都健康发展的人。

为了改变教师和学生的状态，以小组合作学习作为抓手，构建阳光课堂教学模式，促进学生交往，增强学生社会技能、社会情感，促进儿童个性协调发展，促进教育个性化与社会化相结合以及在有效的学习中形成较显著的优势，它将突破原有的教学组织形式的束缚，为最大限度地发展人的主动性，实现学生的主体性，提供更为可能的条件。

（四）构建阳光课堂教学模式，有助于教师成为阳光教师

学校根据"为了每一个教师的专业化发展，为了每一个学生的健康成长"的办学目标，提出了"做阳光教师，显上泗精神；做阳光学生，彰上泗品质"的办学理念。一直以来，教师苦教，学生苦学，教师没有成就感，构建阳光课堂教学模式，改变教师的工作状态，真正地促进每一个学生的健康成长，促进教师体验课改实验，享受课改成功，有助于教师成为阳光教师。

（五）构建阳光课堂教学模式，有助于学生成为阳光学生

传统课堂一直重教法轻学法，重提问轻思维，重结果轻过程，重知识传授轻能力发展，即教师花大量时间进行知识灌输，学生没有积极思考、发问、质疑的时间和空间，教师只是让学生背知识、做题目。这样的课堂，不仅造成相当部分学生失去学习兴趣，学习负担加重，而且极大地妨碍了学生整体素质的全面提高，不利于学生的健康发展。学校以小组合作学习为抓手，构建阳光课堂教学模式，有助于促进学生成功，使学生成为阳光学生。

（六）构建阳光课堂教学模式，符合《国家中长期教育改革和发展规划纲要（2010—2020 年）》的要求

《国家中长期教育改革和发展规划纲要（2010—2020 年）》第四章义务教育中的第八款指出，要巩固提高九年义务教育水平。注重品行培养，激发学习兴趣，培育健康体魄，养成良好习惯。到 2020 年，全面提高普及水平，全面提高教育质量，

基本实现区域内均衡发展,确保适龄儿童少年接受良好义务教育。第九款指出,要推进义务教育均衡发展。均衡发展是义务教育的战略性任务。建立健全义务教育均衡发展保障机制。推进义务教育学校标准化建设,均衡配置教师、设备、图书、校舍等资源。第十七章第五十一条指出,建设高素质教师队伍。教育大计,教师为本。有好的教师,才有好的教育。提升教师素质,努力造就一支师德高尚、业务精湛、结构合理、充满活力的高素质专业化教师队伍。第五十二条指出,加强师德建设。加强教师职业理想和职业道德教育,增强广大教师教书育人的责任感和使命感。教师要关爱学生,严谨笃学,淡泊名利,自尊自律,以人格魅力和学识魅力教育感染学生,做学生健康成长的指导者和引路人。构建阳光课堂教学模式,有助于教师和学生的发展。所以,本课题的研究是贯彻《国家中长期教育改革和发展规划纲要(2010—2020年)》的要求。

二、研究综述

(一)合作学习的缘起

合作学习(Cooperative Learning)早在18世纪初就被提及,但正式研究始于20世纪50年代的美国,其兴起以苏联20世纪80年代推出的"合作教育学"理论为标志,并被西方国家广泛重视和研究,形成多种合作学习模式。其中最为著名的有斯莱文(Robert Slavin)的学生团队学习模式(Student Team Learning)、约翰逊兄弟(David Johnson & Roger Johnson)的共同学习模式(Learning Together)、沙伦(S. Sharan)的团体探究模式(Group Investigation)、卡根(S. Kagon)的结构方法模式(Structure Approach)、科恩(Elizabeth Cohen)的复杂指导模式(Complex Instruction)以及伯里顿(J. Britton)和巴内斯(D. Barnes)的合作方法模式(Collaborative Approach)等。

(二)合作学习定义

教育科研人员是这样界定的,所谓合作学习,是指在教学中通过两个或两个以上的个体组成合作学习小组一起学习,以提高学习成效的一种教学形式。合作学习又称共同学习,其理论有良好的社会心理学基础。这种理论的核心很明了:当所有人聚在一起为一个共同目标而工作的时候,靠的是相互团结的力量。相互依靠为个人提供了动力,使他们互勉、互助、互爱。心理学理论表明,良好的人际关系能促进学生的认知、情感和行为三种不同层次的学习心理状态的提高。小组合作学习为学生创设了一个能在课堂上积极交往的机会,对于学生形成良好的人际关系及在交往中养成良好的合作意识,培养合作能力等方面都是有极大作用的。就激发学生主体性而言,学生是学习的主体,这就要求在较短的课堂时间内给予学生较为充裕的活动时间,包括相互交流、相互启发、探索创新的时间,而小组合作学习就较好地解决了这一矛盾,使学生能在和谐的气氛中,共同探索、相互学习、逐步培养他们的探索精神和创新意识。英语课堂教学实践也证明,多向交往,除了师生交流外,允许学生互相学习,这样有利于形成积极的课堂氛围,有利于更多信息的沟通,有利于学生间的互帮互学、相互启发,更有利于学生能力的发展。

合作互动教学是以合作互动学习小组为基本形式的教学活动,它系统利用教学动态因素之间的合作互动来促进学习,以团体成绩为评价标准,共同达成教学目标。它以教学中的人际合作和互动为基本特征,其活动大致可分为师生互动、生生互动和全员互动三种形式。"合作互动教学"能充分体现学生的潜能和主动地位,改善课堂内的社会心理气氛,促进学生形成良好的非认知品质,大面积提高学生的学习成绩。

我国教育学者王坦认为,"合作学习是一种旨在促进学生在异质小组中互助合作,达成共同的学习目标,并以小组的总体成绩为奖励依据的教学策略体系"。"合作"是指学习的组织形式,在以班级授课制为主的教学形式下,采用小组合作学习的形式,改善传统的师生单项交流的方式,变为生与生,生与师,生与家长,生与一切人的合作,通过多向互动的交流,使每个学生有语言实践和自我表现的机会,既让每一个学生都发表自己的学习心得,也养成注意听取别人意见的良好习惯,促进学生之间互相启迪,互相帮助。

从 20 世纪 90 年代初开始介绍西方合作学习理论,并在一些省区市的个别学校进行了一系列尝试性探索。其中较为著名的有北京师范大学教育系的"少年儿童主体性发展实验",山东教科所的"合作教学研究与实验",杭州大学教育系的"个性化教育的探索",湖南师范大学教育系的"协同教学实验"。山东昌乐二中、杜郎口中学、江苏竹山中学等都进行了小组合作学习的实验,并取得了比较好的效果,这些经验都值得我们借鉴和研究。

在我国的实践过程中,也出现很多问题。比如教师缺乏合作学习理论基础、一线教师缺乏专家指导、缺少合作学习实践操作经验、教师与家长缺乏合作等问题,这些问题也给我们开展研究带来很多的启示。

本课题所研究和实践的是基于小班化基础上的小组合作学习,构建的是阳光课堂教学模式,目的在于发展阳光教师,培养阳光学生。

三、概念阐释

（一）小组合作学习

小组合作学习是目前世界上许多国家普遍采用的一种富有创意的教学理论与方略。各国的小组合作学习在其具体形式和名称上不甚一致。如欧美国家叫"合作学习"，在俄罗斯叫"合作教育"。综合来看，小组合作学习就是以合作学习小组为基本形式，系统利用教学中动态因素之间的互动，促进学生的学习，以团体的成绩为评价标准，共同达成教学目标的教学活动。

合作是指两个或两个以上的学生或群体，为了达到共同的目的而在行动上相互配合的过程。小组合作学习是在班级授课制背景上的一种教学方式，即在承认课堂教学为基本教学组织形式的前提下，教师以学生学习小组为重要的教学组织手段，通过指导小组成员展开合作，发挥群体的积极功能，提高个体的学习动力和能力，达到完成特定的教学任务的目的。小组合作学习改变了在传统集体教学师生单维交流中，教师垄断了整体课堂的信息源而学生处于十分被动的局面，学生的主动性、创造性也因此得以充分发挥。

课程改革的重点之一是转变学生的学习方式。《新课程标准》指出："积极倡导自主、合作、探究的学习方式。"这理念提出后，"小组合作探究学习"这一新的教学形式，便改变了占垄断地位的传统班级教学方式，成了绝大多数教师教学过程中常用的方法。

（二）阳光

据《现代汉语词典》，阳光就是日光的意思。这里用在人身上，就是意在说明人很健康、热情、开朗、向上，形容人外表和心理都很阳光，充满活力。我们把阳光一词引申到学校里，借用到教师和学生身上，就是要做阳光教师，培养阳光学生。

（三）阳光教师

这里阳光教师是指面对生活，有阳光般健康的心态；面对课堂，有阳光般火热的激情；面对学生，有阳光般灿烂的笑脸；面对同事，有阳光般温暖的态度；面对家长，有阳光般持久的热情；面对发展，有阳光般不息的能量。无论在工作还是在生活中，都体现阳光教师的健康、火热、灿烂、温暖和智慧。

（四）阳光学生

学校通过阳光课堂、阳光运动、阳光社团、阳光评价等载体，促进学生健康快乐地成长，培养阳光学生，体现出阳光学生的自信、活力、健康和智慧。

（五）阳光课堂

阳光课堂就是通过构建小组合作阳光课堂教学模式，让学生成为课堂的主人，凸显学生的主体地位，让我们的课堂成为学生探求知识的乐园，成为学生心灵成长的家园，成为学生能力锻炼的福园，过一段幸福完整的教育生活。

四、研究设计

（一）研究目标

①通过此课题的研究，形成小组合作学习阳光课堂的教学模式。
②通过此课题的研究，促进阳光教师的专业成长。
③通过此课题的研究，促进阳光学生的和谐发展。

（二）研究内容

①研究小组合作学习的有效性。
②研究小组合作学习阳光课堂教学模式。
③研究小组合作学习阳光师生评价的方式。
④研究小组合作学习阳光课堂教学的文化建设。

（三）研究方法

本课题将采用行动研究法，涉及调查研究、经验总结、案例研究等基本研究方法。
①调查研究法。用听课、座谈会等形式了解学校阳光课改的情况。
②经验总结法。课题组成员，按照课题要求做好调查研究结果的分析和资料的收集整理工作，及时做好相应的数据分析，资料及文字的整理保管工作。
③案例研究法。在研究的过程中，收集典型案例，进行研究，总结经验，找出规律性的东西，从而进行推广应用。
④行动研究法。在阳光课堂教学模式改革的过程中重视理论价值与应用价值

的结合,重视教师将科学的、先进的教育理念向具体教育行为转化的动态过程,教师通过学习,不断修正自己的教育教学思想;教师通过实践,不断地修正自己的教育教学行为。这就需要不断地跟踪教育教学改革的一切行动措施,及时地进行研究,使之发展方向正确、行动有效。

(四)研究依据

1.布鲁纳"发现学习"理论

著名教育心理学家布鲁纳(Bruner)的"发现学习"理论强调:学生的学习应是主动发现的过程,而不是被动地接受知识。创设问题情境,引发学生对知识本身发生兴趣,产生认知需要,产生一种需要学习的心理倾向,激发自主探究的学习动机。在教学过程中,学生是学习的积极探究者,教师的作用是创设适合学生学习探究的情境,而不是提供现成的知识。这就要求我们不仅要让学生"知其然(know-what)","知其所以然(know-why)",而且要让学生"知其所用(know-how)","知其谁用(know-who)"。

2.奥苏伯尔"有意义学习理论"

美国心理学家奥苏伯尔(D. P. Ausubel)在其"有意义学习理论"(the Theory of Meaningful Learning)的框架下,深入研究了教材的意义性及其学习条件问题,并提出了著名的处理教材内容的先行组织者策略。他进而认为,学生接受学习的过程不应是一个被动的过程,而应是一个新旧知识相互作用的过程。学生对学习新知识有三分生、七分熟的基础,学生既有原有的知识结构,又有对新知识的顺应和同化的思维属性,所以学生能自主探究、自主学习。这一自主探究并不是盲目地随意学习,而是在教师指导下,有意义、有目的地自主探究学习。现行教材是由浅入深循序渐进编排的,学生在知识迁移的作用下,具备自主探究尝试成功的条件。在此基础上,学生能够充分发挥自己的学习潜能,创造出意想不到的教学效果。学生学习理解新知识,使原有"认知—知识结构"得以改造或重组。

3.建构主义学习理论

由于个体的认知发展与学习过程密切相关,因此建构主义可以比较好地说明人类学习过程的认知规律,即能较好地说明学习如何发生、意义如何建构、概念如何形成,以及理想的学习环境应包含哪些主要因素等。总之在建构主义思想指导下可以形成一套新的比较有效的认知学习理论,并在此基础上实现较理想的建构主义学习环境。这个学习理论不仅应用在教师对于学生的教学上,还适用于教师本身的发展与成长上。

4.马斯洛需要层次理论

马斯洛理论把需求分成生理需求、安全需求、社交需求、尊重需求和自我实现需求五类,依次由较低层次到较高层次。高层次的需求比低层次的需求具有更大的价值。热情是由高层次的需求激发的。人的最高需求即自我实现,就是以最有效和最完整的方式表现他自己的潜力。唯有如此,才能使人得到高峰体验。由于每个同学的情况不同,所以需求也不同,小组合作学习为每位同学不同需求的实现和满足提供了可能。

5.加德纳多元智能理论

美国著名教育心理学家、哈佛大学教授霍华德·加德纳博士的多元智能理论指出,人的智能是多元的,由语言文字智能、数学逻辑智能、视觉空间智能、身体运动智能、音乐旋律智能、人际交往智能、自我认知智能、自然观察智能这八项组成。学生的多元智能需要一个平台进行锻炼和展示,本课题研究的小组合作学习阳光课堂教学模式就是一个非常好的载体。

6.塞利格曼的积极心理学

国际知名心理学大师、美国宾州大学心理系教师马丁·塞利格曼博士认为,成功更需要坚持,尤其是永不放弃的坚持,而乐观就是坚持的灵魂领队、生活解释形态的选择——乐观形态抑或是悲观形态——对成人的生活影响巨大。不同的选择既可使人面对挫折引发沮丧,也可使人尽享阳光的喜悦。本课题就是以塞利格曼的积极心理学为理论依据,努力改变传统的校级心理教育方式,以积极主动乐观的心态来让学生走进阳光。

(五)研究过程

①成立课题研究组并进行分工:具体名单见课题组成员安排表。
②起草立项报告。(2012年2月)
③教师培训。(2012年2月—3月上旬)
④学生培训与小组建设。(2013年3月)
⑤班级文化建设和小组文化建设。(2012年3月—2013年12月)
⑥阳光课堂构建和实践。(2012年2月—2013年3月)
⑦课题中期监测与修正。(2012年12月—2013年1月)
⑧课题组讨论总结研究课题,着手撰写课题研究报告。(2013年1月)

⑨完成结题报告。（2013年3月）

（六）研究步骤

1.准备阶段：2012年1月—2013年3月
①召开会议，筹建课题组。
②起草申报课题方案。
③阳光课改准备工作。

2.实施阶段：2012年3月—2012年11月
①课题组成员分工协调。
②资料的收集整理、分析。
③阳光课改的构建与实践。
④完成阶段性研究报告。

3.总结阶段：2012年11月—2013年3月
按实施方案进行总结归纳、整理资料，撰写课题报告。

五、实践操作

（一）理论先导，转变观念——构建小组合作学习阳光课堂教学模式的前提

1.学生主体理论，实现当家做主

教师在教育教学的过程中，以学生为主体，关注学生在教学过程中的参与、体验与获得，关注学生的个性发展，注重学生在课程学习过程中的知识获取能力的锻炼提高，真正实现课堂上学生当家做主。

2.团队学习理论，优化学习环境

美国学者彼得圣吉在《第五项修炼》中，提出了建立学习型组织理论，即建立共同愿景、团队学习、改变心智模式、自我超越、系统思考。现代社会中越来越注重构建学习型组织，优化学习环境，创设团队学习氛围。团队学习是学习型组织进行学习的基本组成单位，便于单位成员之间的互相学习、互相交流、互相启发、共同进步。团队学习是发展团体成员整体搭配与实现共同目标能力的过程。

3.友善学习理论，挖掘学习潜力

友善用脑是新西兰教育学家克里斯蒂·沃德把神经科学、心理学理论和研究

成果用于教育教学实践,她提出的友善用脑的理论和方法,让老师获得课堂教学的成功、让学生获得学习的成功!友善用脑的英文原文来自三个词:Brain friendly 友好的、亲切的、朋友般的;Brain compatible 相容的、谐和的、一致的;Brain fitness 适当、恰当、健康。在翻译过程中将之确定为"友善用脑",是因为它是更富于人性化的表述。友善用脑是以人本主义思想为基础,以神经学、心理学科学研究成果为依据,以教(学)会学习为理念的,强调教师、学生、家长三方互动、积极学习的新方法。它为实施素质教育,为教师由"主导型"向"指型导"转变,为推进新课改,提供了切实可行的思路和方法。友善用脑认为"所有的学生都是天生的学习者",在学习上要"发展学生所有制",学校的任务是使学生"学会学习",在学习上"如果学生无法适应我(教师)的教学方法,则就让我(教师)教会他们以他们自己的方式学习"。这些思想表现了以学生为本,以人为本的情怀,友善用脑提出的多感官教学、小组学习、音乐释压、补氧、健脑操、思维导图、冥想记忆、根据学生集中精力时间安排教学内容等一系列适应孩子身心健康的教学方法,不但遵循了科学规律,而且富有强烈的人性化色彩,从而充分挖掘学习潜力。

4.学习金字塔论,提高学习效率

美国学者埃德加·戴尔(Edgar Dale)1946 年提出了"学习金字塔"(Cone of Learning)的理论,如图 1 所示。

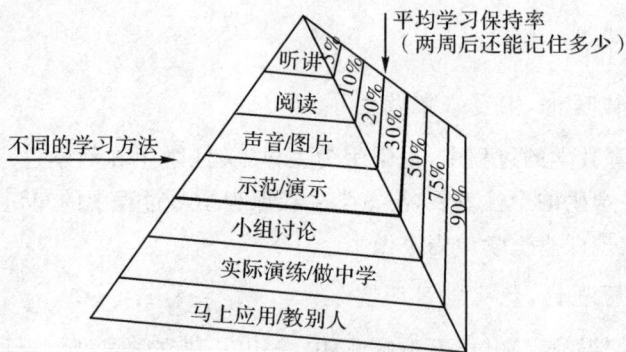

图 1　学习金字塔理论体系

两周以后学习的内容:

听讲——只能留下 5%。

阅读——可以保留 10%。

声音/图片——可以达到 20%。

示范/演示——可以记住 30%。

小组讨论——可以记住 50%。

实际演练/做中学——可以达到 75%。

马上应用/教别人——可以记住 90%。

本课题的研究,通过小组合作学习的马上应用/教别人,提高学习效率。

5.小班化教学论,学生充分发展

心理学研究表明,学生在越受老师关注的条件下,越容易取得成功(皮格马利翁效应)。小班化教学由于班级学生数的减少,使得教师比较容易关注到每一位学生的特点和个性。小班化教学使得学生的自主探索成为可能,也使师生之间、生生之间的交流与互动更加充分,从而使学生尽可能得到充分发展。

(二)制度建设,阳光保障——构建小组合作学习阳光课堂教学模式的保障

为了保障阳光课改的顺利进行,学校进行了一系列的制度建设,主要从教师规划、团队考核、阳光课堂等一系列制度来构建,如图 2 所示。

图 2 阳光课堂实施保障体系建设

1.规划教师专业,成就阳光教师

课改的成败,关键在教师。我们提出了要培养阳光教师,提出了阳光教师的六条标准:①面对生活,有阳光般健康的心态;②面对课堂,有阳光般火热的激情;③面对学生,有阳光般灿烂的笑脸;④面对同事,有阳光般温暖的态度;⑤面对家长,有阳光般持久的热情;⑥面对发展,有阳光般不息的能量。

教师对照六条标准规划自己的教师职业。为此,我们引进 SIDR(思得)模式帮助教师进行职业规划,这项研究基于 20 世纪 70 年代英国学校的效能研究,其目的是通过改善学校的管理方式,使校长学会战略管理,使教师学会职业规划,促进教师的专业成长。

(1)阳光教师价值引领

任何一个行业,要想做好,都需要有一种职业情怀,需要有一种职业信仰、一

种职业理想。所谓信仰，是人的心灵被某种主张、说教、现象或力量所震撼，从而在意识中自动建立起来的一套人生价值体现。作为教师这个职业，同样需要树立坚定的信仰和远大的理想。也就是从做教师那天起，就要钻研学科专业，研究学生，立志做最好的自己，争取做最好的教师。

我校阳光教师价值引领培训，主要包括学校办学历史介绍、学校现状介绍、学校办学理念介绍、教师职业特点、新教师如何应对等这几块内容。通过价值引领，提高教师的抱负水平，使教师自我发展的意识和能力同学校发展结合起来，自觉接受学校关于阳光教师发展的要求和规范，不断地学习实践，形成一种内化的自觉行为，从而发展成为阳光教师。

（2）阳光教师技能引领

阳光教师需要技能引领，教师要做最好的教师，必须要有专业的基础技能培训。培训内容主要涉及教学基本技能、教学策略、教学研究、教育方法等等方面的技能培训，让教师树立"面向全体学生，促进学生全面发展"的教学观念，具有正确的学生观和教育质量观，不断优化教学过程和方法，引导学生学会学习，使每个学生在原有的基础上得到充分的发展。

（3）阳光教师规划引领

做最好的自己，必须要学会规划自己的教师职业。教师在做职业规划的时候，首先是"S"——Strategy（战略），包括 Planning（规划）。即做好战略分析、战略规划，即结合自己的实际，科学地分析自己的优势与劣势，提出自己的发展目标，做好正确的规划定位。在确定发展目标时，要注意目标的适用性和匹配性。其次是做好"I"——Implement（执行、实施）。即要有具体的执行措施，在思想、读书、教学、科研、管理（班主任、行政管理等）、专业知识、职称评定等方面的措施要具有可操作性。再次是注重细节。每位教师在制定好规划之后，学校针对教师个人情况进行细致指导。学校可根据新教师、骨干教师等不同类型的教师提出不同的要求，并进行科学的指导，讲究细节，成就教师。最后是协调。即教师规划制定好之后，学校要上下协调关系，创造条件，为教师搭建成长的舞台，同时学校要对教师规划的实施情况进行跟踪指导。

2. 加强团队考核，实现和谐发展

阳光教师的培养，需要制度的保障，学校通过团队考核制度的建立，形成精神振奋、奋发有为、积极向上，绩效突出的良好氛围，阳光教师真正做到心态阳光，品行阳光，生活阳光，事业阳光，教学阳光，育人阳光。

(1)在捆绑考核中打造和谐文化

课改就是要改课,改课就要创设良好的阳光氛围。捆绑考评就是把个体评价和整体评价结合起来,注重整体评价,通过整体评价促进个体水平的优化和提高,从而达到整体水平的提高和优化。捆绑考评,促使年级组、教研组、备课组里的教师相互帮助、资源共享、共同提高。开展备课组、教研组和年级组捆绑考评,打造阳光备课组、阳光教研组、阳光年级组,从而形成阳光学校,促使学校整体上一个新台阶。

(2)在集体备课中实现团队发展

改变以往备课组活动"重教轻研"的现象,也为了适应新课改、师德师能建设和校本研训的需要,实施以"学会合作"为精神,以"同伴相助"的方式,学校积极加强教研组的集体备课组建设。备课组本着相互学习、相互提高、互动双赢、力争实效的原则,开展教师"老带新、师徒结对"活动,老教师努力以自己的良好师德、严谨的态度和鲜明的教育教学风格帮带新老师,做到诲人不倦,尽力使新老师早日成为教育教学有特色、业务过硬的教师。通过和谐的集体备课,促进教育和谐发展,打造阳光团队。只有这样,才能达到整合集体智慧,打造团队精神,实现资源共享,提高课堂效率和教育教学质量。

(3)在获得成功中品味教师幸福

坚持以人为本,牢固树立"教师第一"的思想,让每位教师都有自主发展的空间,在和谐并富有战斗力的集体中不断成长。为提高教师的教学能力和业务水平,丰富教学经验,提升教学理念,学校组织开展了说课比赛、优质课评比、教学论文评比、命题技能比赛等,让教师在发展中迸发激情,在实践中充实自我。打造和谐的团队学习氛围,构建学习型教师组织。除了校内,对于教师外出评比的展示活动,学校一直十分重视,调动一切可调动的资源帮助教师成功,让教师在成功中品味幸福。经过全体教师的努力,成绩斐然,在省市区评比中均有教师获得较好的成绩。教师的勤奋,教师的发展,得到了上级有关部门的充分肯定,教师的成功让教师品味到职业的幸福感。

3.阳光课堂制度,系统有序推进

学校为了有序稳健地推进课程改革,成立了阳光课堂教学改革领导小组,全面领导和监督阳光课堂教学改革工作的开展和实施。

为了规范实验工作和实验班的管理工作,在《阳光课堂教学改革实施方案》的框架内,先后制定并实施了《阳光教研组集体备课制度》《阳光课堂教学学案编写制度》《阳光课堂教学改革领导小组工作制度》《阳光课堂改革教师周研讨制度》《阳光课堂改革教师听、评课制度》《阳光课堂改革班级管理细则》《阳光课堂教学改革工作教师评价规定》等制度,构建起了课改工作制度体系的基本框架,通过建立阳光课堂制度,系统有序地推进阳光课堂教学改革。

（三）精心设计,阳光培训——构建小组合作学习阳光课堂教学模式的关键

为了使全校教师熟练地掌握小组合作阳光课堂教学模式,真正理解阳光课堂的内涵,学校有针对性地开展专家引领式阳光培训、主题式学习阳光培训、阳光团队研讨式培训、阳光课改督察式培训等等,转变教师观念,促进课改的顺利进行。

1.专家引领式阳光培训

(1)专家上课亲引领

为了让一线的教师更加直观,更加有针对性,学校特意请来教研室专家上示范课。专家上课示范引领,让教师课改的方向更加明确。

(2)专家点评促培训

我们每学期定期或不定期地举行阳光课改展示活动,给课改教师一个展示的舞台,专家老师指导点评。我们先后请了市区教研员吴志东、王曜君、胡美如、胡春杭、王艺、付兰英、潘云芳等专家,通过专家的点评与指导,老师们受益匪浅,课改也取得了实际效果。

2.主题式学习阳光培训

(1)阳光小组建设培训

先对学生进行家庭情况、学业基础、组织能力等方面的调查,了解基本情况,然后找学生谈话,全面细致准确地掌握学生的情况,进行科学合理的分组。

(2)阳光导学编写培训

第一,转变观念,注重导学。在导学案编写的培训中,让教师明白导学案,导学是关键。导学案,侧重在一个"导"字,不要简单地把学习任务前置化,不要简单地习题化。导学案指要指导学生学会看书,养成自主学习的习惯。教师在编导学案的过程中要真正做到集体备课、研课,要整合教材。要研究教材,不是所有的内容都有必要用导学案。

研究教材,要做到"五有":一是脑中有"标",在研究教材的时候必须要研究课程标准,这样才能做到"标""本"兼有;二是胸中有"本",教材是一个承载知识逻辑及课标思想的载体,教师在编制导学案时必须研透教材课本,做到胸中有"本",才能做到有的放矢,纲举目张;三是眼中有"人",教师在导学案时,必须要考虑学生的

学业基础和认知水平,只有适合学生的导学案才有价值;四是手中有"法",这里的"法"包括教法和学法,运用小组合作学习,体现阳光课堂教学的模式,体现教师的"导法"和学生的"学法";五是心中有"数",主要是要思考在阳光课堂教学中预设和生成的效果,要做到心中有"数"。

第二,分工合作,注重质量。导学质量注重"五化",即目标明晰化、知识问题化、问题情景化、过程导学化、评价发展化。目标明晰化,就是教师在深入了解学情,研究课标、考纲、教学内容的基础上,确立具体、明确、科学适切的学习目标,要使目标可测量,可评价,明晰化。知识问题化,就是对教材进行二度开发,根据学生的认知水平和学业基础,把知识转化成问题。问题情景化,就是对所学知识设置一个情景,把知识融入现实生活中去,让学生更好地掌握知识。过程导学化,培养学生自主学习能力,建立学习小组,变教为导,以导促学。评价发展化,对学生完成的导学案,实行发展性评价,目的旨在培养学生的自主能力,解决问题的能力,了解学生的知识结构,提高学生的学习积极性。

教师根据备课组要求独立备课。主备教师备好所承担任务的课,按学校统一格式,提供电子稿,并打印交给备课组长,备课组长提前一周发给组内教师,每位教师认真研读,做好讨论准备。备课组按规定时间进行集体备课,集中研讨。主备人说课,其他教师提供修改意见,主备人做好记录。主备人根据集体备课的研讨结果修改导学案,形成规范的导学案。备课组长审核导学案。教务处审批导学案。主备人交油印室印刷,油印室备份待查。分发给任课教师。任课教师用红笔进行二次备课,二次备课不是简单地做做答案,应备本节课的重点难点以及解决办法,导学案上一定要有自备课的内容。

3.阳光团队研讨式培训

(1)阳光读书沙龙式培训

为了促进教师观念的转变,提高教师专业素养,学校定期举行阳光读书沙龙活动,每学期围绕一本书开展读书沙龙式培训,畅谈读书心得,每位教师指点课改,观点碰撞,受益匪浅。

为了提高教师的专业素养和转变教师的教育教学观念,研究教师阅读需要,把握阅读心理,向教师重点推荐励志类、学科类、教育理论类和人文类等书籍。这几年我们推荐教师阅读了苏霍姆林斯基《给教师的建议》,方明《陶行知教育名篇》,李慧波《团队精神》,陈大伟《怎样观课议课》,郑金洲《课堂教学的 50 个细节》,严红《促进学生成长和教师发展的评价改革》,宋运来《什么是最有效的教学》,严育洪《问诊课堂:

教学望问切》,朱永新《我的教育理想》,张彦春和朱寅年《16 位教育家的智慧档案》,肖川《教师的幸福人生与专业成长》,余文森《有效教学十讲》,王君《王君说语文》,R·柯朗、H·罗宾《什么是数学》,李炳亭《高效课堂 22 条》《高效课堂的理论与实践》,等等。

（2）阳光团队草根式培训

阳光团队草根式培训,旨在学习先进的教育教学理念或解决在教育教学中遇到的问题,主要有以下几种形式:

①理念式学习培训。主要针对小组合作学习、导与学、高效课堂、自主学习、学习金字塔论、多元智能理论等理论与实践的学习,转变教师观念,提升教师专业素养。

②问题式研讨培训。每个教研组、备课组围绕课改过程中出现的问题,如导学案的编制、小组的培训、课堂的展示、学生的评价、学生的点评等等,定期或不定期地进行草根式培训,以解决问题或达成共识为指向,促进教师的共同提升。

③论坛式研讨培训。可以是备课组或教研组或全校范围内的教师选择一个主题,围绕中心议题进行论坛式的研讨,通过相互交流,观点碰撞,开阔视野,促进相互提高的论坛式研讨培训。

4.阳光课改督察式培训

为了促进课改扎实有效地推进,开展课改督察式培训,内容主要涉及导学案、参与度、达标度、能力度、生成度等五个方面。导学案主要从课程标准的符合度、学习目标的清晰度、学案容量、梯度难度、预习互查、教师批改程度等指标进行督察。参与度从学生全员参与、小组合作交流、师生总结点评等等方面进行督察。能力度主要从学生展示是否面向同学、声音是否洪亮、精神是否饱满,教师点拨是否精彩、诊断是否准确、评价是否有艺术等方面进行督察。达标度主要从教学环节设计和学习效果反馈情况进行督察。生成度主要从不同学习小组之间的学生展开质疑对抗情况和课程资源的生成挖掘情况进行督察。

为了促进课改扎实有效地推进,开展"三督三查"的课改督察式培训。

（1）课改"三督"培训

"三督"主要是督组长培训、督编导学案、督做导学案。

①督组长培训,主要是督组长选定、明确职责、培训组员等。

②督编导学案,主要从课程标准的符合度、学习目标的清晰度、学案容量、梯度、难度等指标着手。

③督做导学案,主要为了确保学生能够高质量地完成导学案,学校统一安排时间完成导学案。

（2）课改"三查"培训

"三查"主要是查课堂教学、查批导学案、查日周月评。

①查课堂教学。主要从参与度、达标度、能力度、生成度几个方面展开。参与度从学生全员参与、小组合作交流、师生总结点评等等方面进行督查。能力度主要从学生展示是否面向同学、声音是否洪亮、精神是否饱满，教师点拨是否精彩、诊断是否准确、评价是否有艺术等方面进行督查。达标度主要根据教学环节设计和学习效果反馈情况进行督查。

②查批导学案。主要从预习互查、教师批改程度等指标进行督查，了解学生的知识水平，以便在课堂上能够有针对性地进行导学。

③查日周月评。阳光课堂教学是否高效，其中一个重要的元素就是学生的评价是不是做到位，规范过程性评价，促进学生发展（见表1）。

表1　阳光课堂教学评价表

班级____学科____上课教师____上课日期____年____月____日第____节
上课课题_____

一级指标	二级指标		满　分	得　分	合　计
导学案 20分	1. 课程标准 2. 学习目标		6		
	1. 学案容量 2. 梯度难度		8		
	1. 预习互查 2. 教师选批		6		
参与度 20分	学生全员参与		8		
	小组合作交流		6		
	师生总结点评		6		
达标度 20分	教学环节设计		10		
	学习效果反馈		10		
能力度 25分	板书工整规范		5		
	学生展示	1. 面向听众 2. 声音洪亮 3. 精神饱满 4. 语言具有感染力	8		
	教师导学	1. 点拨精彩 2. 诊断准确 3. 激励具有艺术性	12		

一级指标	二级指标	满　分	得　分	合　计
动态生成、延伸度15分	不同学习小组之间的学生展开质疑对抗	10		
	课程资源挖掘	5		
综合评价意见	总分			
	等级			

注:90—100 分为优秀,70—89 分为良好,60—69 分为合格,60 分以下为不合格。

（四）模式构建,阳光文化——构建小组合作学习阳光课堂教学模式的根本

学校注重校园文化建设,坚持文化育人,培育文化力,发展有灵魂的教育。学校优化校园自然环境,突出"美";播撒书香与美德,用文化浸润学生心灵,突出"育"。学校为学生打造阳光的学习文化,让学生巧学、快乐学;同时也培育阳光教师的学习文化,让教师自我超越、快乐工作。通过文化治校,构建阳光学校建设要素(见图3),实现了和谐发展,全面发展。

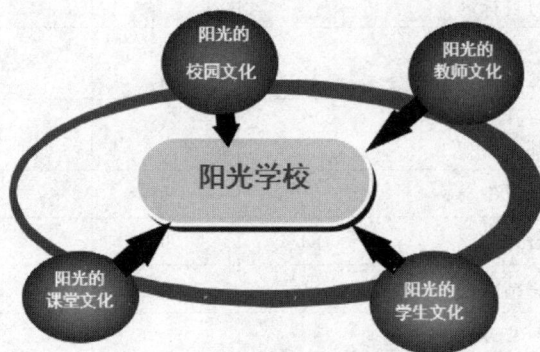

图 3　阳光学校建设内涵

1.阳光的校园文化

(1)阳光班级文化

为了营造良好的文化环境,各个班级围绕小组合作学习阳光课堂主题进行布置教室,内容包括个性班牌、激励标语、学生作品、日行一善、班训班规、评价汇总、班级图书角等等,班级布置突出对班级个性发展、美的展示、即时评价,营造一个舒适温馨的学习环境。

（2）阳光走廊文化

学校环境文化主要围绕打造硬件美和软件美两方面展开。硬件美主要是通过在校园布置的时候与学生的学习文化和行为文化结合起来考虑，让校园具有整洁美、和谐美、文化美。软件美主要引导学生去发现美、欣赏美，然后在适当的场合展示美，用美来呼唤美，用文化来打造文化。

2.阳光的教师文化

作为学校管理者，需要树立阳光服务的意识。首先，关心教师的生活，倾听教师的心声。对教师遇到的生活困难，力所能及地给予帮助，免除教师的后顾之忧。其次，指导教师的工作，了解教师的需求。对于工作中遇到的疑难杂症，学校管理者要及时介入指导，第一时间给老师指导，消除教师的技术障碍，提高教师的专业水平，增加老师成功的机会，增强老师职业的自信心和幸福感，帮助教师成长，使教师品尝到职业幸福感。

（1）阳光心理，品味职业幸福

俗话说，知足者常乐。很多时候，心态决定着我们的幸福感。随着教育的发展和百姓对优质教育的渴求，现在教师的工作是忙碌的，压力也越来越大。教师也是平凡的人，面对形势的发展，学校提出教师要热爱职业、热爱学生、热爱学校，拥有阳光心理和积极的工作态度和生活态度，做阳光教师，品味职业幸福感。著名作家罗曼·罗兰曾说过，要播撒阳光到别人心里，首先自己心里要有阳光。要想学生阳光，教师首先要阳光；要想教师家人幸福，教师自身也需要阳光。不论从哪个角度来说，教师都需要不断调节自己的心态，使自己的情绪处于积极状态，树立积极阳光的心态，快乐工作每一天。

（2）阳光制度，保障教师温暖

教师是否阳光直接影响着学生是否阳光。要培育阳光的学生，首先要培育阳光的教师。要培育阳光的教师，需要真正把教师当作主人来看，学校的管理制度是阳光的。在管理中由情感管理向民主管理、文化管理迈进，开通民主管理通道，创新校务公开方式，提升学校制度文化。这样让教师脸上充满阳光，同事间和谐、师生间和谐。只有这样才有利于构建阳光课堂，使教师教得轻松，学生学得愉快，形成良好的阳光学习文化。

（3）阳光舞台，展示教师风采

阳光的教师文化中一个重要的就是以备课组为核心的教师团队文化建设。备课文化直接关系着课堂的效率，所以以备课组为核心的教师团队建设非常重要，学校积极加强集体备课组建设，备课组本着相互学习、相互提高、互动双赢、力求实效的原则，遵循导学案编写的原则，导学案侧重在导，培养学生会学，由一人主备，其他成员讨论优化。通过和谐的集体备课,促进教育和谐发展,只有这样才能整合集体智慧,打造团队精神,实现资源共享,提高课堂效率和教育教学质量。

(4)阳光服务,助长教师成长

第一,以备课组为核心的教师团队建设。为了及时解决教师在课改中遇到的问题或困惑,组成以备课组教师为核心的教师团队,定期或不定期地开展研讨活动,及时商讨课改中出现的问题。

初一语文备课组的老师们就在教研组长的帮助下,积极地投入"小组合作导学"的备课研讨活动。活动主要围绕一段时间以来,初二备课组在"导学案"实施过程中出现的一系列问题而展开:①以教案定学案,教师在备课、上课时,忽视了学生的主体性,"以教定学",而非"以学定教"。②"导学案"设计忽视个体差异,缺少梯度、层次,往往统一要求,打击了学习能力较弱学生的学习积极性。③"导学案"的语言引导生硬,设计习题化现象较严重。

通过集体讨论,老师们达成了以下共识:①"导学案"的设计应紧紧围绕教学目标,紧扣教材,一课时一学案,控制学生的学习总量,让学生在开始接触时保持学习的积极性。②问题的设计要精简,要有层次、梯度性,不必面面俱到,应在重点问题中,合理运用"小组合作学习"的优势,重点突破。③"导学案"的设计要满足不同学生的需求,问题设置星级,语言温和鼓励,让每一位学生都能参与到课堂当中。④放开课堂展示的方式,根据不同文本的特征,设计多样化的"导学案",保证质量。

课程改革是在不断发现问题、解决问题的过程中前进的,我们只有在这之中且思且行,才能不断地摸清门路,找准对路,最终找到出路。

第二,以任教班级为核心的教师团队建设。为了解决学生在课改中出现的问题,组成以任教班级为核心的教师团队,针对学生在课堂中出现的问题,及时地进行讨论、商量,促进学生阳光健康成长。

3.阳光的学生文化

(1)阳光交往,促进学生成长

实行小组合作学习,提出有序竞争,强调真诚合作、共同提高。在学习生活中小组和小组成员每节课有碰头,每天有汇总,每周有反馈,每月有评比,通过小组合作学习生活等活动,建立友情,进而达到知心话有处讲,困难事有人帮,既能同甘又能同苦,促进学生阳光健康成长。为了促进学生形成阳光团队,对学生进行一系列的培训,促进学生健康成长。

①全员培训。为了培养学生的团队意识、规则意识、参与意识、学习习惯等,对

全体学生进行全员游戏式的体验式培训,促使学生养成习惯。

②组长培训。为了使每个组有战斗力,具有较强的合作竞争意识,学校开发适合学生的培训菜单,对每个组长进行培训,使学生成为阳光学生,课堂成为阳光课堂,让每一位学生健康成长。

(2)阳光心理,展示学生自信

学校的校标是托起明天的太阳,我们的课改目标就是要培养阳光学生、阳光教师,搭设建议倾听渠道,让师生心理充满阳光,有一种健康的心理,保持快乐的心情,夯实学生阳光文化的心理基础,展示学生自信,培育积极向上的精神文化。为了便于了解学生的情况,学校设计了家庭情况、学业基础、组织能力等方面的调查(见表2),了解了基本情况,然后找学生谈话,全面细致准确地掌握学生的情况,便于设置丰富的活动,培养积极的阳光心理,展示学生自信。

表2　阳光小组合作学习学生基本情况调查表

班　　级		姓　　名		性　　别	
出生年月		户口所在地			
毕业小学		小学曾担任的职务			
目前家庭详细住址					
兴趣、特长					
初一想担任什么职务					
你想怎么为班级做贡献					
进入初中最想得到什么帮助					
奖励	取得时间		内　　容		
家庭基本情况	父　亲	学历及职称			
		手　机			
		工作单位及职务			
	母　亲	学历及职称			
		手　机			
		工作单位及职务			
	其他成员				

(3)阳光活动,发展学生个性

学校围绕阳光主题开设阳光阅读、阳光跑操、阳光义卖、阳光社团等一系列活动,使学生知书达礼,有健康的体魄,个性得到全面发展,让学生在阳光活动中充满阳光,让学生在阳光活动中发展个性。

4. 阳光的课堂文化

根据我校的实际情况,提出了打造阳光学校的办学思路,培育阳光文化,打造阳光教师,培养阳光学生,构建适合我校学生发展的阳光课堂。阳光课堂包含六要素,主要有阳光导学、小组合作、阳光展示、点评反馈、当堂检测和阳光评价等六要素(见图4)。

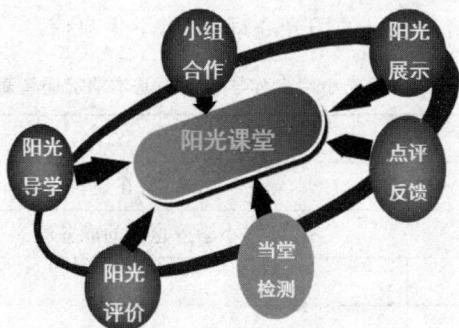

图4 阳光课堂六要素

(1)阳光导学,全员参与

阳光课堂是导学课堂,体现全员性。阳光课堂的构建关键在教师的导和学生的学,而教师编制的导学案是其中一个很重要的环节,导学案的编制需要从制度上进行规范,从时间上进行保证,每周确保一次集体备课,同时同一备课组随时可以讨论;按照教务处规定的格式和学科的规范编制导学案,能够编制适合学生发展的学案,以便激发学生思维,促进学生发展;导学案提前发给学生,每天固定两个时间独立完成导学案,确保学生完成导学案的质量;教师及时地回收并进行发展性评价(见图5)。

学生的学,则需要从导学习惯的培养、时间的保证、质量的评价等方面进行扎实跟进,以确保学的质量。

(2)小组合作,协同共长

我国教育学者王坦认为,"合作"是指学习的组织形式,在以班级授课制为主的教学形式下,采用小组合作学习的形式,改善传统的师生单向交流的方式,变为生

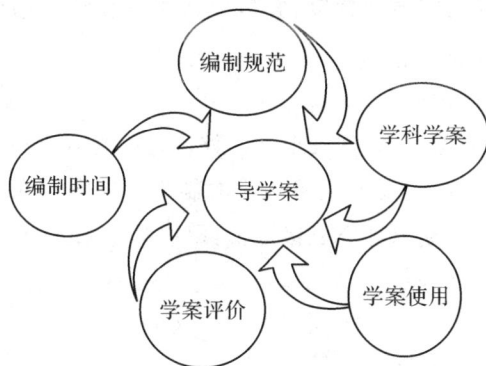

图5　学案导学体系的构建

与生,生与师,生与家长,生与一切人的合作,通过多向互动的交流,使每个学生有语言实践和自我表现的机会,既让每一个学生都发表自己的学习心得,也养成注意听取别人意见的良好习惯,促进学生之间的互相启迪,互相帮助。

阳光课堂是合作的课堂,体现出合作性。阳光合作小组通常由6名学生组成,按照"组内异质,组间同质"的原则,根据调查摸底,综合考虑小组成员的性别、学业成绩、智力水平、个性特征、家庭背景等方面,组成阳光合作学习小组。组内异质为互助合作奠定了基础,而组间同质又为在全班各小组间展开公开竞争创造了条件。每个小组都有自己的组徽、组训、组规,都有明确的分工和任务,在协作中共成长,让每个学生在原有的基础上都有进步。

(3)阳光展示,高度愉悦

阳光课堂是快乐的课堂,体现愉悦性。课堂效率的高与否,其中重要的一个环节就是课堂展示,课堂展示要素,应该包括两方面,即共性问题展示和生成问题展示。学生在有效问题的展示和有效问题的解决中提升自己,在解决问题中获得成功,在成功中获得高度愉悦性,从而实现高效课堂。

(4)点评反馈,高度自主

阳光课堂是生成的课堂,体现自主性。学生教师的点评非常重要,刺激学生的思维能否进行更深层次的活动;教师的点评在什么时候介入,教师如何进行点评,学生点评什么,决定了能否碰出思维火花,决定了整堂课效率的高低。学生在点评环节随时可以提出自己的思考,体现自主性,促进学生的个性发展。

(5)当堂检测,高度效能

阳光课堂是当堂检测的课堂,体现及时性。当堂检测,主要是要检验阳光导学的效果如何,检测时要考虑面向全体学生,了解不同层次学生的掌握情况,且时间比较少。所以,检测的内容要有梯度,容量要适当。教师根据检测情况,对阳光导学进行适当调整。

(6)阳光评价,促进发展

阳光课堂是多元的课堂,体现发展性。评价是阳光课堂得以阳光的有力武器,为此评价什么,怎么评价,需要形成系列化的制度和方案。在实践中探讨课间谈、日碰头、周例会、月评价、期末评等五级评价,促进学生阳光健康成长(见图6)。

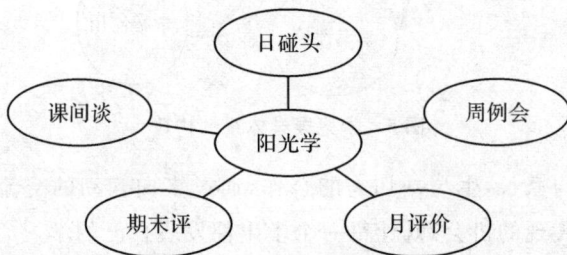

图 6　阳光评价五大范畴

六、研究成效

本课题实地实施给学校带来了全新的气息,学校初步形成了以科研促教学的课改氛围,注重学生的综合素质提高,各方面都在发生着可喜的变化。

(一)构建了小组合作学习阳光课堂教学模式

我校根据实际情况提出了构建阳光课堂教学模式,课改正式启动前,先后安排教师多次到外面去学习,教师无比激动,热情很高。学校课堂改革领导小组抓住时机,周密考虑,制定方案,召开课堂改革动员大会,对教师、学生及家长进行全面培训,一批中青年教师走上了改革之道,形成了改革课堂教学的良好氛围,小组合作学习阳光课堂教学模式初具雏形,积累了很多好的经验和做法。

(二)丰富了阳光课堂的文化内涵

阳光课堂不仅局限于课堂,所以本课题其中一个非常重要的元素就是培育阳光文化,提出了培育阳光的校园文化、阳光的教师文化、阳光的学生文化和阳光的课堂文化。比如阳光校园是和谐的、发展的、幸福的校园。阳光教师面对生活,有阳光般健康的心态;面对课堂,有阳光般火热的激情;面对学生,有阳光般灿烂的笑脸;面对同事,有阳光般温暖的态度;面对家长,有阳光般持久的热情;面对发展,有阳光般不息的能量。通过实践积累了很多好的做法,丰富了学校文化的内涵。

(三)培养了阳光学生,提高了自主、合作、探究能力

本课题通过实践,完善了阳光学生的发展评价,建立了阳光奖励卡晋级制度,大大提升了学生的积极性。我们重视培养学生自主学习的能力,经过长时间的训练,可以说已初步养成了"自主、合作、探究"的学习习惯。课堂上学生大胆自信的合作、展示、交流、点评的变化可以看出经过课改,学生的自主、合作与探讨能力得到大幅提高。

(四)教师学生的精神状态发生了改变

我们通过阳光评价制度,让每个同学都有成功的机会,鼓励学生去争取成功。学生的精神状态发生了积极的变化,特别是后三分之一学生的精神面貌有了很大改变,体现出阳光学生的自信、健康、智慧。教师的精神状态也发生了很大的变化。同时教师不再成为课霸,体现阳光教师的健康、火热、灿烂、温暖和智慧。

(五)学校教科研氛围发生了变化

这几年学校教科研工作有了很大的进展,促进了教师学生的发展。在实行课改之后,教科研氛围更加浓厚了,通过课堂教学改革,学校教师参与度和研究课题,又有了新的突破。教师不但通过集体备课、"说、上、评"等活动,深入参与了教研活动,同时利用课题带动教研,带着研究的视角进行课改。目前学校立项课题有 20 项左右,通过立项课题的研究,促进课改科学有序地推进。2012 年,我校获得杭州市专题论文二等奖 1 篇、三等奖 1 篇,国家基础教育课程改革专项课题三等奖 1 篇。2013 年上半年在优秀科研成果评比中有 8 篇科研成果获奖。下半年在区第 25 届教育教学专题论文评比中,我校再获奖 12 篇。

七、研究反思

(一)区域联动系统推动避免走弯路

目前我区课改工作是由区域推进,需要进一步进行整体、系统的设计和指导,以助推课改更好地进行。

首先,区域联动,系统推进。宏观引导,微观指导。

其次,整合活动,提高实效。突出主题,系统培训;专家介入,分科培训;搭建平

台,成就教师。

最后,确定节点,研究突破。对存在的瓶颈问题,必须要集大家智慧进行剖解。

(二)提高管理层水平和课改能力

阳光课堂教学模式的成功与否,其中非常重要一点就是整个管理层的综合管理水平和课改示范能力。为此,需要整个管理层不断学习,转变观念,勇于实践,带头示范,不断提高管理水平和课改能力。需要提供一个与课改相一致的高端的学习机会与载体。

(三)需要一个领头羊来引领学科教师前进

课改成败的关键在教师,一流的教师才会有一流的课堂。教师队伍建设一直是学校工作的重中之重,每个备课组至少需要有一个课改领头羊,只有这样才能确保学科课改工作的有序推进,特别是导学案的质量、课堂的质量、学生评价等等。目前学校教师间存在着不均衡,整体师资水平还有待进一步提高,需要在今后一段时间进一步加强教师队伍建设,采用多种形式,加强队伍建设,培养骨干教师。

(四)学生状态的持续性影响着课改

在课改的过程中,学生的状态决定了课堂的效率。课堂上的打分评价,和一周一次的评选"星级小组"等,时间一长对学生来说,也不再有太大的吸引力,小组合作效果不理想,学生课堂学习的积极性、持续性和稳定性对教师来说是一个挑战。学生状态的保持需要教师智慧的点拨,需要教师不断地根据新的情况和新的问题,调整措施激励学生,从而使得学生学习状态得以持续,确保课改的顺利进行。

总之,小组合作阳光课堂教学模式的构建是一个系统工程,工作任重道远。我们将在实践中不断摸索,克服困难,总结经验,扎扎实实做好课改工作,并期望着课改会结出更丰硕的果实。

参考文献:

[1]坎贝尔,等.多元智能教与学的策略[M].王成全,译.北京:中国轻工业出版社,2001.

[2]王坦.合作学习的理念与实施[M].北京:中国人事出版社,2004.

[3]范良火.教师教学知识发展研究[M].上海:华东师范大学出版社,2003.

[4]周洪宇,邹伦海.阳光教育对话录[M].武汉:华中科技大学出版社,2007.

［5］张海晨,李炳亭.高效课堂导学案设计［M］.济南:山东文艺出版社,2012.

［6］李炳亭.高效课堂22条［M］.济南:山东文艺出版社,2009.

［7］姚文俊.模式就是生产力［M］.济南:山东文艺出版社,2011.

［8］佐藤学.静悄悄的革命［M］.李季湄,译.长春:长春出版社,2012.

"多科融合"：基于走班式拓展课程
新样式的开发与实践研究

戴建华　宋江伟

【摘　要】本课题针对学校近年来关于拓展课程的实施情况进行调研，并总结归纳存在的几个关键性问题，着力通过对一系列拓展课程进行分类和融合，实现一个课程多种学科知识的链接。课题研究将针对这些融合课程的可行性加以科学分析，并结合对教师团队的培养，从而通过拓展课程的教学实践逐步形成具有学校特色多科融合的拓展课程新样式的构建。本课题的研究不仅实现了学校精品课程量的变化，也要实现质的飞越，教师在拓展课程的实施和教学中借以多科融合为载体，实现其专业素养的再度发展，为正走在拓展课程改革之路上的同仁予以参考和借鉴。

【关键词】多科融合　拓展课程　新样式

一、研究缘起

"走班式"教学，让学生根据自身的实际情况，使学生的个性化发展成为可能。笔者所在的课题研究组通过一年多(2015年9月—2017年2月)的时间对学校"走班式"拓展性课程体系的建构进行了充分的研究，在研究中通过对教师与学生的阶段性培训，使学生在拓展性课程中进行"走班式"学习成为可能，教师在"走班式"教学中发挥了其自身的特长，挖掘了教师专业发展的潜力。

(一)数据调查：基于"走班式"的学生流动需求

在前期研究过程中，我们发现"走班式"教学不仅突出学生"学"的指向性，而且对教师提出"教"的新要求，通过将"走动面"不断加以改变，以"班级面""年级面""学校面"三种走动形式，并以拓展性课程"疯狂实验室"课程中"氧气"为例，加以调查分析：通过不同层面的走班，学生在学科知识、兴趣培养、技能发展等方面都有所提升，显然"走班式"的教学是必要的，而且不同层面的走班教学都有其优势，如表1所示。

表1　多样态走班的优劣分析

基于"班级面"的定班查漏补缺提分数			基于"年级面"的走班你情我愿养兴趣			基于"学校面"的走班专业引领促发展		
	走班前	班级面走班		班级面走班时	年级面走班时		年级面走班时	学校面走班时
知识掌握度	60%	86%优:知识面	内容更新度	10%	40%	内容新颖度	40%	100%优:拓展面
内容兴趣度	60%	40%劣:兴趣面	内容兴趣度	40%	80%优:兴趣面	技能达成度	20%	90%优:发展面

(二)直击问题:基于"走班式"的课堂现状分析

以疯狂实验室课程中的"氧气"一课为例,从不同层面走班情况调查加以分析,如表2所示。

表2　多样态走班的现状分析

	走班前	班级走班	年级走班	学校走班
学生参与度	一般	一般	较高	一般
教师积极度	一般	一般	一般	较高
课程效益(知识掌握)	一般	较高	一般	一般
课程效益(操作技能)	一般	一般	一般	较高
课程效益(学生活力)	一般	一般	较高	一般

调查发现从学生参与度、教师积极度、课程效益三个纬度(知识掌握、操作技能、学生活力)等方面,并不能达到最优状态,我们的拓展性课程的开发与实施仍然存在着各种各样的弊端,如图1所示。

①承担过于被动。教师在承担拓展性课程的开发与实施工作时,显得比较被动,很多教师没有基于自身特点合理地承担开发课程工作,承担课程只是跟风行为,这使后期的教学工作显得较为被动。

②设计拘于传统。拓展性课程是以学生走班选课为基础的,面对具有共同学习诉求却存在不同知识结构的学生,当前拓展性课程的内容设计在创新性方面明显是滞后的。

③资源缺乏整合。无论是何种类别的拓展性课程,都是基于学生现状的,由此对相关课程的整合能够有效地促进因材施教,而当下教师的课程开发缺乏整合和

计划性。

④评价显露无力。现在课程负责人都能想办法实施多元评价,但实际操作中还是经常出现单一性评价,这主要还是因为课程开发团队缺乏一个合理的多元评价体系,使得评价的效果显得苍白无力。

(三)直击价值:突破瓶颈

1.突破瓶颈之科学发展

多科融合使教师在课程开发与实施方面具有新的发展方向,有利于促进拓展课程的精细化发展。

2.突破瓶颈之创新思维

多科融合不只是简单的知识集合,更是思维的碰撞,新样式的形成会有利于教师创新能力的提升,而学生也将随之受益。

3.突破瓶颈之优化评价

作为教育的老问题,新课程改革需要更

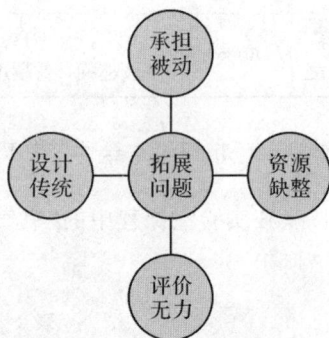

图1　拓展课程开发与实施的问题分析

优化的评价形式,而多科融合的模式为创新性评价奠定了基础,评价的优化方式得以进一步更新。

二、国内外研究简述

(一)国内

自从2015年提出核心素养征求意见稿到2016年确定中国学生发展核心素养以来,各省区市对拓展性课程的开发与实施有了更高的要求,然而将部分曾经的社团活动课程化的过程中,教师一度感受到课程建设的压力及难度。一股拓展课程的开发热潮已然展开,然而课程的精细化设置及课程的科学性开发,暂还需不断地深入研究。

(二)国外

在中国知网检索发现,国外在课程建设方面相对比较成熟,没有拓展性课程一说,然而平时的常规教学基本围绕着学生核心素养的培养来实施。由此发现,国外的起步明显早很多,且相对比较成熟,对于国外实践类课程的文献参考可以为本课题提供相对的理论与实践基础。

三、对核心概念的操作定义

①"多科融合"。本课题研究合理分配课程内容,而每个拓展课程都有 2—4 位不同学科教师授课,并将各学科教师及学科内容融合到同一拓展课程中去实施。

②"走班式"。走班,是为了更好地因材施教,为了更好地提升学生的素养,当前区域拓展课程的走班主要从班级面、年级面、学校面三个层面开展,本课题主要以年级面走班为研究基础。

③基于"走班式"的拓展课堂新样式。课题主要通过课程的整合,学科的融合,教师团队的培养,学生的自主选课,多学科教师课堂融合集体教学等形式进行新样式的研究。

四、研究设计

(一)研究逻辑

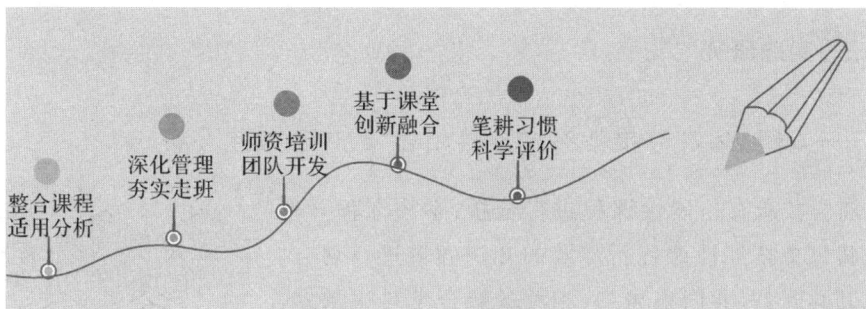

图 2 课题设计的逻辑思路

(二)研究目的

①培养综合素养,提高竞争力。教师以提升学生核心素养为目标,结合本校课程体系中"三有三会"的核心素养,培养学生发现、感知、综合、评价等能力,提高学生竞争力。

②创新融合体系,促成综合力。引入新的课程融合体系,使课程之间的综合更具科学性,使核心素养的内容融入课程的实践,促进综合能力的提升。

③彰显团队合力,提高凝聚力。多科融合需要教师的团队协作,本课题研究将发扬学校教师的团队精神,深化教师间的凝聚力。

④完善评价体系,打造精课程。完善拓展性课程的评价体系,充分发挥教师敢于改革、勇于创新的特点,发挥团队力量,把拓展课程打造成学校的特色品牌。

(三)研究方法及步骤

课题以课堂观察法、课例分析法、行动研究法、经验归纳法等,形成符合学校实际的拓展课程新样式。本课题研究思路及阶段划分,如图3所示。

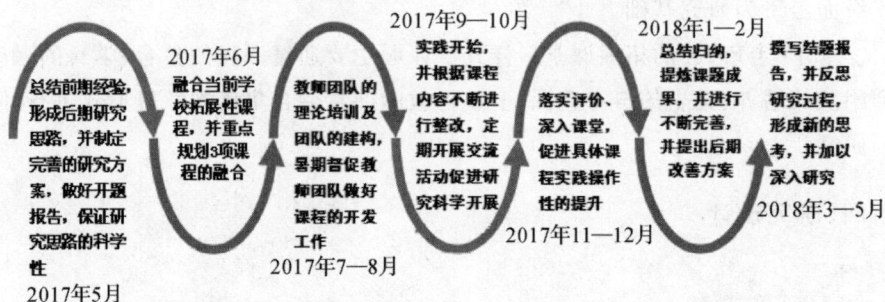

图3 课题研究的细化步骤

五、实践研究

(一)梳理拓展课程类别,"多科融合"的课程适用分析

将学校所有拓展性课程进行分析,学校课程开发团队将每个拓展性课程所涉及的知识领域进行划分,寻求其共同点,共同点越多,相关的融合学科也越多,并将它们大致分为以下几个类别,如图4所示。

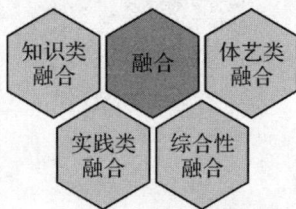

图4 多科融合的适性领域

1. 知识类融合

主要针对文、理知识的区别,将其相互融合。如国学课程＋语文与民俗课程,英语音乐剧课程＋英语电影文化赏析课程,数学天地课程＋数独课程等。

(1)文化底蕴,体现内涵

学校设有国学课程和民俗文化课程,两者主要的联系在于都是以历史文化为背景,其中国学注重古代文学类作品的赏析,在文本辨析中不断深入理解国学的魅力,而名俗文化课程主要基于当前地域特色,将区域民俗文化、古代国学经典教学资源和现代语文教学结合在一起,凸显学科文化气息,有利于提升学生文化修养及底蕴。

(2)思维训练,强化逻辑

数学天地课程与数独课程主要由数学学科教师承担,然而当前数学天地主要是以学科知识的强化为主,学生对于这样的课程的兴趣点有所降低,而数独课程中学生喜爱熟悉该课程,利用这两门拓展课程的融合可以有效地解决课程原有的问题,为学生逻辑思维能力的训练提供新的平台。

(3)设置情景,注重口语

英语学科注重口语的训练,英语学科相关的拓展课程有效地促进学生的口语学习,但整体的知识结构的把握还存在一定的缺陷。英语剧课程与电影文化赏析课程两者存在的关系正好是一个编、一个导,课程融合的可行性很高。

2. 体艺类融合

主要针对艺术与体育的自身融合与相互融合,如左边右边合唱团课程+竹马课程,篮球课程+排球课程,乒乓球课程+羽毛球课程等。

(1)非遗乐感,彰显特色

竹马属于非物质文化遗产,学校在该课程的实施中引进校外资源,其特有的传统性有时会成为阻碍学生选择的一大因素,让学生利用合唱团所学的乐理知识应用于竹马表演,为非遗增添乐感,形成遗产与新时代融合的新型竹马艺术。

(2)大球合训,战术共通

学校在篮球、排球、足球方面的发展已处于一定的瓶颈,学生个人能力的局限性致使整体实力有待提升。将篮球、排球相互融合,对两类球的战术进行指导性交流,促使学生能够在不同球类中把握其战术的共通点。

(3)小球交融,熟悉球性

分析两类球的特点,两者具有大小、性质不同的球拍,将这两类球融合在一起进行教学,有利于提升趣味性,让更多学生参与其中,并不断改进两类球的应用方式,促使学生更好地掌握球性,利于学生训练达到"人球合一"。

3. 实践类融合

主要针对科学学科相关内容的融合和生活资源与技能要求的融合,如疯狂实验室课程与科技课程的融合,美食天下与科学原理、传统文化、中英融合等。

(1)利用实验,激发探究

课程的特点主要是不拘泥于实验,但源于生活,利用实验对各类生活现象给予充分的解释,并结合当前学校科技课程中涉及的各类科技比赛,让学生在激发科学探究精神的同时不断参与各类科技类评比,从而激发学生的科学探究能力。

(2)美食课程,融合生活

美食课程是学校广受欢迎的课程之一,似乎只是停留在体现美食的制作流程上,要将美食课程与生活中的科学课程相互融合,形成具有科学元素的美食课程,深入课程的内在理念,促使学生在美食制作中不断深入理解科学的奥秘。

(3)开放化,走出去

课程通过设置国内外各类传统文化的交集,促使学生用英语解说国内外文化的差异,结合当前杭州国际化的推进,具备较多机会让学生参与各类国际化活动,为培养具有国际视野的阳光学子奠定基础。

4.综合性融合

主要针对信息技术类的融合和知识与技能的融合,如 VB 课程与图标设计课程的融合,棋类课程的思维融合(国际跳棋、四国军棋、国际象棋、五子棋等)。

(1)借技术,实际应用

学校将 VB 课程中的编程技术,使原有静态的图标动态化,在培养学生编程能力的同时,将固化的图标转化为动态的图标,这不仅提升学生的动态设计意识,更凸显图标设计的价值,为学生对于图文制作能力的提升打下坚实的基础。

(2)借软件,促进实战

将学校原有的各类棋类课程(如国际跳棋、中国象棋、国际象棋、五子棋、四国军棋等棋种)融合为一项课程,以软件线上对决为基础,落实各类棋种的竞技体系,融合可以有效提高授课效率,提供更多的线上实战机会。

(二)培养拓展课程师资,"多科融合"的团队开发思路

多科融合是基于"走班式"拓展教学的,由此对于教师融合团队综合能力的培养显得尤为重要。如何合理规范地加强教师队伍的资质培养是我校开展多科融合教学的基础,研究主要从以下几个方面来进行针对性的师资建设,如图 5 所示。

图 5　研究对应的团队开发思路

1. 集中培训，观念转变

通过外聘省区市课程开发专家，对教师开展通识性培训，从观念上让教师意识到拓展性课程的实施是以提升学生多方面核心素养为最终目标，曾经的以分数评价学生的观念已无法立足。

（1）引出，初步感受

多科融合的拓展课程将推翻以往的单一化拓展课程的实施，由此课题组成员在前期教师会中提出多科融合的拓展课程思路，让负责教师了解交流融合的必要性与可行性。课题组重点落实前期课程融合有关的课程负责人，根据团队的解析，让教师初步认同融合的必要性。

①顶层会议。2017 年 4 月 20 日由课题负责人召开关于多科融合的座谈会，学校科研观察团全体成员参与论坛。首先由科研主任宋老师陈述课题研究的思路，并提出拓展课程融合的机制及融合的课程可行性分析。会上科研观察团教师积极发表个人观点，并统一思想，由各观察团成员组织落实相关融合课程负责教师的谈话工作。

②谈话纪要。贾老师作为音体美组的教研组长，组织对合唱课程与竹马课程的洽谈工作。洽谈中教师反映竹马课程作为非物质文化遗产，学生的确存在对竹马课程缺乏创新性的担忧，很多学生表示这样的课程过于拘泥于传统，不符合当前学生的兴趣，合唱团课程的负责教师也一并愿意在音乐节奏感的培养上下功夫，从而该类课程的融合达成共识。

③专家引领。课题组成员对各课程教师的初步调查访谈的基础上，明确了教师对拓展课程的理解。通过引进省区市各级专家，为课程负责教师落实相关专题报告，在理论层面上给予教师充分的指导。学校主要聘请了区进修学校研究开发中心主任、市教科所规划办主任、浙江外国语学院卢教授进行了集中交流，成效显著，为我校拓展课程的开展提供了指导。

④引出分析。在观察团成员对竹马课程与合唱课程的融合、VB 课程与国标课程、科技课程与疯狂实验室课程、美食课程与生活中的科学课程等逐一进行了洽谈后，教师都愿意在这方面做出改变，并希望借学校课题的研究促进教师在学科融合的拓展课程教学中有所突破，也希望学校能够对相关课程给予指导。学校根据教师需求，于 2017 年 4 月 27 日聘请相关专家莅临指导，为学校拓展课程的革新提供理论基础与实践指导性意见，是学校科学、可持续开展拓展课程的理论依据。

（2）体验，形成冲击

课程负责教师有了观念上的初步认同，但在实际课程融合中仍然是茫然的，由此课题组成员通过组织开展个例研究，让个别课程的融合先行一步，让其他教师进行观摩，给予充分的认识，并为自身开展多科融合的拓展课程提供借鉴。

①现场观摩。2017年5月5日，由科研观察团成员郑老师组织落实开展关于美食课程与生活中的科学课程的融合交流课。课堂上郑老师通过以面包的制作为主线，利用科学知识解释面包发酵的要素，并通过设置对照实验，将不同发酵效果的面包进行对照制作。课堂中学生充分参与其中，并期待不同发酵程度的面包制作的实际效果，通过最终面包的品尝给予科学性评价。

②评课要点。课后由郑老师进行评价实施，并对该课的设计意图给予充分的说明，教师在评价交流中充分肯定了学生在课堂中的参与度，并感受到学生渴望科学知识应用于生活的热情。其中原美食课程的负责教师王老师说："这节课打破了以吃为目的的活动，把简单的实践活动内容用知识加以串接，使学生在做的过程中感受科学知识的重要性，在吃的过程中感受用知识收获成果的成就感，是一节富有生命的课程。"

③体验分析。之所以让我们的老师进行观摩学习，是为了让课程负责老师感受到融合课程的优势，它可以有效地将原有活动式课程向知识应用类课程转变，学生不仅不会排斥学科知识，甚至更认真地落实相关知识。科学知识解决生活实际问题体现得淋漓尽致，是对课程负责教师的一次体验式冲击，是对其落实多科融合教学的又一次认可。

（3）交流，防误区

有了一次多科融合的体验与被体验，相关的课程负责教师都跃跃欲试，但为了让教师能够在第一次多科融合授课中有所思，并从中能强化对多科融合的理解，课题组成员组织落实以"如何实现多科融合及多科融合的注意事项"为主题开展了相关的交流活动。

①主题交流。2017年5月11日，课题组成员及学校合唱课程、竹马课程、国跳课程、五子棋课程、四国军棋课程、国际象棋课程、篮球课程、排球课程、乒乓球课程、羽毛球课程、国标课程、VB课程、科技课程、疯狂实验室课程、美食课程等课程的负责教师展开了多科融合的洽谈工作，促使相关融合课程的教师相互了解其课程体系，并相互结合自身课程的特点，对融合课程之间的有效联立提出意见与建议。交流中，四国军棋课程负责人张老师提出，棋类课程的融合是有必要的，通过对不同棋种的理解，可有效实现向后多看几步的逻辑思维训练，合理的"弈战"平台

构建,给学生充分的实战机会。竹马课程负责教师张老师提出关于多科融合应避免出现简单知识叠加的情况,应注重思维的融合,为提升学生相关素养给予帮助。

②交流分析。这次活动的开展是为了让所有的课程融合负责教师能打开心扉,对其自身课程产生的相关疑惑进行交流答辩,促使教师在课程融合实施前做到心中有数。而交流中涉及最多的主要还是如何实现思维融合,避免出现知识的叠加,这类交流的开展是教师内在专业品格的修炼,对教师专业的成长有很好的促进作用。就注意事项方面,基本达成了相关的统一认识:首先,因注重学科知识的迁移与融合的可行性辨析;其次,应落实学生选课前涉及的相关知识的普及工作,促使学生更好地了解与学习融合课程;最后,课程的核心价值的体现应回归到学生核心素养的落地。

(4)思辨,促转型

教师观念基本形成,对多课融合的必要性达成了共识。然而接下去课题组成员及学校科研观察团成员要回归本源,静心思考多科融合顶层设计,不能只强调实施的必要性,更要落实实施的可行性及操作性。

①专题引领。2017 年 5 月 18 日,学校科研观察团与课题组成员会聚一起,聆听课题负责人宋老师关于如何增强多科融合的操作的专题讲座,宋老师从为什么要多科融合、哪些课程融合、如何融合、如何实施等方面开展了汇报。汇报中宋老师重点强调了操作的流程性问题,提出一种合理的多科融合课程实施的范式是尤为重要的,也让在场所有的教师组织学习相关理论知识,并要求教师能够以思辨的思维去对待拓展课程的融合教学,杜绝出现形式上的融合。

②思辨分析。在这个时期开展相关的课程总体融合的引领是很有必要的,前期教师对相关融合的课程、融合的方式、融合的可行性、融合的必要性等都有了相应的了解,面对积极尝试的教师,课题组成员经过思考,需要教师不急于求成,放慢脚步,通过专题引领的形式,让在场的教师感受到多科融合的难度还是比较大的,从而避免出现"大跃进"。专题汇报中宋老师也提出了可以从个别课程的融合做起,慢慢积累相关经验,促进研究的可持续性。

2.经验交流,取长补短

通过对曾经拓展性课程的实施进行综合性评价,为实施较为成功的课程提供交流平台,以某大讲坛的形式,聘请专家莅临指导,使教师在交流中意识到拓展性课程实施中存在的共性问题,并通过优秀课程的推介,让教师自我反思、取长补短,促进课程开发新思想的形成。

（1）引进来，吸收经验

学校科研室把准当前拓展课程发展趋向，利用区域交流资源，聘请外校有相关融合类拓展课程授课经验的优秀老师、专家到校进行指导，促使教师在多科融合教学中的理论经验形成，为自身实现融合教学实践奠定基础。

①评价学习。2017 年 5 月 25 日，学校按计划聘请浙江省教科院王副院长、西湖区精品课程的负责老师王老师和陈老师来校进行经验分享等。几位老师在学科融合的拓展课程中都有自身独特的见解，他们一致认为，要想借助拓展课程，真正落实学生的核心素养，以多学科链接推进项目化课程是具有一定的可行性的。王老师提出，仅凭之前的拓展课程评价是无法满足多科融合的拓展课程评价的，由此寻求并制定相应的评价体系势在必行；而陈老师在课程评价方面正好有了自己新的尝试，她尝试实行数字化、系统化评价体系的建构，评价的过程化实施凸显成效。

②思维碰撞。就两位老师的微讲座，为学校教师在课程实施方面指明了方向。交流中，学校原 VB 课程的老师和图标课程的老师应老师与陈老师一致提出："过程性评价在拓展课程中可以有效结合信息化技术，他们愿意努力尝试建立信息化评价管理平台，为学校教师提供方便。"原疯狂实验室课程负责老师郑老师说："日常评价的烦琐与评价的重要性之间存在着很大的矛盾，如能实现日常评价的信息化管理，可有效提升学生学习兴趣，可起到科学的导向作用。"

③引进分析。本次经验交流的主题是评价，而两位分享经验的外校教师毫无保留地将其日常教学经验给予接地气的指导。整个指导交流过程短暂但富有实效，教师通过交流在评价的过程性上达成了一致，这为未来实现多科融合的拓展课程评价奠定基础。两位不同课程的教师在融合中本就会出现评价的分歧，但通过本次交流，促使教师在评价问题上的分歧点展开了全面的交流，而且构建信息化评价平台的提出也得到了广大教师的一致认可，是创新学校拓展课程评价体系的一次重要分享。

（2）外出考察，触动反思

学校科研观察团对学校多科融合的拓展课程进行删选，基本确定了相关的融合课程，相应课程负责老师也在不断地磨合，努力达成共识。为了让这些教师能够更好地落实后期的实践内容，学校教师培训负责人安排相关教师外出考察学习。

①考察学习。2017 年 6 月，学校拓展课程负责人携融合类课程的相关负责教师代表赴上海进行为期四天的考察学习。在考察学习阶段，每位老师结合理论学习与实践，让课程负责老师能够感受新的课程理念，并在考察中发现很多值得学习的地方。比如，篮球课程的陈老师在考察小结中说道："球类课程既然存在一定的

相通性,尤其在联防、人盯人方面可以通过球类互质的方法,促进学生在篮球中强化体质,在排球中提升配合度。"国学课程与语文名俗课程的蒋老师与上官老师说:"国学课程与名俗在融合中竟然可以情景剧的形式开展,学生在情景剧中扮演不同的角色,有利于学生对人物刻画的深入理解。"

②触动反思。考察结束后,学校课程负责教师要求每位外出考察的老师上交相关反思,在反思报告中我们发现几个问题:第一,学校课程融合的理论层次性不够,教师专业水平的不均衡与整体推进过程中存在的矛盾。第二,学校多科融合的推进缺乏梯队建设,整体式推进显得有些操之过急。第三,每个课程负责人所涉及的课程目标有些模糊,甚至融合的课程对于课程目标的解读和理解还是存在很大的偏差。

③考察分析。学校课题组成员本着发现问题的初衷,让课题的研究更具有操作性和科学性。本次外出考察中发现的系列问题对课题的研究提出了新的要求,在课程建设中,对于各个课程的梯队化建设,课程目标的定位方面还需要进一步斟酌。通过本次考察,学校完善双导师制的课程评价体系,并细化课程核心素养,形成一课一素养的课程建设目标,促使学校课程负责教师的实施更具针对性。

(3)内部交流,促成整合

外出考察后带来的思考,给予我们足够的想象空间,教师在外出考察后形成了很多新的思想理念。为了形成统一的课程开发认识,科研室组织开展新一轮的校内课程负责人集中交流会议,给予思维碰撞的平台,促成课程的有效开展与实施。

①会议纪要。2017 年 6 月 8 日,科研室组织开展了关于如何落实教师专业素养提升的微讲座,会中宋老师提出:"学科融合是拓展课程的一次新的变革,教师在学科融合的方面似乎只是停留在知识的融合,然而对于教师之间的配合、思维的融合、评价的融合等方面都应落实到位,由此需要教师能够多反思、多提问、多交流,避免一马当先现象,要注重团队合作,体现融合课程的团队教师的整体素养提升。"与此同时,宋老师还给在场的教师介绍一系列关于课程融合开发的参考书籍与杂志供老师们参考学习。

②促进分析。本次集中会议的召开有两个关键点。第一,该会议是教师外出考察学习回来后的第一次集中,它有利于教师对考察内容的整理和反思。第二,从时间上来看,这次会议是在六月初期进行,为最后一次的拓展课程提供融合的尝试机会。从而在尝试后,无论成与败,教师在暑假期间有足够的时间去思考和整合,为下学期的多科融合的拓展课程的新样式的研究奠定基础。另外,本次会议中也提出了融合式的拓展课程负责教师后期的梯队建设需求,给予不同教师从课程的

实施、课程内容的设置、课程目标的确立、课程评价等方面分层分类培养,从而促使课程的有效实施。

3.梯队建设,统一目标

以课程开发团队为核心团队的梯队建设,促使形成自上而下的课程开发导向思维。将学科特色与课程特色相互融合,形成多科融合的团队,开发课程的团队应将保证课程开发的潜在能力。在梯队建设中重点关注拓展课程在多科融合中的可行性分析,为后期的开发与实践指明方向。

(1)知识梯队化

多科融合后的拓展课程涉及的知识体系是多元的,如果只是拿来主义,会导致学生认为新的拓展课程只是原有课程内容的简单叠加,这样不利于学生的可持续发展。由此我们需要从课程的知识角度,将其知识内容梯队化,促进学生的分层学习,从而在团队培养中应着重落实融合知识如何实现梯队化为要求进行研究。

(2)指导梯队化

对于两三个课程的融合,教师的专业水平也是不均衡的,由此通过各类分阶段培训平台,让相关的教师都能接受合理的培训。这会促使教师在后期实践过程中更明确自己的研究内容。由此对教师展开梯队化培养目标,以实现课程的双导师制实施。

(3)评价梯队化

融合课程的教师分类别实施开展评价,对于不同的价值结合信息化评价平台的使用,促使教师的评价能做到分工明确,实现日常评价与多元性评价为一体,综合性评价与活动性评价为一体,使教师在学生评价方面有独特的见解和方式(见图6)。

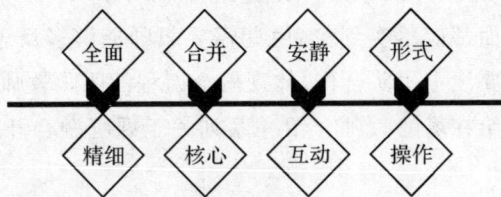

图6 融合课程的评价转变

(三)整合拓展课程资源,"多科融合"的课程内容设置

1.宜"精"不宜"尽"

拓展性课程的内容牵涉各个学科的相关知识,却都不能做精细,在资源整合中

应考虑课程的精细化设置,使教师做得少,却做得值。

案例 1

电影鉴赏课程负责人翟老师将电影鉴赏内容根据其类别,进行分类和整合,利用多媒体技术,将电影内容片段化,从中抓住人物刻画的精细度。学生在一节课堂中可以欣赏多部具有价值意义的精彩影片片段,翟老师时刻关注学生观影情绪并做相应记录。

【案例分析】电影内容中有很多累赘,如果不加以科学性剪辑,学生观看的重点不突出,不利于学生对电影角色的精确把握,翟老师对精细和全面的把握恰到好处,其教学内容符合学生认知发展规律,学生也能在较短的观影中感受到导演编剧在人物刻画方面的用心。

案例 2

艺术竹马课程中教师的授课时间有限,为了更好地促进学生对竹马文化与音乐节奏的整体把握,课程负责教师张老师提前落实课程设置内容,做到每次学生学习都有所收获,她将每一批马的动作精细分割到每位学生,精细化指导使竹马更具特点。

【案例分析】艺术竹马课程的融合讲究的是精准化,每匹马都有其个性化特色,由此同一学生就不能够同时落实各种马匹,而且在音乐节奏的带动下,学生对马匹与其自身情感的融合显得尤为重要,张老师的作为没有面面俱到,但做到了精细有味。

2. 宜"核"不宜"合"

多科融合是价值的融合,课程内容的设置应体现核心价值,使教师能够通过该课程提升自我的价值,使学生能够通过课程提升自身的核心素养。

案例 3

篮球和排球有不同的规则,在篮排课程设置上贾老师和陈老师落实两个方面,既保证了篮球的传接球特色,也落实了排球传接的走位,并通过知识迁移的思想,将篮球的球性训练与排球相结合,授课内容上将篮板球技巧与二传手传球进行了全面细致的整合。

【案例分析】篮球注重运球,而排球注重的是发球和传接,两种球类的融合看似有一定的难度,从学生整体对篮球与排球课程核心目标的理解,两者在顺势篮板球与传接球中的跑位技术是一致的,以不同球类运动的跑位训练落实同一核心目标固然不属于简单分合了。

案例 4

艺术扎染课程负责教师夏老师在设置内容上水彩颜料的绘画技术在日常课程有过授课,但在布材质上绘画还没涉及,因此她将水彩颜料的绘画与服装设计结合在一起,两者的结合满足了学生创新思维开发的需要,促进学生在绘制设计上有了一定的突破。

【案例分析】水彩画与服装,本没有明显的共通之处,所以如果内容上不加以设计和整合,就会出现简单叠加的现象,因此夏老师将颜料用于服装自主设计上,这样主要就以设计理念的创新为核心,促使融合课程的价值提升到新的高度。

3. 宜"动"不宜"冻"

拓展性课程中学生的积极性明显大于基础性课程,由此课程的设置应提倡学生真正地动起来,而不是简单安静地吸收知识。

案例 5

张老师将数独思维课程内容设置为不同的板式,这样学生看到的数独初始状态都是不一致的,而且张老师还将数独教学的方式与数学学习内容涉及概率学角度的知识也一并设计在课程内容中,并整理归纳出一系列数独游戏的实践方式。

【案例分析】数独本来是很注重思维的,但其也有一定的特点,就是可以无头绪地尝试,这样最终也许也可以得到正确的解答,但张老师利用数学概率学知识与数独技巧知识两者融合在一起,这促使学生可以有更多的思维方式,使学生避免出现定向思维。

案例 6

生活科学课程郝老师将在授课内容设置上,将科学学科中关于种子萌发的条件内容与生活中的植物种植结合在一起,让学生在生活中应用种子萌发的知识进行实验,并通过观察日记的形式作为学生课后作业。

【案例分析】种子萌发的实验耗时比较长,如果从视频播放的角度给学生灌输相关知识,学生的课堂表现会显得比较被动,然而郝老师利用生活种植的背景,将种子分发给学生,让学生以观察日记的形式完成相关作业,使学生在学习中动静结合,提高其知识的应用能力。

4. 宜"行"不宜"形"

拓展性课程是以提升学生综合素养为目标的,是实践的课堂,由此课程内容的设置应当适宜教师操作,形式多样而缺乏实践性的内容应当适当规避。

案例 7

国学民俗课程负责人蒋老师与骆老师做好分工,将课程内容设置为走进茶村,让学生在茶山上感受民俗文化,并结合当地茶农的介绍进行相关记载,在学生实践中不断把握学生学习的特色,将教学内容行动化,以提高学生学习的积极性。

【案例分析】国学和民俗本来关系不是很大,但两位老师通过国学知识的传授,并结合当地茶文化,让学生走进茶村,访问茶农,以社会实践的形式开展相关的活动。这样的教学设计促进学生在行动中落实生活经验的积累,使知识学习不拘泥于形式。

案例 8

七巧板课程的核心是锻炼学生的思维能力,孔老师在设置课程内容时,以发给学生的七巧板为教具,让学生利用七巧板不断地落实各种角度的组合分析,并在立体感上借助吸管和双面胶让七巧板在立体感上也有所突破,欲凸显学生的行为。

【案例分析】学生几何思维能力的训练,在基础课程教学中是用电脑软件给学生观看各类模型,这在视觉上形成了较好的效果,但从学生行为的角度仍然是趋于形式的。孔老师的七巧板课程内容设置打破了学生的固话思维,让孩子在动手过程中感受思维的变化。

(四)督导拓展课程进程,"多科融合"的课堂融合创新

1. 自主学习奠定融合

自主学习,顾名思义是学生建立在教师提供的相关知识背景、知识资源等有利

条件下,形成符合自身实际的自学环境,在课前就能渗入学习,从而使课堂中学科的融合更具有价值,为多科融合的课堂奠定基础。

(1)搭建支架,促发现

在拓展课程授课前,先根据课程内容的设置,提供学生一定的资料,使学生能够在资料中形成自主学习,并在授课前做好准备,促进学生自主发现问题,带着问题进入课堂,提升课堂效益。

案例 9

体育陈老师以篮球课程中自创的"锥形阵"与龙马课程中的"限场式"形成对比,提前布置学生学习相关阵法的相似点与区别之处,并熟悉相关战术的相互应用。"锥形阵"犹如一把锋利的三角锥撕开对方的防守线,就像潮水一般整体推进至篮板下,而对于推进过程中的场地限制显得尤为重要,则通过原龙马课程的"限场式"的合力应用,促使学生能够提前带着问题去预习课程内容。而且学生在制作该类课程准备的时候,显得非常有积极性,学生特意制作了相关简化版,利于课堂实战中的应用与解说(见图 7)。

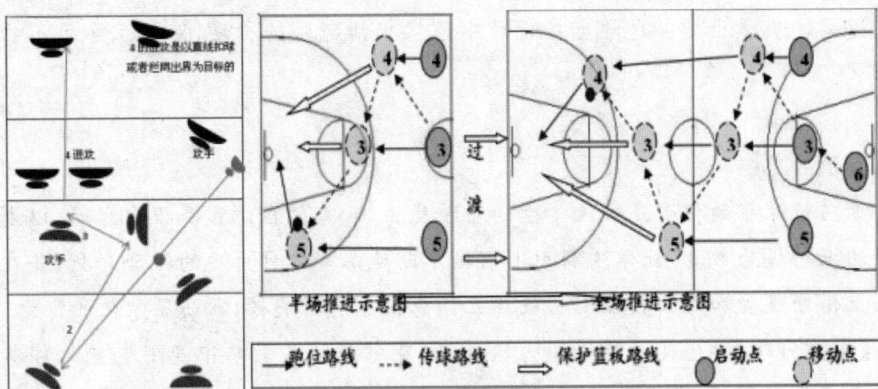

图 7　学生自制的课堂实践解说图

【案例分析】融合类课程的支架搭建明显难于常规拓展课程,它需要课程负责教师能够对于两类课程的共通点进行分析和整理,并提前对授课内容加以分类,这样才能有效地提升学生预习的生成性知识和技能,让学生带着问题和想法进入课堂是融合类课堂支架建构的关键所在。该案例中利用排球进攻中限场的解说与篮球课程中进攻篮下的过程均属于球员的跑位,对于场地限制的特点把握,有利于落实球员间的跑位。而课堂上直接让学生落实跑位与理解场地限制显然过于草率,由此凸显了该课前给予自学内容的有效性。

案例 10

艺术竹马既要体现竹马课程的内容,又要体现其艺术特色,反映乐感的重要性。以下为艺术竹马课程教师提前布置给学生的相关内容,在内容上难度不大,学生上手较为简单,学生完成下来的效果还是比较好的,在课堂中的确也体现出学生预习的成效。尤其在竹马锣声的配置下,课堂的节奏性表现得也较为活跃(见图8)。

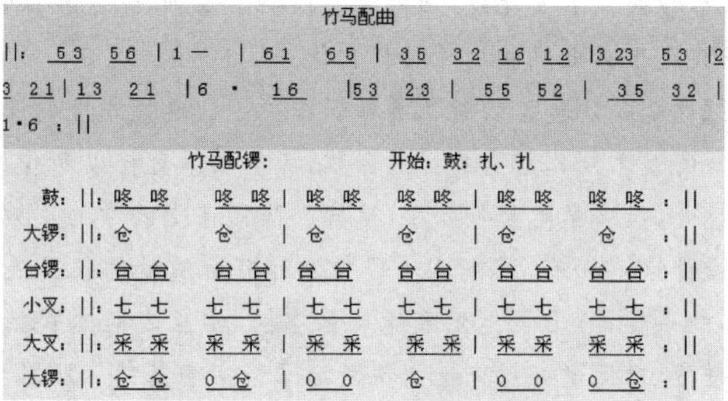

图 8 竹马配曲

【案例分析】两种节奏感觉不同的乐曲放在一起,让学生感受到竹马演绎过程的乐感可以由乐曲所决定,而不同乐曲给人带来的效果又截然不同。学生通过教师给予的曲谱进行预习,有利于对基础曲谱的理解,并能更好地在课堂中发挥学生特色,形成更多的艺术课堂生成性曲目,这在无形中也提升了学生的识谱能力与行为乐感的养成。与此同时,简单枯燥的竹马锣声在新的竹马配曲下,敲打出来的声音增强了整个竹马表演的节奏感。课堂中发现,的确有很多学生由于之前对教师下发的曲目的解读,从而形成了自主的节奏曲目,这使课堂的生成要素大大增加,使艺术竹马具有更强的原创性气息。

(2)展示平台,深入探究

在拓展课程实施过程中,各科教师先根据相关内容给予一定的资源平台,使学生在正式实施探究学习前加以自主学习,并据此形成探究性问题,以便后期课堂的不断深入挖掘。

案例 11

生活科学课程是将疯狂实验室与科技课程融合拓展课程,在课程实施前,原疯狂实验室教师在授课关于凸透镜成像实验中有了较好的平台,而现在与科技进行融合以后,宋老师从学科核心素养与科技创新的角度入手,让孩子们自主设计照相机的制作方案,学生利用凸透镜、纸板等材料,自行制作照相机。这个实验具有很强的手工操作性,完全可以将该课与科技创新课程加以整合。但是既然是课外的补充实验,学生自行完成的可能不大,但是总体制作比较方便,学生可以根据教师的指导进行跟做实验。学生在课前先行进行方案的设计,并有个别学生自主设计制作了照相机,尽管效果不太理想,但为课堂提供了基础,课堂授课前,教师让学生进行自主展示,促成了后期照相机的顺利制作。

【案例分析】这是一次典型的将科学知识中关于凸透镜成像的实验与科技课程中关于科技创新的动手制作结合的一次课程,课堂中如直接以制作的形式呈现,对学生而言难度过大,很多学生无从入手,这样会降低课堂教学的实效性。而课前通过让学生自主设计这一环节,课中又让那些设计有所成效的孩子展示自己的设计成果,一个小小的平台,给予学生无限的展示空间,学生之间的互相展示有利于学生之间知识的碰撞,对课堂的探究性实施奠定了坚实的基础。所以说,直接告知学生如何制作照相机或者让学生按设计要求落实照相机的制作,虽然在面上学生都能较好地完成相关任务,但对于其知识获取的有效性大打折扣。经融合后的生活科学课程利用课堂自主展示这一平台,大大激发了学生课堂的生成性,使课程价值得以更高的体现。

案例 12

多元棋类课程负责教师张老师为了提升学生下棋的多考虑一步的原则,在课前给孩子布置了很多残局解密,学生其实面对残局的时候只是对于自己在行的棋类较为关心,而多元棋类既然包含了多种棋种,所以张老师通过积分制度要求每位学生能够在各种棋类面前都保持一致的学习态度。在课堂上,张老师让国跳能手与国象能手对阵五子棋的残局,并由五子棋能手做裁判,在课前利用十分钟的时间进行现场对阵,学生在观战的同时都跃跃欲试,而下棋的选手也并没有让大家失望,能充分考虑到多种情况下,为课堂新战术的指导与棋路的全面考虑做好铺垫,促使学生在课堂中的专注度更高。

【案例分析】多元棋类是以棋为载体促进学生思维训练的课程,我们深知棋类本身就具有很强的相通性,而学生在以往的棋类学习中还是以棋艺对战为主要形式。而当前张老师利用课前各类棋种的残局设置,让更多的孩子参与到更多的棋种当中去,并通过各类指导形式不断深入,促进学生在残局中锻炼思维,促进学生多思考、多路径、多维度地进行棋类学习。而老师布置的课前内容在课堂中给予学生充分的展示平台,学生在展示中可以更好地理清思路,甚至会想出新的下棋技巧,这样的棋类教学是建立在棋类融合的基础上的,初步尝试的收获很大,不仅学生参与度大大提升,各种类型的棋类能手也有了新的展示平台,有利于学生思维的多维度发散。

(3)拓展思维,促创新

拓展性课程授课后,教师应当给予创设足够的思维空间,使学生能够通过已学的知识加以应用,并能够结合自身的现有资源加以巩固并拓展,使课程内容后期的创新成为可能。

案例 13

英语情景剧课程负责老师张老师在课程实施中利用童话故事——白雪公主与七个小矮人为主线,在做好课前剧本的编排及相关任务的布置后,学生在课前进行排练,不断完善英语口语的交际。在课堂上的确呈现了比较好的效果。重点在于课后张老师并没有结束该主题的教学,而是引出"白雪公主后记"主线,让学生自主编排情景,使学生在情景编排中不断渗透英语口语教学,并借此给予学生充分的思维开发机会,让孩子能结合已学的英语口语知识和白雪公主与七个小矮人的现成剧本,模仿并编排新的后记剧本。这对孩子而言是一次挑战,但学生完成的情况非常乐观,甚至连很多家长都想参与其中,感受英语情景剧带给孩子们不同的成长。

【案例分析】这个案例提示课题组成员,要搞创新并非一定是理科思维的创新,对于剧本的改革与创新也是一个很好的发展方向。学生在落实课堂剧本的编排和演出中充分感受到英语口语带来的魅力。面对课堂上意犹未尽的学生,张老师做出白雪公主后记的剧本编写任务,是给孩子们一次新的创新机会,学生完全可以对课堂情景剧实施加以自我与合作评价,并在评价中不断发现问题,用创新的剧本体现课堂中存在的遗憾,是学生自主创新发展的契机。

案例 14

原有的疯狂实验室课程电动机曾制作过电动机,该实验需要学生深入理解电动机的工作原理,并能够有效地理解换向器在电动机中的应用,实验的器材主要利用原有电动机零件,教师通过电动机的拆解,让学生清楚电动机内部结构,并进行自行制作,学生在课堂中分别呈现了相关的物化成果,但是为了提升学生的创新能力,融合后的疯狂科技课程负责教师支老师,以电池、磁铁、铜线为器材,让学生制作自由设置的电动机,学生在课堂电动机制作的启发下,在课后又参考了各种资料,实施制作了各类电动机模型。

【案例分析】一个问题引发了学生多维度的思维碰撞,促使形成各类新型设计思路,该动手制作实验存在一定的难度,但是在基本掌握电动机工作原理的基础上,该实验还是有部分学生能够制作的,而且即使学习成绩不理想的学生,他们的动手能力还是值得认同的,这个制作让这些学生也有了发挥自己才能的机会。换向器在这里充分地利用了漆包线的特点,通过去掉一般油漆,并利用惯性的知识,使电动机在直流电的情况下得以转动,提升了学生的实验能力。

2.合作学习形成融合

合作学习主要体现在课堂中,根据多科融合的特点,多科教师都将呈现自身的优势,将课堂从分科授课、多科互动、成果交流三个环节加以掌控,课堂中的学生将体会到多位教师集体智慧的力量。

（1）分科承接任务

课堂中多科教师根据相关课程的知识范畴加以分配任务,并根据自身的特点给予学生针对性指导学习,这使学生的专业发展得以提升,并为之后课堂的互动交流奠定基础。

案例 15

信息化图标设计课程应老师与廖老师本来属于两种风格的教师,但由于图标设计会多次用到电脑制图,所以对于程序化设计的图标是一次创新。在课堂中廖老师主要入手学生在纸上绘画图标的指导,让学生能够根据自己的想法进行物化呈现,而廖老师在课堂中引导孩子多开发新式图标,以获得更理想的积分（见图9）。而应老师在课堂中主要通过对廖老师指导过图标进行思路引

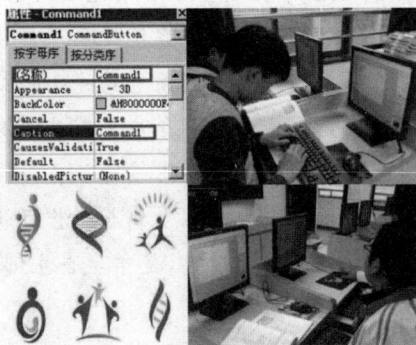
图9 信息化图标设计场景

领,帮助孩子能够使静态的物体动起来,可以利用 VB 编程的知识加以应用,学生在课堂中先后制作出了纸上的卡通图标并用电脑绘制与编程相结合,形成会使用肢体语言的图标。

【案例分析】设计能力是创新力提升的关键要素,如何培养具有设计能力的学生是信息化图标设计课程的核心任务。在各次图标设计的课堂中课题组成员发现,学生对图标的信息化过程是很感兴趣的。但要实施信息化设计,必须具备纸上的图标蓝图,从而无形中将这两个课程有机地整合在一起,而且,学生在学习过程中能够得到不同程度的专业化指导,这促使学生在设计能力与编程能力上有了明显的提升。与此同时,信息化图标设计课堂中,教师分别承接着不同的任务,这使课程整体的目标性较为明确,而且这样的课堂更具有衔接性,学生在后期的课堂学习互动中拥有更多的互动交流材料。

案例 16

羽毛球和乒乓球课程教师间本没有太大的关联,迫于融合的必要性,教师似乎是不得已而为之,但随着课程教学的开展,课题组成员发现,在羽乒课堂中,羽毛球教练在指导乒乓球的时候非常注重手腕的着力教学,而乒乓球教练在指导羽毛球的时候更关注细微的身体语言(见图 10)。羽毛球的运动量明显大于乒乓

图 10 羽乒课程场景

球,羽毛球教师在日常教学中将乒乓球球性的把握与强化体力训练结合起来,这使得在高强度比赛中乒乓球运动员也具有持久的耐力。在羽毛球教学中章老师特地将羽毛球拍与乒乓球拍互换,从而提升击打的精准度。

【案例分析】案例中羽毛球教师在教学中落实羽毛球技术指导的同时,还对乒乓球体力的训练培养开展了系列要求,根据其对羽毛球教学的经验,让乒乓球教学指导中落实移位的针对性指导,这是在以往的乒乓球教学中所无法落实的,而与此同时让乒乓球教学的教师针对其对乒乓球的理解与应用,让学习羽毛球的学生能够在击打方法跟进旋转球的指导,因乒乓球在旋转击打中显得尤为重要。那么如何让羽毛球选手能够用同样力度与巧度击打出相应的旋转球,这是日常羽毛球学习的学生无法跟进落实的。由此我们将这两个课程融合在一起,充分发挥教师的互换角色功能,让更多的学生能从不同角度去训练,这为两类运动员的学习提供了更好的平台。

（2）互动交流经验

课堂中多位教师引导负责小组进行展示交流，各组师生发表不同观点，使学生能够理解各块核心知识与技能。

案例 17

在电影鉴赏课程中欣赏经典景片，如《罗马假日》，见图 11。记者：公主殿下对所访问的城市中印象最深的是哪一个呢？安妮公主：每一个城市都各具特色而令人难忘，很难……罗马，无疑是罗马。我会珍惜在这里的记忆，直到永远！这段对话，表现安妮公主最后复杂的心情，有对乔的感激与深

• 这是一部流芳百世的浪漫经典电影史上爱情文艺片的典范——《罗马假日》

图 11 《罗马假日》鉴赏

情，有对罗马一日游的自由生活的留恋，有对爱的奢望与无法实现的无奈与苦涩，但一切都要埋藏于心。有些电影中采纳的语种也值得分析，比如导演卡梅隆在《阿凡达》中没有按照浪漫主义的逻辑让纳威人说英语，而是制造一种"超真实"的纳威语，让人更能感受科幻电影的真实感。还有电影声音语言——电影音乐以及音效。

【案例分析】翟老师关于电影的文本语言——台词的品味上，她搜集经典台词，引导学生分析台词用意，体味情感品质。如《天堂电影院》："如果你不出去走走，你就会以为这就是世界。"《阿甘正传》："人生就像一盒巧克力，你永远不知道下一块会是什么滋味，除非你亲自去尝。"《肖申克的救赎》："每个人都是自己的上帝。如果你自己都放弃自己了，还有谁会救你？""坚强的人只能救赎自己，伟大的人才能拯救他人。"这些电影台词带来正能量。

表演的形式也可以多样化，不一定只局限于两两学生，也可以是多个的，这个也需要根据文本材料的特点，来制订表演的形式。

案例 18

英语情景剧课程负责张老师关于二人转创欢乐互动交流中设计内容提到两人之间的表演通常是最为常见的，一般比较适合教材中 Section A 的 2d 里的角色表演，为了区别于传统的二人对话操练，这样的表演应该从表演艺术的多个方面去体现语言的运用价值。她提出，群技演指的就是多个学生的组合表演，通常指的是小组内的固定成员的组合表演，这样的表演更能体现出情景的运用，一般剧本都采用改编后的文本，需要五至六人合作完成。

【案例分析】除了固定的二人以及组内多人的表演形式，在课堂上也可以开展

自由搭配形式,例如让学生在课堂中即兴寻找自己最喜欢的一些搭档来合作表演。因为新搭档会有新的灵感。但是这样的形式也是有前提的,一般情况需要老师根据平时的口语表现情况把学生分为四大类,即 A、B、C、D 四个等级,由 A 同学来挑选 B 同学,再由 B 同学挑选 C 同学,最后由 C 同学挑选 D 同学,这样就能形成一个临时的新团队。利用图12,促进学生在互动中不断形成团队意识。

图 12　学生团队培养样态

（3）物化成果呈现

将互动交流的知识内容形成共同的核心内容,并在课堂中形成集体成果给予展示,并由一位教师陈述成果的价值,帮助学生从中吸收课程内容要点,并加以深入研究。

案例 19

梧桐雨话剧课程是由莫老师组织开发的一门与漫游童话融合的课程,她在课程物化成果中通过学生角色扮演,出演话剧的形式在年级大会中开展各类评比(见图 13)。该类成果类型主要体现了教师在与学生互动交流过程中不断形成角色人物细节的刻画。在评比中莫老师注重落实物化成果与原有话剧课程与童话课程的差异性进行点评,给学生与在场的老师留下深刻的印象。学生在扮演树精灵与女仆

图 13　梧桐雨话剧课程场景

的时候,人物刻画非常精细,学生在合作中走进人物角色的内心变化,促成真实性场景的落实。这是物化成果呈现的另外一种风格,能有效地帮助学生在课程中有所收获。

【案例分析】梧桐雨话剧的物化成果给了我们课题组成员新的思路,我们发现物化成果可以在合作式成果展示的形式呈现,既宣传了课程的内容,也给学生提供了很好的展示平台。在展示中教师指引个别学生落实旁白的朗诵,这给予学生除了表演以外新的平台,而学生在展示中充分吸取课程内容的精华部分,让展示活动

能够在学生表演展示中体现出来,而融合学科的另一位教师主要负责落实剧本的排练工作,这可以使排演与剧本之间引发冲突,并为更好地修正话剧内容提供基础。

案例20

国学史乐课程负责教师骆老师认为历史乐章的安排,与地理相较,相对复杂些,只因历史的内容涵盖太广,短短十几期的拓展性课程安排只能隔靴搔痒。笔者就挂一漏万,从学生兴趣出发,联系生活实际,拓展了以下内容:三皇五帝的传说、汉字听写大赛、北齐的故事、古乐器、中国茶文化、戏曲国粹、越剧之乡、古代酒桌宴席文化、博弈、风筝情缘。政治内容原属思想品德学科,骆老师考虑到九年级政治与历史确实密不可分,于是拓展古代朝代的更替、春秋战国 VS 今天国际时局内容。这些属于较深且难的问题,适合于接触了八年级历史脉络的学生学习。

【案例分析】国学史乐课程一直以来深受学生的喜爱,从骆老师到现在蒋老师接手该课程,学生对于国学有了进一步的认识,且在成果展示从原有的最常规的服装穿戴,到现在各种礼仪的深入交流,以及课堂教学的国学与杭州区域茶文化的相互融合,这对学生而言,成果未必一定要物化,可以考虑虚拟物化成果替代,这样不仅在物质上降低了要求,还不会降低学生在国学课程中学习得到的精神财富。

3.深度学习创新融合

通过课堂的合作学习,学生将所学内容加以整理,而教师则根据课程内容布置科学性任务,促进学生在课后能够加以拓展,形成新知识、新观点,并将其应用于日常生活中,使课堂源于生活又终于生活。

(1)知识自审,落实"支撑点"

课后学生通过知识反馈,对课堂知识进行自我审查,从而加固知识体系,落实科学创新的知识储备。

案例21

在一次数独思维课中,负责教师张老师利用数独游戏的课堂实战与解读(见图14),要求学生课后在数独游戏技巧上加以分类和概括,利用数独初级方法直观法为突破口,以单元限定法作为课堂讲解的核心技术要点,助力学生在解答数独游戏时的借鉴方法。并通过作业的布置,让学生能够以单元限定法为基础,组织解决下

列六种常见的数独解析方法。课后，学生利用
对课堂中单元限定法的模仿，自主生成各类新
的结题思路，最终实现多种数独解析方法。张
老师在第二节课中又将学生解析的各类方法
进行分类讨论，最终实现数独基础入门中各类
常见思路与方法。

【案例分析】该数独思维课程中张老师利
用课堂中数独思维的入门技术之一为切入点，
并合理设置了相关的作业，这些作业看似没有
直接关联，但在课堂学习的基础上，学生解答
的过程有种似曾相识的感觉，但仅用课堂知识
又很难解决这类数独游戏。因此，这类知识的

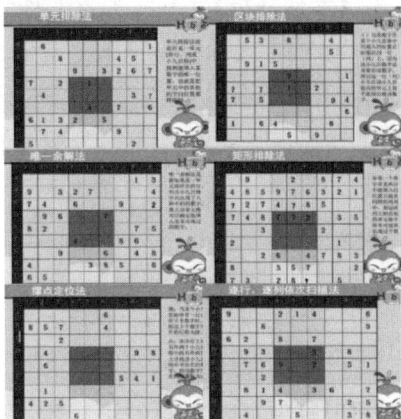

图 14　数独课堂实践案例

衍生对学生而言价值很高，因为它既能用课堂知识解决部分问题，但又不能仅凭课
堂知识解决所有问题，这里就需要我们的学生以课堂中所学的单元限定法为"支撑
点"，对课堂知识进行自我审查，对已有的知识进行强化训练，加固学生已有的知识
体系，并能够促进学生在下节课中利用相互的交流与合作，合理生成课堂新知。第
二节课堂中，张老师又对学生的完成情况加以归纳总结，并促进学生掌握新的数独
技巧，这样的数独课程就不仅仅局限于在数独中落实数学思维，而是利用数学思维
的强化，形成新的数独技巧，这是基于知识储备的创新，对学生数学思维的训练有
颇好的实效性。

案例 22

孔老师负责的七巧板课程
是原有七巧板手工课程与数学
思维课程的融合。孔老师利用
教材、课件以及学案画出了具体
的角的图形与学生手中的常规
三角板教具进行比较，深化了学
生对角的大小的理解。相比较

图 15　"叠合法"及其拼接方式

这些死板的图形，她觉得可以让学生在课下动手把一副三角板拼接或是叠合，这样
学生不仅自己动手操作得到了有生命力的角，还在课下更好地巩固了"叠合法"的
知识(见图 15)。

【案例分析】案例中孔老师利用学生课堂上掌握的数学知识和基本技能,提出了新的问题,要求让学生自己设计解决。一方面可以巩固学生应用数学知识的能力,是对固有知识的一次整合,有利于学生对相关知识的整体把握;另一方面可以培养学生的成就感,促进学生对数学知识的兴趣,促使学生在知识的创新上有所突破,有利于学生在知识应用上和同学之间形成知识碰撞,为架构新的知识体系奠定基础。

(2)科学连接,挖掘"联结点"

以知识带动实践,学生结合生活,将所学知识与技能应用于生活,使其感受运用知识解决实际问题的可行性,让知识与实践有机地结合在一起,归纳相互的联系。

案例 23

语文名俗课程负责人上官老师所在的学校周边盛产西湖龙井茶,为了让学生更深切地了解龙井茶文化,她特意组织了学生查找资料,深入茶农基地采访调查。在调查之前,他们先一起了解了中国的茶文化,然后根据学生准备的资料,分为四个调查小组。四个小组分别负责采访龙井茶的种植、采摘、炒制和销售四个方面,然后准备好相关采访问题,到龙井茶的原产地梅家坞进行采访。这次的梅家坞茶文化调查对学生来说是一种全新的体验,他们第一次采访茶农,第一次去茶园采茶,第一次认真地了解西湖龙井的种植、采摘、炒制和销售。可以说每个学生都收获满满,回来四个学生写下自己的感受,做成 PPT 在班级交流,学生们第一次感受到原来一直在身边的龙井茶有这么博大精深的文化。

【案例分析】课程负责人上官老师在实施开发民俗文化资源时,不断开展各类课外语文活动,并由学生组织落实各类宣传报道,这一系列的活动都是建立在语文民俗文化学习的基础上开展的实践类活动,学生在实践中感受阅读文本的惬意,感受作者刻画的人物描写,后期上官老师又让学生细化文本人物的细节描写与民俗文化之间的关联性进行了详细解说交流。她认为语文的教和学,应当有更广阔的空间,更多样的途径和形式。语文课程资源的开发利用也可以利用语文课外活动的形式,把语文课外活动作为语文课程资源开发的补充途径。丰富多彩的语文课外活动能够为学生提供更多学习语文的机会,是对语文课堂的一种延伸。因此,本课程将带领学生走到校外去采风,了解和学习更丰富的民俗文化,这样的课外活动类型有利于学生对课堂知识进行自我审查,加深对语文文本的知识体系构建,为强化新知的储备奠定基础。

案例 24

扎染艺术是将原有的畅艺美术与服装艺术相互融合的课程(见图 16),在课程实施中负责老师夏老师本着学生自主设计的原则,在课堂内外开展各类写生、临摹、创造等绘画教学,并在其中融入了服装艺术,通过学生自主设计服装,实现服装设计的 DIY,学生在服装扎染过程中感受艺术的魅力,并通过穿着自主设计的服装进行校外写生。夏老师说:"从学生绘画技术提升的角度来看,扎染艺术课程的价值略低于原有的畅艺美术,但从对学生今后艺术化发展的角度来看,学生能够对各类服装进行设计与扎染,是给予学生创造力表现与激发的有效方式。"

图 16　艺术融合课程

【案例分析】绘画从专业性发展的角度来看,需要达到极致方可呈现效果,然而学生要想达到这样的水平明显有些牵强。然而当前绘画技术的学习最终还是要以学生对艺术文化的理解为目的,并借助相应的绘画技术应用于实践,为后期落实各类图文设计做好铺垫,在教学中夏老师关注学生在服装设计上的兴趣点,让绘画作品在服装 DIY 中表现出来,可以有效地提升对艺术文化的理解,与此同时通过对服装设计的过程性学习,可以让学生充分感受到绘画技术在生活中的应用,并结合日常服装设计的常态化教学,使学生在服装设计理念与绘画技巧上实现有机融合。这样的课程既基于学生的绘画技术的现状,也凸显了学生在绘画方面的可持续性发展,是学生艺术修养的体现。

(3)创新思维,升华"着力点"

思维的创新是课程总体目标,无论是知识点还是技能点,学生都有所发展与突破,使其成为后期拓展学习"着力点"。

案例 25

生活科学课程基于科学实验,解决实际问题,而与此同时有效地创新了学生的思维。课程负责老师郝晶晶老师在执教"鸡蛋撞地球"课程设计时,通过利用空气阻力、惯性、力的作用效果、力与运动状态的关系等相关知识,组织实施学生制作鸡蛋撞地球模型,整个模型制作不限制任何条件,最终以鸡蛋是否破损与鸡蛋所占总质量的百分比为评价标准。学生为了让鸡蛋能从高处掉落而不破损,想了很多的方式和方法,其中有制作降落伞的、有将鸡蛋用吸管支撑的、有将鸡蛋层层包装的……郝老师通过授课,深刻地感受到科学与生活的联系,她说:"鸡蛋撞地球实验模型的制作是源于无人机的使用,快递的空投等方面的生活经验入手,学生在制作模型的过程中不断思考,对学生创新思维的培养有很大的促进作用。"

【案例分析】"鸡蛋撞地球"模型的制作分别考察的是科学知识的落实,比如摩擦力、空气阻力、惯性等,也考察了模型制作的手工技能,这样的课程就如郝老师所说的那样,用所学的知识即兴地解决生活中关于空投物品的问题,为了保证空投的成功率,对于物品的包装和设计均需要合理地利用科学知识。学生在制作模型的过程中体现了学生间的合作能力培养,在活动实施过程中,让学生充分感受成功的喜悦与失败的苦恼,并在观察其他小组成果成功与否的同时,不断改进自身模型的制作。在活动后期还开展了成果展示活动,学生对各类成果进行陈述。陈述过程就是经验的分享,是学生思维的碰撞,并在思维碰撞中不断强化知识应用能力,这样的课程形式有利于学生后期对知识学习的衍生,形成知识拓展的着力点。

案例 26

多科融合的生活科学课程中有这么一节课,吕老师在课堂上给同学们展示了一个"黄金鸡蛋"(见图 17),学生对此产生了极大的兴趣。吕老师通过项目教学的形式,促使学生形成自主交流,最终学生一致得出产生"黄

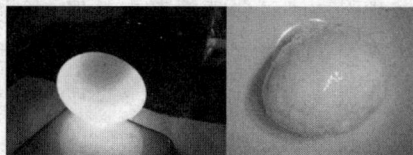

图 17 黄金鸡蛋制作

金鸡蛋"是因为蛋黄与蛋白散在一起了。开始同学们用各种方式去摇鸡蛋,然而在灯光照射的帮助下,我们依然能够看到清晰的蛋黄在鸡蛋中。这时候老师并没有直接告知黄金鸡蛋获得的方法,而是让学生带着问题对"离心运动"这一拓展知识进行分析,从而学生顺理成章地产生了制造形成离心运动的道具的想法。其中就有一位学生提出小时候的一种拉环玩具。课后同学们就以玩具为模板,自主设计并制造相关道具。学生制作的同时不断试验,不断出现鸡蛋破裂,或者说效果不理想的情况。最后学生通过查阅资料,落实避免鸡蛋的撞击问题与转动速度问题,最后如愿完成黄金鸡蛋的制作,并应用于生活中,得到家长的支持和点赞。

【案例分析】本节拓展课程看似是生活问题,只是为了做一个黄金鸡蛋,但实际过程中,学生不能轻易成功,从成品展示激发学生求知欲,到方案的交流与磨具的

制作,整个过程中学生不断地使用科学中有关的知识进行深化,如摩擦力、离心运动、惯性、溶解等多种概念融入生活实际,让学生能够充分感受到科学知识在生活中的有效应用。整个课程中涉及的磨具最终呈现为三种样态:一种是电动版本,将搅拌机进行改进,方便快捷有效;一种是手动版玩具磨具的放大化,体现了绿色环保,但成功率比较低;还有一种是针筒式,将鸡蛋内扎入针筒,并通过吸吐方式将蛋清和蛋黄混合,这个方式最简单,但煮的时候有容易破裂等问题。这三种方式涉及的知识内容截然不同。面对不同方案,学生通过多次试验与交流,最终形成科学合理的方法,促成了学生思维在创新过程中的碰撞。

(五)笔耕拓展课程反思,"多科融合"的评价纬度建构

1.教师笔耕经验,促成果性评价

教师层面,通过定期经验交流活动,并将相关课程开发与实施的经验心得加以总结归纳,形成理论资料;学生层面,通过学生活动报道形式对所学科学内容加以总结并巩固提升。

案例27 学生感受性笔耕汇总(见表3)

表3 课程笔耕评价内容(学生用)

学生 (课程名)	成果性笔耕要点记录
A (生活科学)	我想用科学实验解决各类生活问题,生活科学课程给我创设了机会,我很喜爱这样的课程,也想通过学习,能把知识在生活中"炫"一把
B (扎染艺术)	学会画画不难,学会服装制作不难,但将两者结合在一起居然更简单,而且富有艺术气息。我们的课程是独特的,用魅力的色彩渲染服装,渲染生活
C (篮排课程)	这一年,学校在篮球比赛和排球比赛中都获得了优异的成绩,那是因为作为篮球运动员的我却爱上了排球,在排球练习中融合篮球技能,微妙哉
D (艺术竹马)	我在竹马课程中学习的第一年,我觉得有些无聊枯燥,但这一年让我感受到竹马原来就是艺术,这让我的艺术兴趣在竹马中得以实现,而且竹马的展示平台也很好,经常到社区展示表演,亲戚朋友们都看到了新的一面
E (七巧板)	本以为七巧板是简单的小游戏,但是孔老师的七巧板魅力十足,因为我居然能用它来解决很多数学的几何问题,让我学习数学的兴趣进一步得以提升。而且重要的是,玩遍七巧板,考虑问题的思维居然也更活跃了

续　表

学生 （课程名）	成果性笔耕要点记录
F （数独思维）	我从小就喜欢玩数独，本以为只是数独游戏课，但张老师的讲解并不是围绕游戏角度展开，他让我们举一反三，居然把单一的数独与数学逻辑思维的训练结合在一起，让我受益匪浅
…………	…………

【案例分析】看似简单的学生感受，但从中重点突出学生与以前课程学习之间形成了鲜明的对比，几乎所有的学生都强调了原先以为该课程是怎么样的，而选课学习以后才发现课程原来是这样的。这其实是对学生一次辩证观念的改变，简单地说就是你想学的知识，课程里都有，你没想到要学的知识，课程里也有。所以学生在课程学习一段时间后，会发现一个共通点：一项课程，多样知识，一个核心。学生在笔耕学习感受的时候就是对课程认同的表现，也是对课程未来发展的一次触动。

案例28　教师经验式笔耕汇总（见表4）

表4　课程笔耕评价内容（教师用）

教师 （课程名）	成果性笔耕要点记录
马、陈 （篮排课程）	融合两大球的技术要领，并应用于实际教学中，有效地增进了学生团队合作意识，对于我们教师而言也能多方面提升自我专业水平
王、袁 （棋类课程）	学校本来重点落实国际跳棋，但很多学生接触的却是其他类型棋种，融合后的课程，整体上来说解决了部分学生学不了喜欢的棋类情况，与此同时通过各类平台的搭建，给予学生多维度的实战，促进其思维的活跃度
莫、张 （梧桐话剧）	话剧课程本是以剧本编写为主线，而且主要是教师为主导，通过将梧桐雨童话课程融入在一起后，经过两位老师的共同协作，实现了教师导演、学生编剧和主演，形成了富有童话气息的话剧表演，是一次质的飞越
应、陈 （信息图标）	我们的课程本来在学生眼中的欢迎度不高，学生都不愿意主动报名，但通过两者的融合，把图标的设计与信息技术挂钩，并结合编程的形式，让静态的图标动起来，大大提升了学生的积极性，也促进了教师的发展
翟、李 （电影鉴赏）	电影鉴赏在融合前被列为区级精品课程，本次改革将电影鉴赏与文学课程相互融合，促进我们将电影鉴赏与文学的结合，强化了角色的人物刻画描写，更细致地落实鉴赏的方式，最终也被评为省级精品课程
郝、吕 （生活科学）	疯狂实验室课程一直以来受到学生的喜爱，但它不能直接应用于生活，所以我们把实验进行整合，与科技、生活结合在一起，形成学校特有的生活科学课程，一方面是学生实践锻炼的机会，另一方面也大大增强了我们的实践动手能力与实验开发能力，一举两得
…………	…………

【案例分析】教师对于日常教学的点点滴滴都能不断地反思和改进,但很多时候教师的反思和小结的方式并没有落到笔上,这不利于我们的教师在未来科研成果汇总等方面。由此,课题组与科研观察团要求我们的课程负责教师定期开展各类经验小结汇报与纸质材料的上交,如此下来,过程化管理教师的发展,也明确教师当前存在的问题以及可以改进的方式和方法。教师在各类笔耕经验中提到,让笔耕成为习惯真的可以成就教师的发展。当然经验的梳理不仅促进教师自身对课程的理解,也有利于未来课程负责人的变更,使各类经验资料成为学校的宝贵资源。

2.笔耕疑问,促问题性评价

教师层面,对课程开发过程的问题加以交流,并形成后期课题研究方向,将问题成为研究的起点;学生层面,通过对学生的提问能力的培养,使其在课程学习中形成目标意识,明白自己已会什么、在学什么、要学什么,并定期开展问题沙龙活动。

案例 29　教师笔耕疑问、促成沙龙活动

每一次拓展课程实施结束后,我们要求相关教师提出关于课程实施中存在的问题,以及后期课程实施中还需解决哪些问题。生活科学的郑老师在笔耕疑问中提出:"我们平时落实的拓展性课程都是建立在校内知识与生活经验的基础上,而我们的科学课堂也是来源于生活经验,并用知识解决实际问题,那么我们能不能将相关课程理念应用于日常教学的基础性课堂中去呢?"就该问题,学校特意集合科研观察团成员与区域专家莅临指导,助力指明学校课程改革发展的方向。

【案例分析】这个笔耕案例引起了整个课题组以及学校领导的充分重视,之后又根据相关理论,学校起草了关于基础性课程的项目教学的实践研究思路,并成功在省级立项。这个事实案例说明,教师提出的每一个问题或者遇到的每一种特殊情况,我们去思考解决的过程其实就是科学研究的过程,合理而有针对性地帮助老师们解决他们笔耕过程中出现的问题,不仅有利于教师解决问题,还能助推教师的科研能力,对于学校而言,甚至可以助力学校整体的课程改革。研究起源于问题,老师的问题是学校发展的内在资源。

案例 30　学生笔耕疑问、促进课堂碰撞思考

在一次生活科技拓展课程中,教师在介绍面粉炸弹的制作过程中一位学生就

教师设计的装置提出质疑,课堂上负责教师章老师给予了全面的答复,学生在课堂上似乎表现出已经掌握的情况,但课后该学生就关于装置气密性对面粉炸弹实施的成功性提出了质疑,并将相应的问题撰写下来,在笔耕内容中呈现了关于气密性设计的思路与方法,但与此同时也提出了装置气密性过强与面粉的剧烈燃烧是否会出现危险性,事后教师和学生进行了共同的设计与实验,圆满地解决了该问题。

【案例分析】学生把相关的想法和问题撰写下来,有利于学生对旧知识的整理,也为学生在下节课中实现对新知识的突破奠定基础。该案例中,学生不仅在课堂上与教师发生了知识的碰撞,也能够就碰撞的结果及时地记录,并在记录的同时形成新的思考,这对学生而言是再度学习,这样的学习的有效性是真实的,具有可持续性。

六、研究成效

(一)融合课程视频资源

经过一年的实践,多科融合类课程全部实现微课程的录制,供教师观看和学习,相关内容通过网络公众号等形式发布给学生观看,让学生可以不断查漏补缺,并根据自己的实际需要进行合理性走班选课。

(二)形成拓展课程案例集

课程内容的设置是拓展课程开发与实施的关键资源。我校全体拓展课程的教师根据实践情况,将日常的授课教学内容积累为案例,并统一由学校整理保管,并对下一期授课教师进行跟踪式改进辅导,以促进更多的老师在拓展课程的开发实施上有更多的选择。

(三)成就学校教师发展

这一年我校多科融合类课程"电影鉴赏"被评为浙江省精品课程,负责教师还被评为杭州市课程改革先锋教师,撰写的课题被中国教育学会立项,撰写的课题与论文多次在区域展示交流。与此同时,学校这一年撰写涉及多科融合类课程论文均获得区一等奖以上的好成绩。

参考文献：

［1］冯雅静.国外融合教育师资培训的部分经验和启示［J］.中国特殊教育，2012(12).

［2］浙江省教育厅.关于深化义务教育课程改革相关指导意见［Z］.2015.

［3］埃利奥特·W.艾斯纳.教育想象—学校课程设计与评价［M］.李雁冰，译.北京：教育科学出版社，2008.

［4］王维臣.美国中小学的拓展课程［J］.外国中小学教育，2002(3).

［5］刘文秋.基于融合教育的学校课程调适［J］.上海教育科研，2014(4).

教师生涯规划从"阳光观察团"起步

——助力青年教师专业成长的团队创新研究

宋江伟

【摘　要】学校年轻化的趋势与学校新发展给我们带来了新的挑战。为了实现青年教师的成长，学校以"科研观察团"的运作为基础，吸收经验的同时转变培训模式，让青年教师能够尽快适应教育教学的同时，更好地实现科研兴教，让教师愿意在教育教学中思考与研究，为实现阳光学子的培养打造基石。阳光观察团的开设，让更多的教师能够参与进来，从原有的以老带新的模式转变为以新促老，实现新老共进。

【关键词】阳光观察团　青年教师　生涯规划

一、研究缘起

（一）生涯个案，问题初现

作为学校的青年教师，A 老师近几年来教学业绩不仅在学校遥遥领先，在区域统测中也能脱颖而出；B 老师的教学成绩比较平庸，即使在日常课堂教学中显得平庸，缺乏个性化教学特色，但能够注重教科研工作，在区域各项评比中成绩突出；C 老师自工作以来已连续担任班主任十二年，班级特色明显，德育工作扎实，但在科研工作中表现欠佳，自身物化成效不明显……基于此，笔者欲对学校青年骨干教师的专业发展规划做深入研究，从而促进其生涯规划更具科学性，提升其专业成长的空间。

（二）生涯普查，追溯根源

通过对学校青年教师课堂教学、教学研究、德育管理、发展需求等方面的调查发现，当前初中学校青年教师的专业成长缺乏科学性规划，其专业发展的可持续受到限制。具体调查量化数据（见图 1）如下：针对学科研究的专业化占 13.13%；参与学生德育常态化为 23.22%；日常教研科研化占 18.17%；而在课堂教学、科研、德育等方面全面化占 3.33%；无教师生涯规划比例占 46.45%。分析学校现状，发掘问题根源，主要呈现以下几方面问题（见图 2）。

图 1　青年教师普查量化数据图

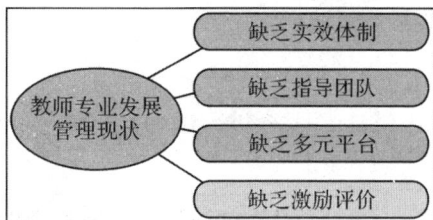

图 2　教师专业发展管理现状

①相应体制未实行。学校分层培养计划以各项活动来提升发展空间,然而大多数学校还停留在表面上培养,规划制度的建立是激活教师再发展的保障力。

②指导团队未优化。学校对于开展教师的培养工作,团队协作性不强,而个人力量终究有限,有效团队的构建是优化教师培养的营养液。

③展现平台未多元。学校开展的常规性培养平台对教师而言显得相对比较贫乏,多元平台的创设是促使教师活力再现的催化剂。

④创新评价未跟进。学校已有的评价机制显得势单力薄,很多教师迷失作为教师的基本方向,有效激励的评价是促进教师专业发展的持续力。

由此笔者铺开研究领域,提出"阳光观察团"概念,为教师打开全面的自主发展思路,突破教师个人专业发展的瓶颈,从团队培养、研修提升、科研实效、课程开发等多方面组建各团队,形成综合性观察团,打开青年教师专业成长空间,最终形成以发展骨干教师的团队力、增强教师发展的执行力、提升学校建设的竞争力为目的的综合性团队。

二、实践研究

(一)研究思路

通过"阳光观察团"的组建,紧紧围绕以下思路,不断完善并改进研究,使青年教师在发展路上有所思有所获(见图 3)。

(二)建阳光观察团,形教师培养制

1. 创建德育指导团队,塑造幸福教师

由于学生人数的增加,新教师越来越多地直接承担班主任工作,多元化的学生现状使他们需要专业指导。德育指导团队是由功勋班主任、区优秀班主任以上荣誉的德育骨干组建而成,从学生个案交流、团队活动案例、家校共建案例形式给予

相应的指导帮助。

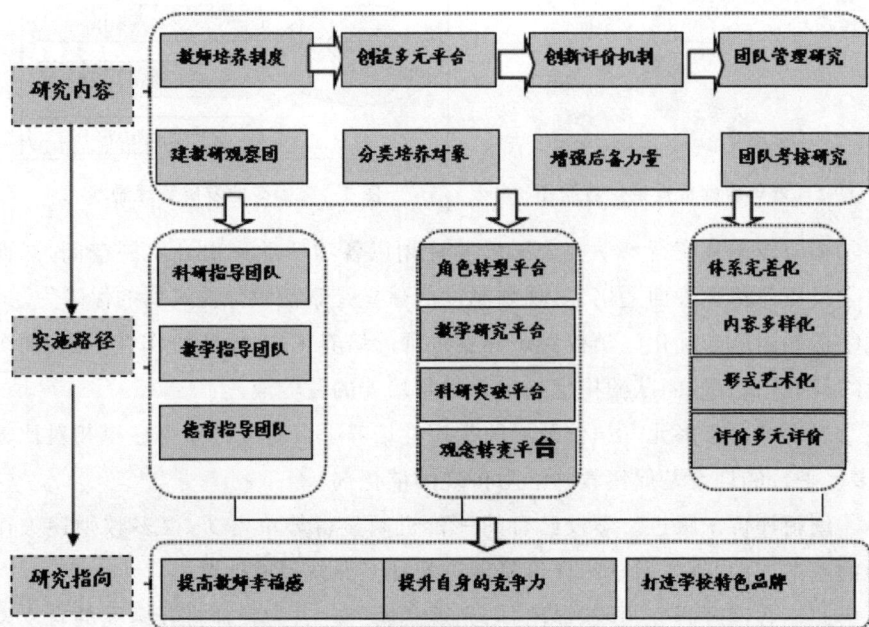

图 3　阳光观察团研究体系

2.建设教学指导团队,提升教学水平

以各教研组内教学成绩突出,教学方式创新的优秀教师组建团队,并打通学科界限,以课堂观察实录为研究入手,帮助青年教师在教学常态、教学难点突破、课堂整体把握、教学仪态等方面进行量化研究,并给予青年教师学科磨课的指导,在磨课中把握课堂,不断提升。

3.构建科研指导团队,增强科研氛围

教师在科研工作方面缺乏一定的积极性,主要体现在青年教师科研能力的匮乏,缺乏有效性指导,形成科研突破的可能性较小。以近年来科研成绩突出的骨干教师组建科学的指导团队,提升团队力量的同时帮助有需要的教师做好科研工作。

(三)分类培养对象,创设多元平台

1.“三触”模式,“德育观察团”之角色转型平台

(1)演说触动

每位新教师入职第一学期都将进行入职演讲比赛,通过演讲活动,促使新教师以争做"四有教师"为目标,使新教师更快地融入教育事业。

举隅:2016年9月,我校新入职教师以争做"四有教师"为主题开展了演讲比赛,其中郝老师在演讲中以"假如我是学生与假如学生是我的孩子"为主题,深刻阐述了师生关系的建立及后续如何把握的问题,在演讲中角色的转变显得尤为突出,是一次角色转变的洗礼。

(2)师徒触动

鉴于近年来新教师数量的增加,我校师徒结对平台进行了一系列创新,在原有常规的教学与德育导师的基础上,额外增加了教育理念导师,为新教师充分提供了角色转变过程中的指导与帮助。

举隅:2016年9月的教师节,学校创新增加了教育理念导师,由获得区优秀教师、区十佳教师担任导师,会后新教师与教育理念导师以"教育是什么"为主题展开了针对性交流活动,新教师们一致感受到教师的教育对于学生而言不仅仅是知识,更是理念的传授。

(3)研讨触动

学校对新入职的教师开展以"新教师、新环境、新生活"为主题的培训,由学校各中层领导就分管的领域,对新教师展开普及研讨,为新教师更快地融入新环境奠定了基础。

举隅:2016年9月,学校教务处就"教学六认真"的基本要求进行了针对性讲解,规范了新教师的教学基本要求。2016年10月,学校科研室就区教育教学论文评比的基本要求,对新教师在科研工作上提出了要求,并指导新教师学习将教育教学与科研紧密地结合在一起,以科研带动教育教学,为站稳讲台奠定基础。2016年10月—2017年6月,整一学年,学校实现"以师带徒"捆绑考核,将新教师的发展落实为常态化。

2."三多"模式,"教学观察团"之教学研究平台

(1)课堂多磨

学期都实行青年教师演练,对教师的课堂教学能力的培养提供了展示机会。我校对于青年教师演练要求在于就上一节课,且每学年上课的内容尽可能一致,提出一课多磨,并做好跟踪式指导,让教师体验三年中教学专业能力的变化。

举隅:自2015学年以来,我校青年教师许老师,使七年级地理等高线的相关知识,在日常教学及其开设的"天文地理"拓展课程中反复出现,通过反复磨课,不仅

增强了知识的统一性,也精炼了课堂语言,并不断改进自己,实现课堂语言精而有效。许老师说:"这是一次个人的洗礼,是现在的我与过去的我进行的赤裸裸的评比。"这样的形式有效地提升了教师对课堂的结构性设计,可有效提升课堂教学的质量。

(2)习题多拓

对于授课中考科目的教师而言,把握中考命题的方向,是有效提升课堂教学效率的重要前提。而对于年轻的老师而言,中考的方向还不太清晰,学校则通过对中考考纲的细读,分析学科知识的出题点,要求教师从考点入手,自主设计或改编习题,并将形成的题型进行拓展交流,形成组内合力,共同研讨,实现题型改编能力的提升。

举隅:近一年来,我校形成了符合学校实际的校本作业,在原有习题的基础上,通过校本研修的合力,形成各学科的校本作业。这对于学校而言是一笔财富,突破了学生作业练习的质量。这一年来,部分学科也因为不断实行自主编制校本作业,一学年下来不仅形成了学科的物化校本作业,更有效地提升学科的教学质量。对于年轻教师而言,学会了编题,在课堂中能够信手拈来,既有利于教师对课堂的把握,也有利于学生对学科知识体系的学习更系统化。

(3)案例多思

年轻教师在教育教学中精力充沛,但不时会出现一时无法解决的问题,然而在各类导师团的引导下,年轻教师不断形成自己的理解思想,并有效地促进了教育教学中出现的问题的解决。

举隅:曾有一位工作两年的教师,作为班主任,她认真落实班级各项常规,处理问题也井井有条,然而对实践中出现的问题缺乏总结和积累。由此,学校"教学观察团"介入指导,督促其学会积累经验,并不断总结与反思,形成属于自己的经验。她说,她从原来的机械化教育转变为情感化教育。其实,这就是对平时遇到的各种问题的经验积累及总结反思,多思多想,能有效地提升教师的专业发展水平,为后期发展打下坚实基础。

3."四驱"模式,"科研观察团"之科研突破平台

(1)职责驱动

思想引领,以学科进行分组,团队成员定期在组内开展科研思想汇报,深化全体教师的科研兴教的基本理念。经验分享,团队成员需在组内开展月度科研讲座,包括优秀科研成果推广、课题选题技巧、课题方案撰写、课题成果撰写等。技术指

导,指导科研成果格式的规范性,文体的可读性;指导常用编辑技巧,体现文本的逻辑性;指导文字提炼技巧,体现文本的美化性。过程指导,以月为单位开展过程性管理,做好引导、监督、评价等工作,促进教师科研工作的开展更具有实效性。

（2）任务驱动

课题的申报是研究课题的开始,合理的选题、成功的立项是教师开展科研工作的着手点。自学方案,三年内教师开展课题方案自学,以备课组为单位,由备课组长负责开展小组交流。集中交流,教师上交自学感想,指派教师代表发表感言,由科研观察团成员开展课题方案选题指导及方案撰写指导。方案修整,由科研主任组织落实方案格式的完善、标题文字的提炼。

（3）月报驱动

学校在过程管理中,科研观察团起到很好的辅助作用。开题论证,自课题立项以后一个月内组织开展课题开题论证,通过论证会,要求课题负责人做好年度规划、月度规划,并记录在课题记载手册上。月度汇报,由科研观察团成员分类组织开展月度课题研究进展汇报活动,通过课题负责人之间的交叉评价,开拓课题负责人的科研思维。中期汇报,由科研观察团集中会议论证,通过介入各级专家高位引领与指导,撰写课题研究中期反思报告。

（4）修改驱动

改"内容",根据结题汇报中科研观察团的综合意见,对文本内容进行有侧重点的修正。改"逻辑",由科研观察团集中审稿,辨析研究逻辑关系是否合理,由科研观察团负责人辅助完善课题结构体系。改"编辑",由科研观察团展开图文编辑专题讲座,指导介入图文编辑器,让科研成果的内容性和逻辑性一目了然。改"美观",由科研观察团负责人帮助指导课题负责人完善格式、文字提炼,提升教师核心内容的提炼能力。

（四）创新评价机制,增强后备力量

1.评价体系完善化

学校对后备力量的评价主要还是在做一些常规工作,特色化的评价体系较少。由此以青年教师的存在感、幸福感及成长力方面加以评价,使其在教育教学中更有生命力。

（1）评价节点促教师存在感

学校对教师的评价具有不定时性,又有教研观察团老师,对教师早自修、课堂、课间、辅导、放学后等进行评价,在全校教师群内加以鼓励表扬,这样能有效地使教师感受到自身是被始终关注的。

(2)评价力度促教师幸福感

根据青年教师的具体情况,科研观察团的各位团员会进行分等级评价,如口头表扬、大会表扬、颁发荣誉证书、团队集中表扬等,在精神上很好地关注青年教师,让其在学校处于幸福工作的状态,有利于教师的专业成长。

2.评价内容多样化

(1)教学评价促站好讲台

讲台能否站好取决于对教师的专业评价,学校教研观察团在评价中以日常教学常态"教学六认真"为主要抓手,帮助青年教师站好讲台,并不断在落实常态教学的基础上加以创新型教学。

(2)德育评价促走进心中

青年教师大都承担着学校班主任工作,而当前的学生情况日趋复杂,为更好地促进教师对学生评价,学校开展以"谁的评价最走心"为主题的德育管理案例研讨评比活动,活动中教师能够取长补短,利于对学生的有效性评价的跟进。

(3)科研评价促持续成长

学校对教研观察团实行一学期两次的考核评价,对突出贡献者给予表彰,同时对被指导群体进行"捆绑式"表彰。教师反馈中提到,这样的评价促进了教学与科研一体化的形成,有利于科研兴教的落实。

3.评价形式艺术化

(1)课堂艺术性

将青年教师的课堂教学流程分步骤加以艺术性点评,并展示校级评比,如在艺术感的评比中,童老师的课堂以学生小品引入,促使学生快速进入课堂,且很好地提升了学生的语言表达能力及教师在课堂中的艺术感。再如在学校开展的青年教师演练中就有专门针对课堂艺术的评价,从而促使青年教师的课堂更加引人入胜。

(2)科研艺术性

青年教师在科研集中会议中需自己做科研的实际情况,讲述在科研执笔中的艺术化文本编辑能力,在科研过程中的艺术化实践改进能力,在科研评比中的逻辑思维能力的提升,实现青年教师大讲坛,提升学校科研氛围。

(3)德育艺术性

以学校往年实现的阳光学子"踏上红地毯"活动,将曾经由家长陪同改进为由家长和教师共同踏上红地毯,无论对老师还是对学生都是走心的评价,用艺术化方式取代了以往以名单形式进行的表彰。

三、成效及反思

(一)成效

1.教学方面

青年教师在学校教学管理团队的指导和引领下,都有了明显的提升,其中 A 老师获得了区级教学质量奖,并获得市"一师一优课"二等奖;新教师 D 老师和 E 老师任教的社会学科,在区期末统测中获得农村片第一名的好成绩;各学科教师编制形成符合学校实际的校本作业,受到区主管部门的认可。

2.德育方面

学校德育团队通过各种平台的搭建,青年德育团队教师得到了明显提升,其中 C 老师在德育管理过程中,自我提升,获得区功勋班主任称号。以此为抓手,使青年教师在德育管理中不断研究,各位班主任教师都形成了统一的德育管理办法,并根据实际,形成独特的个性化德育管理模式。

3.科研方面

过去一年学校科研成绩是区级科研考核的第一名,在区教育教学论文评比中获得 100% 的获奖率,且一等奖约占 78%,科研成果获奖率也达 100%,其中青年教师在科研评比中占了主导作用。其中 E 老师在省教研课题、市师训课题、区规划课题均有立项,且论文评比区一等奖,其他还有 9 位青年老师同时在区论文评比与课题成果评比中获奖,其中 5 位青年教师获得了一等奖的好成绩。与此同时,青年教师的提升触动着老教师的自我提升,其中 F 老师的拓展课程获市精品课程,并推荐送省级评比,G 老师的课题立项为市级规划课题。

(二)反思

学校构建的"阳光观察团"已初具模型,然而我校在科研之路上仍有诸多欠思考部分。团队的创新建设是学校核心竞争力提升的关键。我校将且行且思,不断摸索,不断进步。

基于国跳特色社团创建样本探索中学社团特色化建设的实践研究

王 波

【摘 要】社团作为中学生综合素质培养的一个重要平台,这些年在杭城如雨后春笋般蓬勃发展起来,在丰富校园文化生活的同时,也出现了活动形式化、内容任务化等现象,导致社团发展后劲不足。我们通过国跳特色精品社团的创建样本研究实践,探索出了符合校情具有学校特色的学生社团的管理、运行、评价、发展机制,并在社团课程建设方面进行了有效的开发,使学生社团成为"培养健康自信学子,打造阳光教育品牌"的新途径,成为学校办学的新亮点。

【关键词】国跳社团 特色精品 运行模式 育人效应 办学亮点

一、研究的背景和意义

(一)中学社团建设面对的几个问题

1. 中学社团建设的特色呈现不足

中学生社团这些年如雨后春笋般在杭城的各个学校蓬勃发展,但大多社团的活动方式还是比较单一的,许多社团课堂教学的痕迹比较明显,学生的成果展现也不能得到充分体现。中学社团除了体艺类,就是学科类偏多,各校的社团建设差异化不大,城郊学校社团特色更是呈现不足,对于校园文化建设和学生多元发展的价值效益发挥不大。

2. 学生的自主自律作用尚未彰显

在实际活动过程中,社团大多还是由教师一手操办,学生的主体作用体现不足,自主管理、自律意识培养不到位。同时,单一的组织模式也加重了教师的负担,活动的大部分工作需由教师独自承担,使部分教师产生了畏难的心理负担,也容易使社团活动异化为另一种课堂教学。如此,学生在社团活动中的创新和能力培养就难以实现,教师兴趣持久难,这都使得社团发展的长效驱动乏力。

3.考评奖励机制有待优化提升

很多学校虽然都制订了社团的日常管理制度、章程和学期考评,但日常管理还不够完善、细致、贴切,体系还未建立,所以师生对此还有更大的期待。在社团建设上,学生的奖励表彰宣传力度还不够,教师的评优晋升还未成熟落实到位,这些都制约了社团的长效发展。

4.社团校本课程的开发相对滞后

在学生社团活动常态开展的基础上,如何让活动得以推广和普及,使更多的同行和学生受益。这就需要加大社团校本课程的开发,将成熟社团积累的良好经验物化为优质的课程资源。但目前大多学校社团活动限于活动呈现,难有提升性专门课程体系的开发,可能是教师因工作忙或能力等原因,或许对此没有精力投入。

(二)中学社团特色建设迎来新机遇

1.西湖教育为学生社团发展创建新天地

西湖教育这几年一直践行的理念是:给不同层面的孩子搭建一片天地,让孩子学有所长,在不同的平台上施展才华。其中一个重要的举措,就是大力支持和发展有益学生身心健康、培养学生个性特长的社团建设。从2011年开始,西湖区教育局对学生社团活动的行政支持和投入不断增大,设立专项资金、加大表彰力度、纳入学校考核、统筹发展规划。这些举措的推出,对我校开展棋类项目进课堂,打造教育新特色是一个极好的契机,亦是提升学校办学品质、创建学校特色发展的新路径。

2.学校寻求特色发展新路径的美好愿景

2014年学校工作思路提出"创建优质社团,打造办学特色":在面向全体学生普及社团活动的同时,充分发挥学校周边丰富的社会资源优势,引进专业指导力量,培养优秀社团指导师资,全面提升社团活动品质,创建我校的品牌社团,体现办学特色。重点发展国际跳棋项目,达到人人能参与、人人会棋艺,优秀棋手选拔进社团,积极参与各项比赛,扩大成果和影响力。开发国跳校本课程,提高社团活动品质,深化社团持久建设,使学生社团成为学校打造阳光学子、阳光校园的一个重要平台。

3.我校创建国跳特色项目具有良好基础

2011年底,我校学区内的幼儿园、小学一起被省体育局、省棋协定点为省级国际跳棋少儿培训基地,这为我校国际跳棋队的建立和培养储备了很好的人才基础。我校通过多方沟通协调,于 2012 年 10 月组队加入转塘基地,并于 2013 年 7 月申请成为省国跳培训基地,这为我校创建国跳特色精品社团奠定了扎实的基础。

4.国跳活动在学生益智成长中的新优势

我校国跳社的活动和取得的成绩已经获得全校师生的广泛认可,这为学校"以棋益智,以棋养心,以棋育人"的国际跳棋特色项目的进一步推进搭建了一个多元化健康成长的新舞台。通过国际跳棋开发学生的智力,提高学生思维的敏捷性、深刻性、全面性,培养学生静坐、静思的良好习惯,锻炼学生的耐挫力,提升学生的自信心。

5.优质社团成为学生健康成长的新需求

2011 年以来,我校遵照"为了每一个学生的健康成长"的办学理念,开展了丰富多彩的社团活动。丰富多彩的社团活动为学生提供了交往、合作、自主管理的舞台,成为学生从学校走向社会的一个台阶,是培养和锻炼学生实践能力的重要途径。通过近五年的实践表明,社团活动广受学生喜爱,有利于改变学生的学习方式,培养学生的创新精神与实践能力;有利于学生发挥个性特长,促进学生多元健康发展;有利于培养学生关注社会需要并积极参与社会生活,服务社会,形成社会责任感。

二、概念界定

(一)中学生社团

中学生社团是指在校中学生为实现成员的共同意愿和爱好自愿组成,按照其章程开展活动的学生组织。中学生社团是青少年自己的组织,它既是学校教育不可缺少的有机部分,又是学校教育同社会实践密切联系的重要纽带。中学生社团能真正使社团活动成为学校特色文化建设的一个重要组成部分,通过活动丰富学生自我学习的内容,开展主题实践活动,提供展示自我的空间和平台,建设健康、活泼、高雅、向上的校园文化。

(二)社团的类型

中学生社团目前主要有四种类型:第一种是艺术型,如合唱团、舞蹈队、足球俱乐部、篮球社、乒乓球社等;第二种是创造型,以学生从事学科竞赛、小发明、小创造、小制作为特征,以培养学生的动手能力和创新思维为目的,如工艺坊、疯狂实验室、果蔬造型社等;第三种是服务型,组织学生参加公益性服务活动,奉献爱心,如爱心社、青年志愿者、敬老服务队等;第四种是学习型,以学习科学文化知识为主要内容,如文学社、英语角、广播台等。

(三) 国际跳棋

国际跳棋是一种古老的棋类游戏。远在古埃及法老时期就已存在,现代国际跳棋是在 12 世纪定型的。1947 年,法国、荷兰、比利时和瑞士四个国家国际跳棋联盟创办了"国际跳棋世界联合会",该组织致力于在全球推广国际跳棋运动并发展会员。在该组织的努力推广下,各大洲相继成立了洲际的国际跳棋联合会,会员国达近 100 个。教育部和体育总局 2007 年联合下文,重点推广四大棋种——国际象棋、国际跳棋、围棋、中国象棋进校园。

三、实践探索

根据课题计划安排,我们以行动研究为主导,以个案研究为突破口,以国跳社团的特色建设为研究对象进行了全面而深入的实践探索。在课题研究过程中,我们还邀请了省教育科学研究院副院长王健敏教授、浙江外国语学院肖远军教授、杭州市教科所俞晓东所长和区教师进修学校教育研究开发中心王斌主任来校现场指导,就本课题的研究目标、研究意义、研究内容,以及研究的操作性、措施与方法等方面提出了宝贵的意见,对明晰研究目标、细化研究内容、创新实践方法等提出了明确的思路和举措。之后,我们也调整了研究的方向,明确了研究重点,为本课题的如期完成奠定基础。通过实践探索和理论学习,在资料收集整理和师生问卷调查分析的基础上,总结出社团特色化建设的良好策略。

(一) 国际跳棋社团建设历程

我校国际跳棋社于 2012 年 9 月成立,之后陆续制订了相关管理细则、章程、建设计划和考评制度。当年初,之江旅游度假区内的教育单位——杭州转塘幼儿园、转塘小学一起被省体育局、省棋协定点为省级国际跳棋少儿培训基地。此时,我校正在为学生社团的扩大和创新苦苦探求,我们抓住了国跳这个项目。一来,在其他棋类项目上,如围棋、象棋等,我们底子薄,很难有突破,竞争也激烈。而国际跳棋是一个全新且小众的体育运动项目,易入门,易出成效。二来,考虑到我校周边已有省国跳基地、杭州棋院等优势资源,学生的特长训练有天然的持续性优势(幼、小、初衔接)。我们主动联系了省棋协赵老师,双方很快达成合作意向。当年10月,我校国跳社开始参与浙江省国跳(转塘)基地的部分训练活动,还聘请省棋协国跳国象专业委员会副秘书长赵卫宁老师担任学校国跳社总顾问。我们逐步为国跳社安排训练场地,添置器材,配备带队老师,有计划地开展国跳活动,参与各类比赛。

事实证明,这是一条非常好的社团建设之路,国跳社不仅在短时间内成为学生参与人数最多的社团,还取得了非常优异的比赛成绩。用赵老师的话来说,就是"上泗中学国跳基地在国际跳棋人才的选拔、训练、提高方面形成了浙江省最优秀的递进型模式"。从2012年9月至今,国跳社团成绩喜人,还先后获得浙江省青少年国际跳棋培训基地、第二批杭州市棋类项目进课堂共建学校、浙江省国际跳棋先进集体,全国国际跳棋特色学校等称号。

(二)国跳特色精品社团建设策略的研究

为了保障国跳精品社团建设的顺利进行,课题组进行了一系列的策略研究和实践,主要从管理、师资培养、组织活动、推广宣传等方面来实施(见图1)。

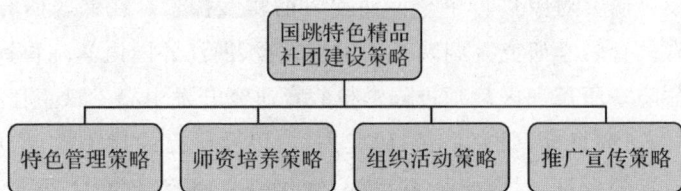

图1　国跳特色精品社团建设策略

1.特色管理策略——创建特色精品国跳社团的基础

这两年,学校围绕国跳特色项目建设,逐步形成了系列特色管理的新机制,建立了社团有效运行的途径,创新了社团活动模式。特色管理机制的创新,推动了特色社团建设的长效发展。

(1)领导有力

学校对国跳社团的发展建设十分关注,将其作为素质教育和打造阳光学子的一个重要平台纳入学校工作计划,还专门成立了学生国际跳棋特色项目管理领导小组,社团的指导老师除了骨干教师,还有校长、办公室主任、政教主任等,可谓最强阵容。

（2）制度健全

社团建立伊始，学校就在特色创建领导小组的组织下，相继制定了《杭州市上泗中学国跳特色建设管理细则（试行）》《上泗中学国际跳棋社章程》《杭州市上泗中学国际跳棋社团特色建设发展规划》《益智国跳育新人，阳光上泗新文化——杭州市上泗中学特色建设三年行动方案》等一系列制度、计划方案，涵盖了制度建设、文化建设、保障机制、考评机制、表彰激励、社团指导教师职责等诸多方面的内容，为社团活动的规范长效开展提供了有力的制度保障。

（3）保障完备

为了确保国跳社团能良好地开展起来，规范运转，并在常态运行的基础上走上特色化发展之路，我们开展了一系列的保障体系建设，确保特色创建的顺利进行（见图2）。

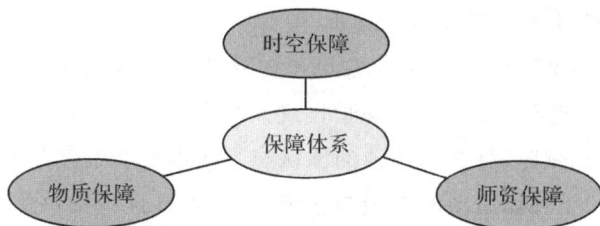

图 2 国跳运作保障体系

①时空保障。每周，学校都会为国跳活动安排固定的时间和地点开展，每学期至少集中性地开展国跳社团活动十二次以上，全年级的国跳大课也会定期举行。遇到比赛，还会专门组队利用午休和周末开展集训，校内时间不足，同学们还可以利用网络平台在任意空闲时段进行练习和指导。

②物质保障。学校为国跳社团活动提供了完备的物资、器材和设备，为每位师生都配置了一套国跳棋具。外出开展活动时，学校提供活动经费，安排带队教师。

③师资保障。起步阶段，学校就为国跳社安排了四位指导教师，是所有社团中最多的，还聘请了浙江棋院的专业指导顾问团队参与国跳社团活动的组织与管理，有时还会有专业选手或国跳大师级人物来校指导。通过这些年的培养，已经有一大批教师会下国跳，部分年轻教师都能独立带队带团。

（4）管理规范

从国跳社团申请组建、报名、活动开展、日常考勤、学期展示、评比考核都有完整的程序和制度，在西湖区的中学里，我校的社团活动还是比较规范的。

①组建规范。每年国跳社团招新重组之前都会开专题会研讨，通过认真策划，

广泛宣传,使学生主动地参与进来。新的国跳社团班组建后,都会制定学期发展规划、授课计划,并制定活动制度、班级考核条例等。

②过程规范。这几年,国跳社团在实践过程中不断完善、不断进步,社团活动有组织、有计划,活动开展、课程实施、考勤评比等都有专人管理。

③活动规范。每次国跳社团活动都有教师现场指导,学生负责人组织开展。如外出活动,则有事前的《杭州市上泗中学社团外出活动申请表》,里面有详细的策划方案,保证活动有效,保障学生安全。

2.师资培养策略——创建特色精品国跳社团的前提

某种程度上讲,国跳社团的指导教师决定了国跳社团组织的生命。国跳社团建立之初,没有一位懂行的老师,我们通过两条路子的摸索,逐步解决师资缺乏问题,并取得了显著成效。

(1)外聘专家,开展专业指导与培训

在自身条件不足的情况下,我们想到了向外借力,聘请校外专家来校指导。从2012年9月开始,我们一直聘请省棋协国跳国象专业委员会副秘书长赵卫宁老师担任我校国跳社总顾问,赵老师和他的团队亲自培训我们的学生并指导培养我校专业教师,参与国跳社团活动的组织与管理,还为参赛选手提供优质辅导,帮助他们迅速提升棋艺(见图3)。

图3　国跳专家走进课堂

(2)自我培养,普及专业技能与提升

"走出去,引进来,立足自我"——这是我校国跳社团指导老师师资培养的基本原则。我们主要通过派老师外出培训、比赛、参加交流会等方式来提升本校教师的棋艺水平。还请专家来校给全体教师开国跳知识普及讲座,进行实战演练等,使我校全体教师人人会下国跳棋,部分教师成长为棋艺精湛的高手(见图4)。年轻的张英敏老师通过培训拿到了国际跳棋教练上岗证书,两年来有了金俊红、张英敏、王乃召、陈厘蒙等一批富有爱心、专业扎实、素质精良、锐意进取的教师,确保国跳特色项目的强力推进。

通过这两条路子的有效结合,既解决了国跳社团活动开展的普及性和提高性(特色发展)问题,又解决了国跳社团师资的短期需求和长期发展需要,并最终内化为我校教师"1+X"专业技能培养发展新路子。

图4　省棋协领导、国跳特级大师吴敏茜来校指导

3.组织活动策略——创建特色精品国跳社团的关键

(1)组织策略

通过有效合理地挖掘学生人才,提高国跳社团活动中学生自主教育和管理的效能。国跳社团组织、日常管理、活动展示等都让学生参与,甚至让他们成为主角,充分体现学生的主体性,使国跳社团成为他们心目中的第二家庭,如此才能使国跳社团得到良性发展,最大限度地发挥出集体的智慧和力量,才能有长久的生命力。

(2)活动策略

国跳社团除了每周五下午的一般教学组织形式外,还立足自身特点,探索了一些更灵活、更开放的活动方式。如:利用午休等课外时间开展短期集训等;利用网络平台,拓展活动空间与时间(我校国跳社员统一参加浙江国际跳棋基地训练群——美洲豹棋类训练群,群空间有珍贵软件和训练资料可供下载练习)。

(3)指导策略

学生在参加国跳社团的活动过程中会遇到种种问题和挫折,这就要求教师在知识技能、活动方法、科研思维和心理素质等方面加强指导。我们的老师不仅要在棋艺方面开展指导,还要在活动组织方法、心理素质培养、技战方法等多方面进行指导。平时加强沟通交流,建立良好的师生友谊和信任。

(4)提升策略

学校经常性地组织校队参加省内外国跳比赛,以赛代练,提升学生的实战水平和心理素质,打造出一支省内乃至全国有较高知名度的中学国跳强队。同时,加强与转塘小学的联系和互动,形成了递进型人才培养模式。

4. 推广宣传策略——创建特色精品国跳社团的巧路

酒香也怕巷子深,一个精品社团的建立除了要扎实地开展各项活动,规范的日常管理,骄人的比赛成效,对社团的宣传和推广也是品牌构建不可或缺的一环。宣传工作既可以起到推广项目、扩大社团规模的作用,又可以赢得师生认可,增强学校美誉度,获得广泛的社会效益。我们主要从"社团节、宣传册、宣传栏、LED 比赛展示、新闻媒体"等方面入手,多角度、多层次地推广国跳,表彰国跳社员。

(1)社团节展示风貌

为了宣传和展示学校社团活动的建设成效,吸引更多的孩子积极参与社团生活,我们每学期都会举办一次社团展示节活动,并开展丰富多彩的游戏互动节目。每次都会邀请电台媒体、家长代表来校参观,全体师生和来宾都热情洋溢地参与其中,体会社团活动的无穷乐趣。国跳社团自然是社团节的明星,往往受到孩子们的追捧,投票都是最多的。整个活动现场洋溢着节日的喜庆和阳光般的笑容,××××全体师生的阳光面貌在社团节上给到场的每一位来宾都留下了深刻的印象。

(2)宣传册物化成果

我们以年度为单位,在各社团班日常素材规范积累的基础上,编制"魅力社团,阳光××××"宣传册,至今已经出版四期。还把评选出的优秀案例、社团成果等编撰成册,形成物化成果,供师生学习之用。同时,在各类学校活动中,分发给来校嘉宾、校友,通过走村入社、家访活动等向社会推广宣传国跳特色社团建设的成效,得到了社会各界的一致好评,具有极佳的社会宣传效益。

(3)宣传栏营造氛围

显性的环境布置能让师生们直观地感受到国跳的浓厚氛围,我们在学校走廊、楼梯、教室外墙上设计张贴了许多介绍国跳知识、打击技法、社团活动、参赛荣誉等宣传海报,很好地营造了一种棋文化的氛围,让师生近距离地接触国跳、感受国跳、融入国跳。

(4)新媒体赢得美誉

我们积极地和新闻媒体联系互动,当有社团活动和比赛获奖时,我们都会及时地邀请或把相关材料发给他们。交往多了,有时在我们获得佳绩或重要成果时,媒体也会主动联系我们,在各种新媒体上宣传我校的国跳特色。近年来,先后有中央电视台五套节目报道了我校学生参加比赛的情景;浙江电视台教育栏目两次报道我校国跳社团活动;《杭州日报》先后三次报道我校国跳比赛获得佳绩;杭州新闻、杭州教育等先后报道我校获得全国国际跳棋特色学校称号;《中国教育报》以《特色课程育英才,阳光工程益终生——杭州市上泗中学国际跳棋特色卓越》为题报道我校国跳活动。这些新闻媒体的宣传,打响了学校国跳社团品牌,提升了学校办学美誉度,获得了广泛的社会效益。

(三)国跳社团评价体系与优化考核的探索研究

围绕特色项目发展,我们积极开展实践探索,我校国跳社团已经建立了一套较为成熟的考核评价办法,优化了国跳社团活动成效。

1.评价原则——遵循多元评价,关注参与过程

国跳社团活动评价整体上把握参与性、过程性、多元性、规范性原则,以建立符合学校校情和特色发展需求的评价机制,注重实际,关注参与过程。

2.评价项目——师生皆有评价,注重真实有效(见图5)

(1)对指导老师

主要从工作量、报道、学生满意度、工作实效、获奖情况等方面考量,平时发放一定的津贴,每一学期进行一次综合考核并从"校长奖励基金"中切出一部分资金进行奖励。

(2)对社团学员

根据出勤、活动记录、参赛成绩、教师评价等进行考评和奖罚,并与学校星级阳光学子评比和保送生加分相挂钩。

(3)对社团班级

主要从活动报道、团队考勤、卫生、团队获奖等方面进行考评和奖励,考核结果用于优秀社长、社员、社团班的评选。

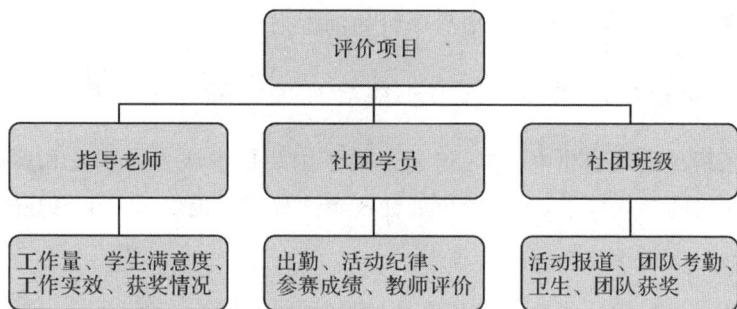

图 5　评价维度及内容

3.评价方式——过程结果并重,方式多种多样

国跳社团活动成效评价方式多种多样。在具体操作中,除了评价主体有社团领导小组、教师、学生等,评价指标多样化,还建立过"个人档案袋评定"和"学生小组评定"等有效的评价方法。通过对评价指标的优化,采用活动过程和结果并重的评价原则,切实改进了社团教师的指导意识,优化了活动的开展方式。

4.晋级机制——开展排位竞赛,实行晋级制度

每学期,国跳社团都要根据教师考评、个人排位赛成绩、外出比赛成果、学期考核等情况,对国跳社团成员进行相应的调整和增裁。在国跳成为全校普及的一个项目基础上,我们开始实行班级对抗赛、个人排位赛、队内淘汰赛,根据社员积分和比赛成绩实行晋级机制,评定星级队员,选拔优秀成员进入学校国跳队,代表基地参加省内外比赛。另一方面,在培养上,也分 A、B 两个层次,请专家、名师来学校进行特长型发展的指导。

5.考核效用——纳入考核体系,评选阳光师生

每学期,学校将根据社团的规范管理、特色创建、实践成效、社员满意度等进行评估考核,对指导老师、社长、社团成员进行相应的表彰和奖励,在学校网站、LED屏幕进行宣传,考核结果与教师学期考评、推优评先、职称晋升等相挂钩,学生也将在阳光之星、学期评优、保送生推荐等项目体现。

通过这样的考评体系、晋级机制的建立,以及考核结果与师生发展的紧密联系,不仅使社团能规范开展,而且激发了社团指导教师的工作积极性,提升了社团活动品质。通过这样的机制,我们培养了大批优秀学员,取得了许多有分量的成绩,进而成功申报为省国跳基地和杭州市棋类共建学校,提升了学校国跳项目的质量和知名度,成为学校打造特色精品项目的助推剂。

(四)国跳校本课程的开发与小组合作元素融入的研究

在特色精品社团创建中,课题组还开展了国跳校本课程的开发和课改背景下小组合作元素的融入探索,为学校拓展性校本课程建设提供了一个很好的范本。

1.物化社团资源,开发国跳课程

在规范学生国跳社团活动的基础上,编制国跳社团校本课程资料,使我校积累的良好经验物化为优质的课程资源,让特色得以推广和普及,使更多的同行和学生受益,这项工作目前还在实践过程中,但也取得了阶段性成效。

(1)开展国跳校本教学

在国跳活动日益受到师生欢迎和扩大的时候,我们逐步把社团活动向规范的课程化体系引导,开展具有我校特色的国跳校本教学。七年级第一学期主要通过上大课普及国跳基础知识、掌握基本技战法,第二学期每班每周开设一堂国跳校本课,由国跳团队教师进行系统的学习和技战演练。优秀的学员选拔进入国跳社,并按精英班、普通班分层次有针对性地开展专业授课指导,进行排位赛、晋级赛等选拔人才成为基地队员,有比赛任务时还要增加赛前集训课。除此之外,我们的校外顾问团队还会利用晚上或周末在网上进行解答、培训、演练。

(2)编撰国跳校本教材

当国跳活动达到广泛普及,材料和经验都得到一定的积累时,我们根据课题研究计划进行了国跳校本课程的设计和实施,在课程结构、课程内容以及课程实施方式等方面都取得了一定的研究成果,形成了中学生社团活动的一个校本课程模式。我们先后编制了国跳"拓展性课程设计方案、案例集、七年级国跳授课计划"等,还制作了"国跳微课"教程供教师教学和学生课后观摩。通过这些使每位学生都能系统地学习和掌握国跳这项棋艺技能,也为学校今后拓展性课程的开发树立了一个良好的典范。

2.结合课改实验,融入小组合作

我校目前在课堂学科教学中开展了很有成效的小组合作学习模式,教师们已经尝到课改实验的甜果。那么将这种有效的学习模式应用于学生国跳社团活动开展中,是否也会出现神奇的效果呢?课题组主要进行了五个方面的探索实践(见图6)。

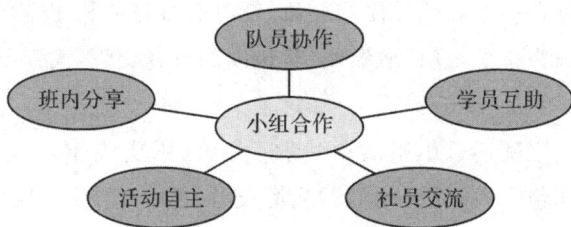

图6 国跳小组合作学习实践

(1)队员协作,形成团队意识

小组合作模式的应用,最大的优点在于培养学生的团队合作意识。在社团活动中,比平常的学习活动更能淡化个人主义。特别是组队外出比赛,团队排兵布阵必须通过组内成员间的相互理解、相互配合才能顺利完成。久而久之,学生的以自我为中心的处事方式和观念也会得到扭转,逐渐使自己投入集体中,真正愿意为团队出力,为集体争光!

(2)学员互助,提升棋艺技能

客观上看,社团内成员在能力上一定存在着差距,为了让不同能力的孩子在同一个国跳社团班都能参与并享受国跳社团活动,我们尝试着把同一个社团班的学员根据技能程度不同分成若干个活动小组,组员分工、两两对弈,相互研习,互助共进。

(3)社员交流,扩展人际空间

在小组合作的国跳社团活动中,将有更多的机会进行社员的交流。每个人的想法不同,做法不同,但为了完成同一个任务和目标,就会有相互迁就,相互理解,相互宽容和相互帮助。特别是外出比赛时,经常有省内外的国跳爱好者一起对弈交流,这将非常有助于培养孩子的人际交往能力和情商,而人际交往能力和情商将对他们的未来发展起着决定性的作用。

(4)活动自主,挖掘创新潜能

小组合作模式的另一优势,在于充分创设机会,以挖掘学生的创新潜能。通过小组完成任务、提升团队成绩,组内成员要根据队员实际选取适合的时间、方式开展研习活动,每次的社团展示也是组员发挥智慧才干的舞台,孩子们自主开展的年级赛更是激发了他们无限的创新热情。

(5)班内分享,营造良好氛围

小组合作模式首先激发了国跳社员的参与热情,由于形式上发生了改变,学员们有了明确的任务、评价的激励,将会全身心投入活动,这有利于营造一种良性的竞争氛围。但仅仅在一个国跳社团内交流,就没有很好地利用全部的资源,我们又尝试着以原来班级为单位,进行班级间、年级间的竞赛交流,大家分享经验成果,是一种更好的选择。

国跳社团学员之间通过小组活动互学互助,增强实践能力,通过活动交流,也培养孩子的理解和包容力,提升他们的人际交往能力和情商。同时也适时选准角度,挖掘创新潜能,最后可通过班内的国跳社团成果交流分享,来共同营造良好的氛围。

3.科研引领指导,推动特色发展

用科研的方式引领国跳精品社团的打造和特色发展,形成物化成果。我们根据课题研究的需要对课题组各成员在国跳特色化建设研究方向上进行了合理的分工,每人都在带班实践中有针对性地开展科学研究。同时,通过研究实践,总结经验,交流特色创建思路,指导社团活动的开展和精细化管理。在科研引领指导下,探索国跳校本课程的开发和全员推广普及,尝试教工社团的组建和家长的联动参与,推动学校社团建设的特色发展。

四、国跳社团特色化建设的成效与启示

(一) 显性成效

2014 年以来,我校以国跳特色项目的创新建设为契机,在现有国跳社团良好的常态运行基础上,开发国跳社团校本课程,打造精品国跳,深化国跳社团持久建设和特色化之路。不仅在国家、省、区、市等诸多比赛中屡创佳绩,还在发展学生个性特长、培育学生创新思维、促进教师多技能发展、创建校园特色文化等诸多方面都发挥出魅力国跳的积极成效(见图 7),益智国跳已经成为阳光上泗教育品牌的一大亮点。

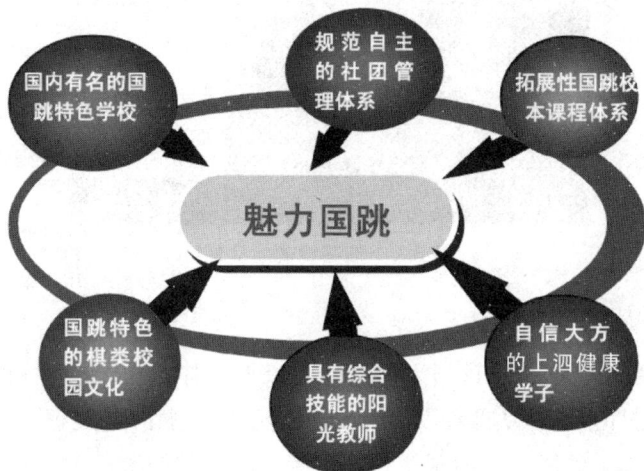

图 7　魅力国跳彰显多维成效

1. 成为国内有名的国跳特色学校

上泗国跳社自成立以来,所获佳绩无数:2012 年杭州市第一届国际跳棋比赛甲组团体第一名、2013 年全国中小学生国际跳棋锦标赛 100 格 14 岁团体第三名、浙江省少年儿童国际跳棋锦标赛十四岁组团体第二名、杭州市第二届国际跳棋等级赛 12 岁以上组团体第一名。2013 年 7 月,被浙江省棋协授予"浙江省青少年国

际跳棋培训基地"。2013 年 12 月,被杭州市教育局、中国棋院杭州分院授予"第二批杭州市棋类项目进课堂共建学校"。2014 年 8 月获得全国国际跳棋特色学校100 格比赛团体第一名。2014 年 8 月,我校被评为"全国国际跳棋特色学校"。2014 年 11 月获得杭州市第四届国际跳棋等级赛获得甲组团体第一。2015 年 7月,获得浙江省青少年国际跳棋冠军赛义乌分站赛 100 格团体第一和 64 格团体第二的好成绩。2015 年 11 月获得浙江省国际跳棋冠军赛分站赛第四站 64 格团体第一名和 100 格第二名。近年来先后有中央电视台五套节目报道了我校学生参加比赛的情景、浙江电视台教育栏目两次报道我校国跳社团活动、杭州日报先后三次报道我校国跳比赛获得佳绩。2015 年 11 月中国教育报以《特色课程育英才,阳光工程益终生——杭州市上泗中学国际跳棋特色卓越》为题报道我校国跳活动(见图 8)。

通过特色项目的打造,提高了学校管理水平,形成了教育特色,打响了学校品牌,提升了学校办学品质。

图 8 上泗国跳成就斐然

2. 形成拓展性国跳校本课程体系

2014 年,学校将国跳项目列入学校七年级课程体系,成立了特色课程组。通过国跳校本教材的开发,从课程设置、资源整合、微课制作、课程评价等方面入手编制了适合本校学生健康成长的国跳校本课程,促进了学校"开放、创新、特色"的校本课程文化的形成。

3. 培育自信大方的上泗健康学子

学校秉承着"为了每一位学生的健康成长"的办学理念,以提升学生幸福自信为重点,在学好文化课的同时普及国跳课程,达到了"人人会下国际跳棋"的目标,促进有潜质的学生朝向特长精英发展。许多孩子在文化课堂上不能成就的满足感、荣耀感在国跳这个舞台上却大放异彩,这些年,我们的学生在省内外比赛中有

120 余人次获得各项奖励,先后有 20 余位学生拿到国家等级证书。我们的精英班社长——吴璐瑶同学更是在 2015 年 8 月被中国国际棋协授予"候补国际大师"称号,这在全国青少年棋手中都非常罕见。

许多学生在国跳这个大家庭里得到温馨和鼓励,在一次次的比赛进步中获得了自信和愉悦。学生的精神状态也发生了积极的变化,特别是一些文化课成绩排在后三分之一的学生通过国跳项目的参与,精神面貌有了很大改变。活动中,学生表达出的是一种积极快乐的心情,国跳社团生活让他们充满朝气、沐浴阳光,校园中也焕发出一种积极向上的精神文化。国跳特色创建已经成为我校培养"有梦想、有自信、有责任、会学习、会感恩、会创新"的"三有三会"的阳光学子的一个重要舞台。

4.培养具有综合技能的阳光教师

通过这些年多途径的培训、交流学习、实战比赛等方式,我校的社团指导教师"1＋X"综合技能、拓展课程开发能力、教育迁移能力等都得到了很好的提升。我们的国跳社团教师队伍既能致力于校本课程的开发,又能引领和指导学生的社团建设。促进了教师的多元发展,形成了一支"有信仰、遵操守、勇担当、善学习、会研究、能创新、雅情趣、品幸福、共和谐"的阳光教师队伍。在国跳特色活动的开展中,教师都身体力行、以身作则、爱棋、学棋、教棋,用自身的行为营造出浓郁的棋文化氛围,逐步打造出一支师德高尚、乐于奉献、精于棋艺的特色建设工作的阳光团队,形成了"严谨、高雅、进取"的国跳教师团队文化。

5.形成国跳特色的棋类校园文化

自课题立项以来,学校就整体规划校园棋类特色文化建设,已建成"国跳文化墙、国跳荣誉长廊、国跳专业训练场"等校园棋类特色景观,彰显学校棋文化特色,让校园的每个角落洋溢出浓厚的棋文化气息。同时,学校把"以棋养德,以棋增智,以棋调心,以棋陶情"的国跳文化和"品、智、静、度"的国跳精神迁移育人特色,开发德育课程,创设和营造棋类特色阳光校园文化。

(二)隐性成效

社团筹建之初,我们就确立了"以人为本"的核心理念,即"满足广大学生的个性化需求,让每个学生得到充分的发展",让他们从传统文化和时代精神中汲取营养。棋如人生、从容大度、临危不惧、宁静致远,通过国跳社团特色活动的开展,充分发挥出国跳社团文化潜移默化的作用,把无意识的隐性教育功能、文化价值观的导向功能等挖掘出来,将思想教育寓教于学、寓教于乐,使之朝我们德育目标的方向发展变化,从而推动整个校园精神文明建设,使国跳社团建设成为我校走向特色发展之路的新亮点和突破点(见图9)。

1. 激发学生学习的内在需求

由于学生社团紧贴学生生活,且较少受到外来干预,容易激发学生学习的积极性,学生参与活动完全是基于内在需要。通过国跳社团活动,他们可以交流学习经验,传递学习方法,传播新知识,培养学习兴趣,补充课堂学习,完善知识结构。一些社员表示,在学习国际跳棋的这几年里,学会了如何去沉着冷静地思考,全面考虑各种解决问题的途径,这对学习上解题有着很大的帮助。此外,在为人处事上有了微妙的变化,会更替他人着想,遇事多想想更好的处理方法。

2. 促进学生综合素养的提升

国跳社团作为校园文化的重要载体,为中学生素质教育的开展和创新能力的培养提供了广阔的天地,是素质教育的重要阵地。

(1)培养能力,拓展视野

在活动中,我们发现国跳社团对于培养学生自主意识、创新意识和实践能力都有着积极意义。各种外出参赛的开展能培养学生社会适应能力,为增长社会知识、锻炼社会才干提供重要渠道。学生参加这些国跳社团活动,个性得以展示,才能得以发挥,综合素质得到了提高。

(2)陶冶身心,提升品位

学生在积极参与国跳社团活动的时候,虽然出于自身的爱好和兴趣,却能使自己在某些方面的品质得到了潜移默化的影响。国跳社既给活动创造了条件,又为他们交流情感、陶冶情操提供了机会和方便,社团已经成为学生心灵成长的家园。

3. 提高学生协作与交流能力

参加国跳社团活动使学生们具有了更加广泛、宽松的人与人之间的交流空间,提高了学生团结协作能力,培养了他们的团队意识和交往能力。

(1)促进了团结与协作

在兴趣和爱好的纽带中,国跳社团对学生具有很强的号召力。社员们团结在国跳社团里,为国跳社团的成长壮大而努力,为共同的事业而合作,表现出强烈的集体观念、团队精神和协作精神。

(2)增进了交流与友谊

国跳社团活动促进了学生相互交往,增进了友谊,培养了成员对国跳社团的认同感和归属感。在经常性的外出比赛中,认识了更多的同伴,收获了广泛的友谊,在培养他们竞争能力的同时,又培养了学生与人交往的社会实践才干。

4.养成学生自主自律的意识

社团的约束力不像班级那么强,其凝聚力、向心力主要依赖成员的观念内化和自律意识。因此,国跳社团活动在一定意义上培养了学生责任意识和自律意识,而且这种责任意识和自律意识较之学校其他规章对学生更具认同感。再者,国跳社团是学生因共同的理想和爱好而走到一起的,社团内部施行的是自主管理、自助服务、自我教育,这种"三自"功能也只有在国跳社团组织中才能较好地实现,这是传统教育所达不到的效果。

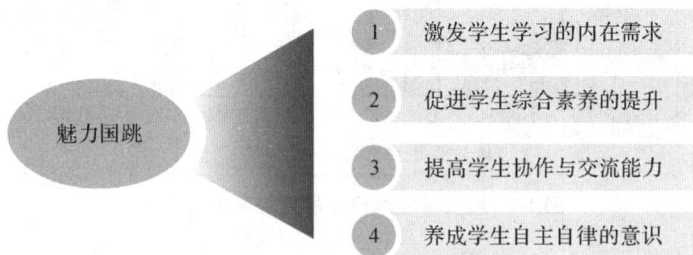

魅力国跳

1 激发学生学习的内在需求

2 促进学生综合素养的提升

3 提高学生协作与交流能力

4 养成学生自主自律的意识

图9 国跳课程隐性成效

五、研究反思

这些年我校的国跳特色项目建设所取得的成效是显著的,那么,作为活动的参与主体,师生们对现在的社团生活满意吗? 我们的社团管理还有哪些环节不到位? 我们开展了中学社团建设现状调查。结果发现大多数师生都是比较满意的,国跳特色创建也得到了大家充分的认可,但课题组也了解到我们社团建设的一些不足,有些也是其他学校存在的一些共性问题,在此一并提出,以期为我区中学社团管理的优化和长效建设提供参考,为中学社团特色化发展提供思路。

1.如何满足学生对社团的热切需求

从调查来看,80％的同学和65.22％的教师对于参与社团活动表现出了强烈的好奇心和兴趣,59.62％的八年级学生和37.33％的七年级学生都希望社团活动能每天开展,足以说明社团在学生心目中的地位和作用,可见这两年我校的社团开展是非常受学生欢迎的。但目前学校所开设的社团种类、所能提供的条件,以及活动时间和质量等都还未满足学生的热切需求。部分学生只能被调剂安排进自己并不喜欢的社团,所以在参与社团原因的选择上有近一成的学生选择强制性要求。

虽然达到了 100% 的参与率,但显然这部分学生会比较失望。在中学社团普及的今天,如何完善学生对社团如此热切的需求也成了我们在社团建设新阶段要着重思考的问题。

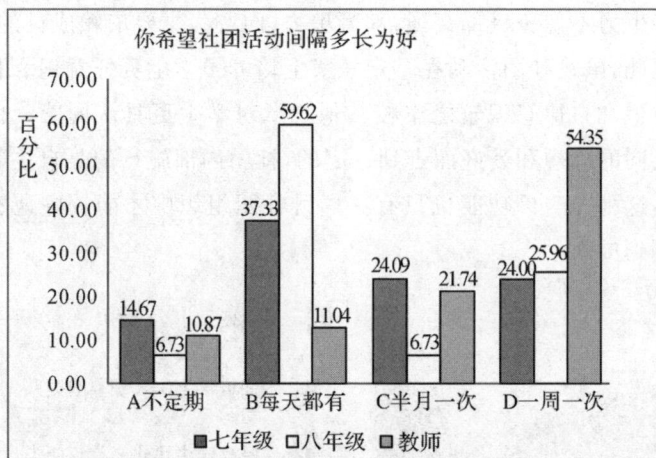

图 10　师生对国跳课程的需求度调查结果

2.场地资金受限制约着社团的发展

从统计和访谈来看,对于学校目前的国跳社团活动设施,大多学生还是比较满意的,学校在有限的条件下也尽力为国跳社团腾挪空间,配置器材,采购日常用品,越来越多的教师能参与国跳社团,保障国跳社团的运转。而大多指导教师对于学校目前能提供的其他社团活动场地和设施还是不太满意,这既有客观的校园场地不足问题,也有资金的配置使用问题。由于硬件不足,学校现有场地确实紧张。资金方面,虽然现在上级部门有足够的专项资金拨款,但教师的辅导津贴和社团的奖励无法从此开支,付出的回报难以绩效体现,这也影响了教师的主观能动性和课程开发的积极性。

3.校外社会资源的利用与开发不足。

国跳社由于抓住了本地区幼儿园、小学较好的学生基础这一资源,在杭州棋院的帮助下施行了幼、小、中衔接机制,所以特色成效显著。但其他社团在建设中没有很好地利用起本地区的校外社会资源、家长资源,对于校园文化建设和学校特色发展的价值效益发挥不足,这也是中学社团发展今后要重点关注和探索的区域。

"缤纷社团,展青春少年阳光风采;七彩生活,润××××学子健康人生","全国国际跳棋特色学校"称号的取得是对我们努力付出的充分肯定。我们立足国跳特色发展,激发学生潜能,丰富学生生活,将梦想、智慧融入师生心灵,让"有梦想、有自信、有责任、会学习、会感恩、会创新"成为××××学子的闪亮名片。我们相信,中学生社团一定能成为学生七彩生活的美好舞台,一定能为每一个孩子的健康成长搭建一片希望的天地。

参考文献:

[1] 殷豪."以高中体育社团为载体 打造高中体育与健康多元特色教育模式"研究报告[J].学园,2011(8).

[2] 陈明.学生社团生存发展健康度及其管理策略研究[D].贵阳:贵州师范大学,2008.

[3] 刘延东.坚定信心 乘势而上 奋力开创教育改革发展新局面[N].中国教育报,2012-02-20(1).

[4] 雷建民.我国高校学生社团类型、特征与功能[J].泰安师专学报,2011,23(1).

[5] 王鑫.济南市中学生社团发展研究[D].济南:山东大学,2011.

[6] 张一朦.中学社团活动中的青少年积极发展[D].长春:东北师范大学,2012.

[7] 张家勇.美国大学的学生社团活动[J].比较教育研究,2004(4).

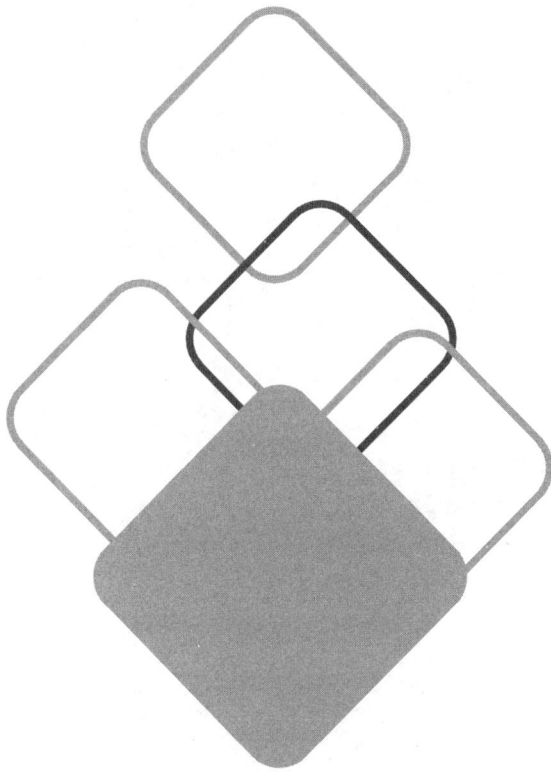

理 科 教 学

"五维"绘蓝图：培养初中生运用画图方法解决数学问题的能力研究

孔 晶

【摘　要】 初中数学问题比较抽象,画图是让抽象的数量关系借助于图形"显山露水",把看不见的思维过程借助于图形"柳暗花明"。本文旨在新课标和数学学科核心素养背景下,从教材、教师、学生、资源和评价五个维度来进行实践,培养学生的画图习惯,让学生手中掌控好"画图"这支有力船桨,从而顺利通过"解决问题"这条河。

【关键词】 "五维"画图策略　几何直观

一、问题提出

初中数学核心概念中"几何直观"是新增加的,而借助画图解决数学问题是发展学生几何直观能力的重要途径。几何画图在近三年杭州市中考数学题各类题目中均有涉及。因此中考数学试卷对学生构图能力有较高要求,但学生的答卷反馈了画图能力的欠缺。究其原因分以下几方面。

(一)船只陈旧化:教材解读无味

从教材角度来看,不论是代数运算还是几何直观上,画图策略可以说是图形表示和分析的摇篮,也是学生从直观形象到抽象概括的升华,亦可作为学生思维能力的引领。然而对教材解读不够,则无法把该策略变成培养学生解题能力的金钥匙。

1.功能定位单一

目前课程,在教授代数部分时,侧重于列式计算;在教授几何部分时,侧重于概念、性质的积累。单一的功能定位,无法体会教材丰富的内涵,两部分对应的思想完全割裂。

2.内容缺乏提炼

一线教学进度是紧张而充实的,真正能做到会预习、会学习、会应用、会复习、会反思的学生寥寥无几。而教材编者们也不可能把六册课本的暗线彰显出来,只是按章节结构编织在一起,所以缺乏一定的提炼总结。

(二)导航老套化:教师实施偏颇

1.缺少统整意识

在"图形与几何"中,画图解决问题发挥着重要作用,但是这些内容缺乏一定的系统性、连续性。教师在教学中不会有意识地去整合,将相关内容联系起来,让学生形成一定的画图意识。

2.训练过于随意

画图是为了更好地表达思维,但是教师只是偶尔呈现,或是赶进度急于把图形直接展示,没有下意识地创设一些学习材料来让学生经常性使用这种方法,同时对于方法的指导也比较欠缺。

(三)水手随意化:学生认知误差

1."画"意缺失——不知画、不敢画

对于没有图形的几何题,学生会有恐惧心理和放弃心理,怕图形画错,浪费做题时间;对于题目文字未提到图,需要在理解分析的基础上借助画图解决问题,学生意识不到。

2."图"不达意——不会画、画不对

虽然学生有画图的基础,但在碰到新问题时,哪怕是常规基本作图题,不会画或是不能规范操作;对于熟悉的几何图形,图形性质不能铭记于心,信手拈来更是纸上谈兵。

3."缓"不济急——知道画、画得慢

画图是为解题,学生有画图的意识以及基本功,但在应试时构图速度慢或没有合理画,对图形整体感觉不准确,考场上只能构图来不及结合题意分析图,进而大面积失分。

二、实践操作

针对现状,笔者从教材(船只)、教师(导航)、学生(主体)、资源和评价五个维度,有目的有计划系统地渗透画图意识。为学生顺利通过"解决问题"这条长河保驾护航(见图1)。

图1　培养初中生运用画图方法解决数学问题的能力研究

（一）修一修，补一补——教材的多角度解读和使用

要顺利通过河流，要借助于船只，船只的结实度很重要。教材中关于画图能力部分多角度解读和使用，可从整体把握和内容创新两方面尝试。

1. 整体把握：教材定位重审

浙教版教材呈现的多是图、文、式三者互相对应的，而教师赶教学进度、学生一味刷题，长时间下来对课本的利用率不是太高。一线教师要把教材吃透，正确把握整体，有助于文本内容的深度挖掘和创新使用。

（1）对比择优，挖掘"画"优势

图的魅力在于抽象的数量关系，在"图"中变得显而易见。如果能让学生真正感受到这种魅力并且在不同的方法中对比出来画图的优势，画图便是学生的自觉行为，而不是教师强加的指令。

案例1

如八下"6.2.2反比例函数的图像和性质"中常见且易错的题型：

①对于反比例函数 $y = \dfrac{6}{x}$，当 $x > 1$ 时，y 的取值范围是_____；

当 $x \leqslant 1$，且 $x \neq 0$ 时，y 的取值范围是_____。

②对于反比例函数 $y=-\dfrac{10}{x}$，当 $y\geqslant4$ 时，有 $-\dfrac{5}{2}$ _____ x _____ 0；当 $y<4$，且 $y\neq0$ 时，有 $x>$ _____，或 $x<$ _____。

笔者在教学中发现，教材本节的标题是函数的图像和性质，学生虽然之前学习了一次函数，但是用图像解决函数问题的意识不强烈，而且这种题目班级里还有很多学生提笔用代数的方法计算。所以在教学中，设计了两种不同解决问题的方案，即代数计算方法队和几何画图方法队。解答过程如图2所示。两种不同的方法展现了学生的思维，代数计算方法容易漏解，对比中凸显出了画图的优势。教师再重申教材本节的知识点，对教材的编排、知识点的定位真正理解了，方能引领学生"爱上画图"。

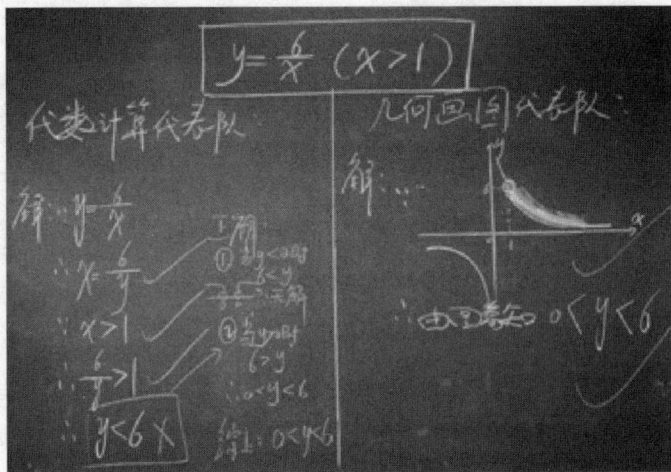

图2　图文对比显优势

(2)延伸知识，构建"画"范式

解题过程中，教师注重题目分析，找条件得结论，训练学生的抽象逻辑思维能力偏多。碰到画图解决问题时匆匆讲解完，没有停下来将碎片式的知识点系统地整理出来。教师要有意识地将知识延伸出去，为学生挖掘不同的图表特征，构建出成体系的画图范式(见表1)。

表1 知识延伸的各类图表特征

知识点	基本要求	知识点	基本要求
基本尺规作图	1.作一个角等于已知角 2.作一条线段等于已知线段 3.平分已知角 4.经过一点作已知直线的垂线 5.作已知线段的中垂线	垂直	1.见过直角顶点的直线 l,从直角两边上的点分别向直线 l 作垂直,必得全等或相似,然后再利用全等或相似进行转换 2.斜边重合的"双直角" 见"双直角",找或连公共斜边,构造全等三角形或等腰三角形。见"双直角"用四点共圆
平行线	1.知平行求角构造"三线八角" 2.找(或造)平行进行等积转换 3.平行与函数		
中点	1.中线等分三角形面积 2.见直角三角形斜边中点与等腰三角形底边中点作中线 3.见中点倍长中线构造全等 4.见中点(或等分点)作平行用相似; 从中点(或等分点)作平行是最常见的辅助线作法,作平行后得中位线或相似; 题目中有线段比、线段积、线段平方时,常借助作平行得相似来解决; 题目中相关线段所在三角形一看就不全等时,通常借助相似找关系	两点之间线段最短	1.将军饮马问题,即线段和($PA+$ PB)最小 2.蚂蚁爬问题,即求物体表面两点间最短路径问题,作展开图构造直角三角形 3.折叠最值,折叠背景下的最值问题,在折叠中感受大小变化规律,通过特殊位置求最值 4.旋转最值 5.线段差 $PA-PB$ 最大,求直线一点到这条直线异侧两点的距离差最大,作其中一点关于直线的对称点,作过这个对称点与另一点的直线与这条直线的交点即为所求
角平分线	1.角平分线遇平行线等腰三角形; 角平分线遇平行找或造等腰三角形,有角平分线无平行可以通平行 2.遇垂直角平分线等腰三角形; 遇垂直角平分线,找或补全它与角两边相交所成等腰三角形 3.遇倍角或半角; 见半角补成倍角或等分倍角,见倍角等分之或造半角的等腰三角形 4.见角平分线用性质; 角关于角平分线所在的直线对称,依角的对称性找或造全等 5.角平分线相交内切圆。 含两条内角平分线的计算题,或有内切圆的计算题,想到用 r 与三边 a、b、c 的关系	轴对称	1.用轴对称构图 2.折叠与反射问题 由于反射问题中的入射角等于反射角,恰好满足轴对称的条件,利用轴对称画图,计算都非常直观 3.利用轴对称求最小值
		正方形	点在对角线时根据轴对称性补图作与这点有关的对称线段,用证全等;过这点向正方形两邻边作垂线,再证全等
		方格子	理解格点

对于七年级的低段学生来说,可以借助于生活中原型,创设好生活情境进行"画",进而在课堂中思考画图的必要。让学生在画图过程中体会方法,感悟知识,获得认知。

案例 2

如七上"1.2 数轴"在自主实践环节:在上本节课之前,给每一个学生发放白纸,让他们课下动手画温度计(可用彩笔)。收上来学生的作品,典型的画法如图 3 所示。让学生学习数轴这一图形前,将数轴的原型温度计的刻度、标记、读数、大小顺序深入理解。这样在学习数轴时只需要将温度计横放,学生对数轴的三要素及数的大小比较能更好地驾驭。

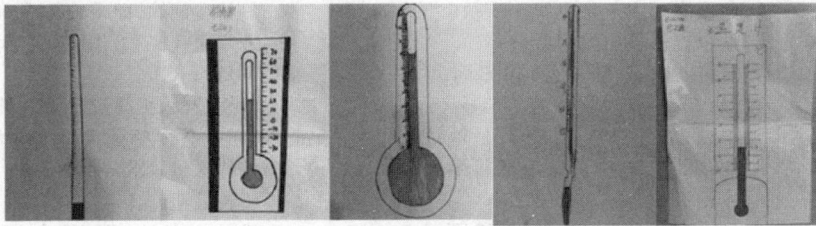

图 3　学生利用数轴画温度计

(3)精准作图,规范"画"结果

笔者认为教师匆匆画好了图,学生也用完了图,但是图的分类还是不清楚甚至是不知道的。为此,有必要对作图的最后结果进行分类,让学生心里真正明白画要画到哪一步。①辅助图:图形起到辅助作用,但不作为答案保留,常见于选择或填空题。②结果图:作为答案或答案的一部分保留。③准确图:常见于尺规作图或格点图中。④示意图:一般只用笔画出粗略草图即可,快但不够准确。⑤一般图:代表一般大部分情况。⑥特例图:符合条件的最特殊情况。

学生要清楚画的结果、图的属性,教师也要讲完题目提一句,毕竟教材中也没提及过。避免审完题目有的学生画标准图。当然在实在是不会做的情况下,可以借用标准图或特例图帮助打开做题思维。

(二)新导航,提效率——教师的准定位设计和实施

船只顺利到达终点,要靠准确定位的导航。教师对画图策略的精准定位,设计和实施,首先要从观念和课标两方面予以重视。

1.观念更新:注重学情预设

学生的空间观念形成大致是经历了"具体——半具体——半抽象——抽象"的过程。作为课堂的引领和参与者,教师应调整观念,而不是埋怨"学生怎么画个图都不会画!"更不是代替学生快速地将图展现在黑板上。

(1)搭脚手架,把握"画"学情

学生面对信息时,首先想到的是怎么用算式去计算,而不是借助于图形动手画一画,利用画图来验证自己的解题过程和结果的更少。为了全面了解学生的学情,特地就以下两个问题对全校学生做过一个调查:解决问题时你会用画图来解决问题吗? 不喜欢用画图解决问题的原因是什么?(调查结果见图4)

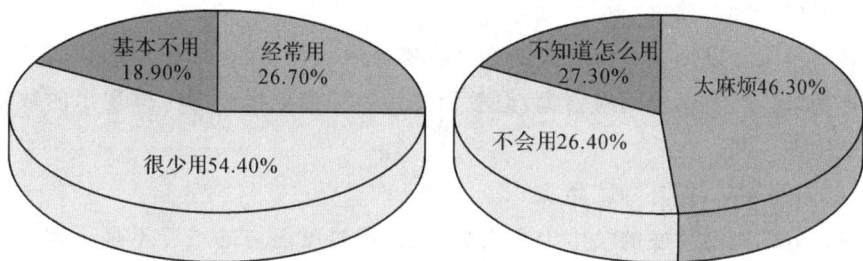

图4 学生用画图解决问题的频率

从以上调查可看出以下几个问题:①没有图形的几何题目,学生会凭空想象,懒得画。在学习中还是要强调很简单的图形也要画出来,长期以来就养成了画图的习惯。②熟悉的几何图形一定要画得熟练和准确,而不应该是纸上一片空白。③画图时不能思维定势,比方说"一个三角形"学生就只画出来一个锐角三角形。

(2)理清概念,掌握"画"起点

一个图形由几部分组成,每一部分都是一个重要概念,学生画图前提应是对几何概念或代数数量关系知识掌握扎实,不然在做题当中或明确画图时,会有错误或是考虑不全面。

案例3 (如九上西湖区一模拟考试第20题,来源于书本)

如图5所示,AB,AC为圆O的两条弦,作圆O,并在圆O上找一点D,使它到A、B两点的距离相等。

但是阅卷下来这道题目失分严重,具体情况如下:

①题意把握不当。本次考试第20题最典型的错误是对问

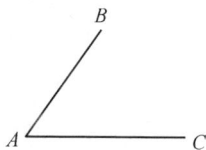

图5

题"圆 O 上"不理解,大多数学生认为在 AB 的垂直平分线上的 D 点就是圆心 O,所以只拿到 4 分或者 5 分。

②漏解。得 7 分的学生基本上只考虑和计算了一种情况,说明分类讨论的意识还有所欠缺。

③知识点混淆。对点 D 到 A、B 两点的距离相等理解不当,画了 $\angle BAC$ 的角平分线,知识点混淆。

2.学习课标:提高数学素养

"几何直观"在新课标中是新增加的,而借助画图解决数学问题是发展学生几何直观能力的重要途径。

(1)思想导航,领悟"画"本质

教材编写是以知识点为形式的"明线"螺旋式编排,但在知识点的背后是蕴含细无声的"暗线"。学生不易察觉,但教师要讲过无痕地把画图中体现出的数学思想方法串在一起。

(2)问题导向,提升"画"品质

有良好的画图功底的学生少之又少,这种高难度能力的培养不是一朝一夕能训练出来的。教师应借助问题的导向,培养学生的持续学习力。毕竟作图能力高的同学在考试中占据很大的优势,所以要适时适度地持续渗透画的品质。

案例 4

笔者设计了初三的几何复习课"一个特殊三角形的研究",在上课之前给学生布置了一项任务:在特殊的 3、4、5 直角三角形添加一条线和相应的字母,增加必要的条件,提出并解答一个问题。所有学生顺利完成了这项任务,有初阶简单的,也有稍微复杂的,甚至有的同学想出来很多种。图 6 展示的是部分优秀编题。

开放式的画图,让学生眼前一亮,形式新颖,且不同的学生不同的画图、编题展现出了不同的数学水平。学生们能够从简单到复杂,从初一到初三,把几何知识点都能体现在自己的编题中,也是乐此不疲。

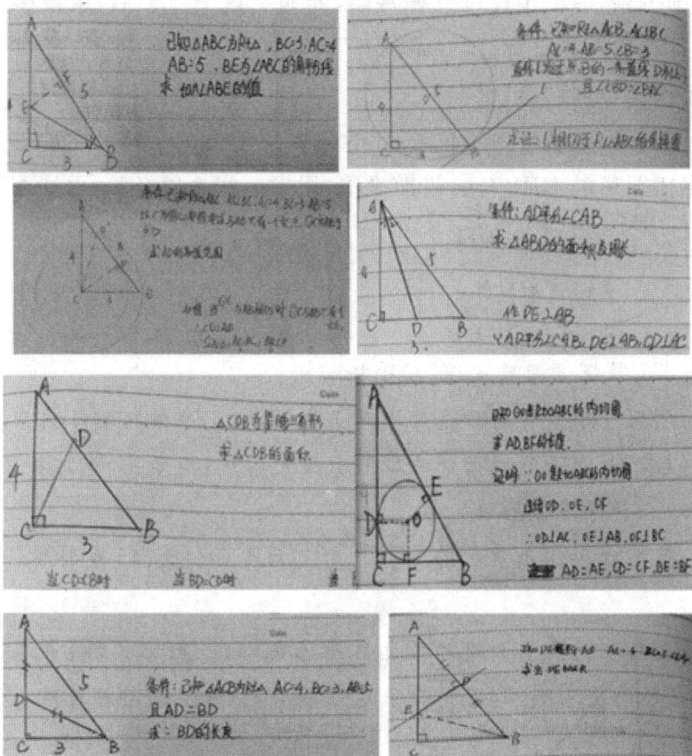

图 6 学生优秀精编题

(三)强意识,促提高——学生的画图感激发和培养

结实的船只和给力的导航都是外界条件,学生作为划桨人,在"解决问题"这条河流中要努力。教材的充分使用和教师的设计改变,也能激发学生的表现力,刺激图感形成。

1.探究革新:欣赏图形魅力

教师的观念改变了,作为学习的主体学生来说,也要适时革新,最基本的是读图能力和画图能力。

(1)读图练习,奠定"画"基础

能把图读出来,并读好,反过来对画好图也是有帮助的。训练学生读图练习,读了一个已知条件,可以在图上标记什么,还可以得到什么或是接二连三地生成出什么结论,进而思考这些结论对题目的解决是否都有帮助。读图这种形式的练习,可以先由教师带领,等学生慢慢日积月累,养成了这个习惯后,就没多大必要再这样做了。笔者在实践中设计过"一站到底"游戏式的读图练习。

(2)动手操作,进阶"画"水准

对于几何图形,在教学中不仅要让学生画,更重要的是让学生能够适时动手操作,在手中感悟图形的本质内涵,借助操作,积累一些表象经验,也让图形变成一种艺术享受。

案例 5

如八上"2.7 节探索勾股定理"动手拼一拼。

活动一:利用 4 个全等的黄色直角三角形(30 度、60 度特殊三角形),拼成一个大正方形,然后思考能否利用面积法证明勾股定理。(提示:如果你拼不出的话,请利用课本 P73 合作学习来验证)

活动二:然后利用 4 个全等的红色直角三角形(45 度、45 度特殊三角形)重复(1)的过程。

活动三:最后利用 4 个全等的蓝色直角三角形(一般三角形)重复(1)的过程。你还能拼出另外的图形吗?(直角三角形可不用完)来验证勾股定理。请画图简要证明。

通过让学生做这样的几何拼图,可以引导学生对图形的认识上升一个高度。

2.流程完善:映射解题能力

画图是为了解题,笔者设计了审题、时机、策略、分析和解答的画图解题五部曲。

(1)正确审题,确保"画"前提

审题是做任何题目的第一步,也是最关键的一步。对于需要用画图方法解决问题的题目来说也是如此。需要独立构图的题目,学生要把题意看懂,分清楚条件和结论,明确题目的指向性。在把握了画的时机后,方能清楚地将文字信息逐步翻译成图形信息。

(2)体验实践,选择"画"时机

综合来说,有两个时机要把握。一是学生感觉多次读题不解题意,想不到方法思路时,教师引导学生可借助于题目将题意翻译成图形;二是学生解决问题后,不是紧接着完成下道题目,要引导学生悟出这只船桨的给力作用,对这种好方法产生好感并深入内心,日后在解题时不露痕迹地自觉使用。

（3）围绕目标,确定"画"策略

在一定量的画图训练下,学生要清楚画图的策略。比如说有时题目不会做,尤其是小题选择填空,可以画出精准的特例图,用测量的方法写出最终答案。显然这种方法是费时费力的,但是如果题目数据较小且较好,也是可以尝试的。如果是大题目解答题,画图一般是画出一般图,而非特例图。引导学生在画一般图或是过程图时,没必要把图的边边角角全部呈现在纸面上,可以画出主要框架,为了解题目的综合考虑,便于省出时间来分析图、逻辑计算或证明。

（4）借"图"促思,直观分析

有了直观图形后,就可以把题目已知条件、要求解结果或求证结论标注在图形上,把抽象的信息转化成具体可见的。不需要再看题目原始信息,直接在图形上开展分析,分析要求什么,需要先求出什么,找到解决问题的方法。这一系列眼力脑力活动,实现了外化和内化的过程。

（5）依"图"说理,完整解答

抽象的思维借助于图形在头脑中是快速的看不见的,还需要最后落实在纸面上梳理出来最后的解题过程。有了图形,就很快、很清晰地表达出来。"图"只是解答思维的一个过程体现,最终还是要用严谨的逻辑关系表述出来。

（四）适开发,耳目新——资源的应用面拓展和尝试

除了船只,导航,划桨人和跟踪评价,用好多媒体资源,为画图策略所用,将很大程度上提升图感质量。

1.现代技术,丰富"画"手段

现代教育技术很发达,学生画图不能单单表现在黑笔白纸上,也可以向学生推荐几何画板软件,让学生课间都可以尝试点击一下。学生的动态画图过程也可以用微课或同屏技术记录下来,对学生来讲都是一种不错的体验。笔者在八年级三角形一章学习前,安排了一次以七巧板为主题的小报设计,学生会以一个主题来设计,很精彩。

案例 6

在八下"4.4 平行四边形的性质判定"中,笔者设计了在方格子里作图探索。

请你取适当长度的四条线段在方格纸中画出平行四边形

2.校本开发,拓展"画"课型

每个学校、每位学生学情都不同,市面上统一的学习资料不适合所有的学生,这时候校本作业应运而生。笔者所在的学校也是精心致力于编写校本作业。我们可以借助于这一载体将一些画图题变成一项项小专题,按基础、巩固、拓展三个环节设计,变个形式地让学生教师都重视画图能力的培养。

(五)多量化,新形式——评价的鼓励性关注和创新

画图能力的培养,如果只是口头上的灌输,没有后续跟踪式的评价,那也是白费功夫训练的。所以充分使用这只有力船桨,还需配合有力的评价,才能持续激发学生源源不断的创新力。

1.限时训练,加快"画"速度

学生一旦意识到要动笔画图,拿出铅笔三角板等工具的动作都是很慢。而且分析近三年杭州市中考数学题,学生的答卷反馈结果是"老师,我画完了草图,可还是没时间计算,那不相当于没做,早知道就不画了"。所以针对这种拖拉情况,可以设计出一些难度不是很大的作图题目,限时训练。在所用时间的对比中,学生们会慢慢适应画图要快!

2.变式训练,彰显"画"质量

单独的一道题目,如果只是就题论题,没有任何改变,那么时间长了,学生的数学思维也就没有灵性。因此笔者认为,可以把图形变得"活"起来,让图形的魅力在小小的变化中彰显出来。

案例 7

在八下"4.4 平行四边形的判定"中,笔者将题目设计权交还给学生。

如右图所示,已知在平行四边形 ABCD 中,E、F 分别是边 CD、AB 的中点。

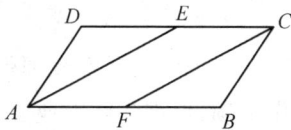

求证:四边形 EAFC 是平行四边形。

变式:将框格中的条件改变,仍能证明出是平行四边形。

案例 8

在边长为 3、4、5 的直角三角形中:

①添加一个平行四边形 BCDE,(D 是 AB 的中点)请写出尽可能多的结论。

②连接 CE 请直接写出尽可能多的结论。

③再连接 AE 请直接写出尽可能多的结论。

④把 3、4、5 的直角三角形改为特殊的 30 度、60 度的直角三角形,还能写出哪些结论?

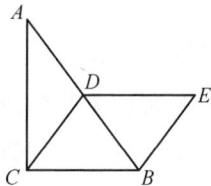

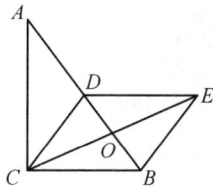

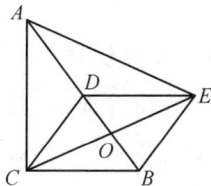

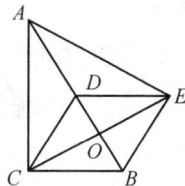

三、实践反思

(一)取得成效

1.提高学生的问题解决能力

在解决问题时,学生不会画、不敢画,找不到思路说不清楚方法,借助图形可帮助学生提取信息,找到形象的解决问题的方法。

2.凸显学科的几何直观功效

画正确、画合理,渗透数形结合思想,帮助学生直观地理解数学定义定理,理解数学问题的本质。

3.激发教师专业发展的内驱力

画图策略激发教师带着问题去研究、教学,不再是随意的训练,有系统的方法做引领,促进教师专业发展的提升。

(二)后续思考

在实践中也发现一些不足,亟待思考并改进。

1.不要为了直观而引进直观

初中生不能一直依赖形象直观,虽然直观能很大程度上帮助解答题目,但是最终还是要引导学生形成抽象思维,避免进入凡题必画的僵局。不要为了直观而引进直观,而是要将学生的注意力集中在图形内隐藏的抽象逻辑推理计算之中。

2.不要为了做题而屏蔽误差

培养初中生强大的逻辑思维是一个螺旋式上升的训练过程,在做题时也会出现画图不标准、画图不全面等问题,在解答题目时就会出错。一线教师要把握好学生画图的培养,跟进画图指导,不要为了做题而做题,结合题目把抽象的解答过程梳理出来。

3.不要抹杀图形背后的理性

有些题目不能仅靠几何直观得以解决,教师和学生要意识到画图不是解决问题的万能妙药。最典型的就是"将军饮马"问题,题目最终还是要回到抽象的数学概念或精炼的数学本质上。

参考文献:

[1] 曹才翰,章建跃.数学教育心理学[M].2 版.北京:北京师范大学出版社,2006.

[2] 郑裕信.数学教育:从理论到实践[M].上海:上海教育出版社,2001.

[3] 李玉琪.中学数学教学与实践研究[M].北京:高等教育出版社,2001.

[4] 王秋海.新课标理念下的数学课堂教学技能[M].上海:华东师范大学出版社,2004.

[5] 中华人民共和国教育部.义务教育数学课程标准[M].北京:北京师范大学出版社,2012.

有效讨论，灵动课堂

——初中数学基于小组合作的课堂讨论有效性初探

黄晓婷

【摘　要】一轮课改结束，课堂的小组合作模式已然在我校全面铺开。作为一名数学教师，与学生一起经历了第一轮的课改，数学课堂小组合作学习模式如何有效，成为我一直在思考的一个问题。数学课堂如何讨论才是有效的？在一轮的课改课程之后，总结之前的经验，老师和学生在这一环节上出现了一些问题。本文针对这些问题，提出了解决问题的策略，同时培养了学生良好的合作学习习惯以及口头表达能力。

【关键词】数学课堂　讨论　有效

数学课堂是学生获得数学知识、生成数学智慧的主要阵地。初中数学教学至今还不能够很好地解决以学生为主体地位的问题。一些教师的课堂教学可能仍然是注入式的"满堂灌"，没有看到学生的学习兴趣和需求，以教代学，使得学生的学习兴趣不高，自学能力和创新意识薄弱，这样的课堂无疑是十分低效的。当然在实行新一轮课改之后，我们的数学课堂的氛围有所改善，不再是传统的教学，学生在课堂上进行小组合作模式的讨论与展示，表面看着十分热闹，比之前沉闷的数学课堂有所改善。但是，老师在这种教学模式中，往往没有去关注学生的学习方法、学习特点，学生对数学本质的感悟不高，这样的课堂讨论有效吗？这样的学生展示如何才能更有效呢？因此，提高小组合作模式的数学课堂的有效性，构建高效的数学课堂，就显得尤为重要。

一、数学课堂讨论的必要性

在传统的学习中，教师与学生的关系通常是不对等的，教师往往比学生拥有更多的力量，使得教师在课堂上会自觉或者不自觉地把知识灌输给学生。而学生在这样的过程中，更多的是被动接受知识，被动理解知识，被动经历知识的产生过程，或是直接被告知数学的某种结果。在小组合作模式的课堂中，学生通过小组合作，交流，质疑，在数学课堂上以自我的面目参与进来，体会到他们个人和小组的力量，分享自身的感受,获得感悟,激发情感,使得学生体会到自身对于课堂的重要性。当然,学生通过上台展示,获得同学们的认可或质疑,可以让他们多方面、多角度地去体验数学课堂的存在感。学生作为知识接受者也由被动接受式学习向主动探究获取式学习转变,这样学生的课堂讨论环节就显得越来越重要。

(一)课堂讨论——人人参与、合作学习

在数学课堂开展小组合作学习之时,学生已经对学习的内容或教材进行必要的了解和内化,他们有的已经对于知识点有了一定的掌握,有的产生了困惑,有的提出新的疑问,他们需要这样一个平台去交流,去分享,去汲取,他们有合作的渴望。不同层次的学生会有不同的问题呈现在小组交流的过程中。这使得人人在课堂上都有了发言交流的机会。在小组交流中,有希望展示个人能力的同学,亦有此时需要获得帮助解决困惑的同学,这样的交流使得人人参与小组合作水到渠成。

(二)课堂讨论——信息交流、共享保证

"横看成岭侧成峰,远近高低各不同",对于同一个问题,不一样的同学看待的角度不同,思考的角度也不同,一定会产生各种各样的想法,在课堂讨论的环节中,这些奇思妙想就成为学生交流的资源。那么个人资源分享到小组后,丰富了小组的资源,而小组的资源在班级共享后,班级里人人都有了更丰富的资源,这对于不同层次的学生筛选适合自己的方式方法,获得自身的发展很有作用。

(三)课堂讨论——提高兴趣、奠定基础

初中数学这门学科不像初中科学那么有趣,科学可以通过身边的很多实验、事例使得学生富有浓厚的兴趣去学习。而初中数学中,有很多较为抽象的概念,如变量与函数、方程、代数式等等,在长时间的学习数学的过程中,学生可能没有较为持续性的学习兴趣与学习热情。而小组合作模式中的课堂讨论这一环节,使得学生能够充分地展示自我,拥有一个生动活泼的学习环境,并在思辨中去探求新知,或是巩固已知。相比教师直接教授知识,学生总是对各种讨论兴趣盎然。究其原因,首先是初中阶段的学生好动,乐于交往,学生的这种心理需求在讨论中可以得到一定程度的释放与满足。其次是课堂讨论具有一定的民主性和探索性。苏联教育家赞可夫曾经说过:"教学法一旦触及学生的情绪和意志领域,触及学生的精神需求,这种教学法就能发挥高度有效的作用。"而笔者认为有效的课堂讨论正是这样的一种教学方法。

（四）课堂讨论——协同竞争、助力德育

课堂讨论在加强学生的思想教育,提高学生的道德水平方面,同样具有十分重要的作用。主要表现在以下几方面:①课堂讨论中,学生可以学会尊重别人的意见,并接受别人的批评,从而在为人处世上更为宽容与平和。②小组作为一个集体,课堂讨论可以培养学生的集体意识、集体责任感以及团队精神。③小组作为班级中的一个单位,课堂讨论成为一种竞争与合作并存的活动。在讨论环节中,学生对某一问题发表不同见解或质疑对方的观点,体现竞争性;同时为了更好地解决这一问题,往往又需要小组成员的合作,共同探索解决方案,争取达成一致的结论或者选择最佳的方案,体现了合作性。

课堂讨论这一重要的学习方式,在新课程理念下,它的作用不可小觑,是提高45分钟课堂效率的可行方法和有效途径。基于有效课堂讨论的初中数学合作学习课堂更合理、更高效。

二、小组合作模式下课堂讨论的现状

经历了一轮课改,发现在数学课堂小组合作模式的讨论环节中,呈现出了很多问题,主要反映在以下两个方面:

（一）课堂讨论——学生现状

1.学生在课堂讨论环节的参与率低

首先从每个小组自身讨论的这个维度来看。在小组合作模式下,基本上一个小组的成员在5—6人,可以将他们分为三个层次,依次设定为A类、B类和C类。往往在这个讨论的环节中,C类同学会游离在整个讨论之外,究其原因,主要有以下两方面:

①哪怕他们在听A类或者B类同学讲,也听不懂。

②有可能由于自身的学习习惯、意志力等问题,在这样宽松、自由的讨论环节中往往会放松对自己的要求,脱离整个讨论的环节,出现"貌合神离"的现象。

其次,纵观全班的6个小组,一般也只有2—3个小组讨论比较热烈,而讨论不热烈的小组有可能还会出现群龙无首的冷场现象。

2.学生在课堂讨论环节的方法不明

笔者在第一轮课改的过程中还发现,在小组讨论的环节中,存在以下的问题:

①相当一部分学生在讨论环节中,讲解题目时表现得很紧张,满脸通红,面朝自己的解题过程,只顾自己讲述表达,没有其他组内成员的参与,而其他小组成员也没有很认真地参与倾听。

②很多小组的组长,或者是讨论的发起者,无法很好地表达他的个人想法,在讲题过程中,只讲这道数学题目的解题步骤,对于为什么要这样解却甚少提及,仅仅就题论题,不注意多解探究,变式探究。

③成绩偏下的学生讲解或者讨论时比较困难,效果不是太好。这样的讨论过程使得小组成员最终只能获得某一些数学问题的结果,而过程及原因却无从而知。

课堂讨论的目的是要让学生经历知识的生成过程,只重结果而轻过程,过分注重学生对知识技能的掌握,忽视学生获取知识技能的形成过程,对知识、技能的掌握仅仅满足于让学生机械记忆,不善于引导学生利用自己的知识经验实现有意义的构建和再创造,这样的教学是对学生智慧的无视,因为数学知识、思想和方法必须由学生在现实的数学活动中理解和发展,而不是单纯地依赖教师或者同学的讲解而获得,而是在数学讨论中,靠学生去悟、去做、去经历、去体验,只有经历知识的产生、形成和发展过程,其主动性、探索性才能得到真正的发挥,同时,学生才能具备学习的后劲。

(二)课堂讨论——教师现状

1. 教师在课堂讨论环节调控失当

在新课改的模式下,教师是不是在课堂上只需要担任一个喊"上课""下课"的角色?笔者在第一轮课改中,也运用过这样的教学模式,将课堂全部交给学生。这种模式表面看似很热闹,学生组织得也很有序,但是数学问题无法得到全面、深入的解决。比如数学的思想方法的渗透、定义的理解等,学生在没有教师指导的情况下还是无法有效地去理解去掌握。教育学家布鲁纳认为,"在教学的过程中,学生是一个积极的探究者,教师的作用是要形成有助于学生独立探究的情境,让学生自己思考问题,参与知识获得的过程"。所以,在这样的小组合作模式的数学课堂上,我们教师不能将课堂完全交由学生,需要合理调控。

2. 教师在课堂讨论环节流于形式

在第一轮课改中,也时常能见到有的教师在课堂讨论环节流于形式,主要表现在以下两方面:

①把没有合作价值的问题呈现给学生在课堂上讨论,教师提出的问题很随意、

盲目,完全不需要借助小组的力量进行讨论。

②教师没有给学生充足的讨论时间,在实际的课堂讨论环节操作时,由于一些制约因素(如时间)提前终止小组活动,不让学生讨论充分。这样的小组讨论只是表面上的活动,学生缺乏必要的思考、探索、交流的过程,无法获得基本的数学活动经验。

三、小组合作模式课堂讨论有效性的策略

(一)小组再分,提高课堂参与率

对于课堂参与率低的问题,我们可以运用以下方法来进行处理:

1.组内师徒互结对,实现兵教兵模式

数学课堂,考虑到每个学生对问题的认知程度都有所不同,如果只是单一地在小组讨论环节由组长讲解,那么,就会出现笔者在前文提到的 C 类或 B 类同学游离在课堂之外的现象。这样的小组合作讨论模式无疑是低效的。所以,我们可以在对班级学生数学这门学科的认知水平有一定的了解后,对小组进行再分组。笔者就对班级学生进行了"师徒结对":让小组中的一位 A 类同学担任本小组的一位 C 类或 B 类同学的小老师,将整个小组划分成 2—2—2 型。在讨论环节,每个师傅都会针对自己徒弟的实际情况进行讲解。而教师在课堂中,可以一目了然地观察到每对师徒的实际操作是否合理,是否出现了困难。这样的分组,提高了课堂讨论的参与率,也提高了整个数学课堂的效率。

2.组间师傅争高下,徒弟成果见分晓

实现了小组内的师徒结对后,还可以更进一步地对不同小组的各对师徒组合进行捆绑考核,目的是提高各个小组的师徒合作的有效性。操作如下:①针对班级实际情况,找到每个师傅的合适的对手;②将每一位师傅与其徒弟捆绑考核,与另外一组师徒进行比赛。设计了每周考核表格(见表1)。

表 1　师徒结对组间对抗周得分表

姓　名	课堂得分					课外检测得分	周总计
	周 1	周 2	周 3	周 4	周 5		
$A_1 + C_1$							
$A_2 + C_2$							

③将每周师徒结对的表现较好的一组在课堂上给其他小组展示,介绍他们的经验方法。

(二)课堂再创,理清讨论明方向

1.课堂讨论时机的选择

(1)在学生自身内化后讨论

学生在小组合作模式的讨论环节中,会出现不经思考就进行全组讨论的情形。当然,出现这样的情况,究其原因,是教师在初始的对小组合组模式的课堂要求的培训不到位。这样的讨论会使得讨论的实质得不到很好的体现。学生自身的错误想法也没有充分地暴露,学生在不知道自己错在哪,为什么犯这样的错误的情形下就进行的讨论是低效的,甚至是无效的。所以,在导学课堂中,教师要在学生讨论之前给他们充分的时间,讨论环节必须建立在学生完成自己订正、思考的环节之后。

(2)在重难疑点处进行讨论

教学过程中的重点、难点是学生必须掌握的主要内容,往往也是学生的困惑之处。针对这些关键性问题,要让学生开展合作讨论,让组内学生相互启发、相互补充,逐步形成共识,那么这样的讨论就是有效的。

案例1

学生在学习一次函数的图像时,图像与实际意义的联系是难点。笔者在课堂上设计了以下几个问题,让他们在课堂上进行小组合作:

①结合下面的函数图像(图1),小组合作讨论,你们能获取怎样的一个"龟兔赛跑"的故事?

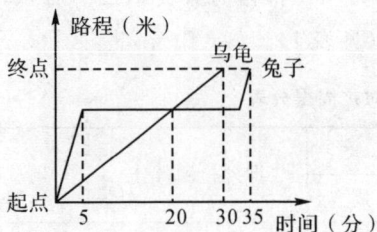

图1

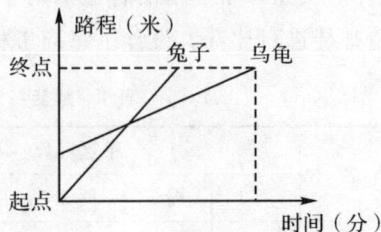

图2

②结合图2,小组合作讨论,你们能获取第二个"龟兔赛跑"的故事吗?

③能否以小组的形式自行画一幅函数图像,并结合你们的图像,讲一讲你们的"龟兔赛跑"的故事。

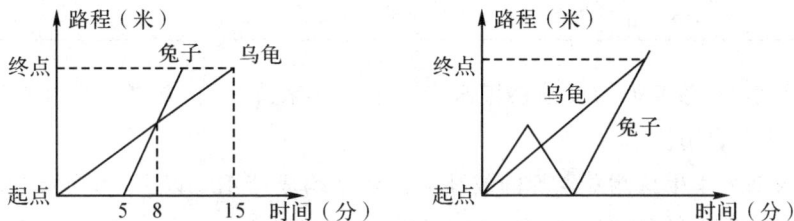

图3 学生小组讨论图

学生在函数图像的认识上始终存在着畏难情绪,一是对函数这个抽象的概念本来就心存疑虑,二是函数的图像,特别是这一类两条函数图像存在于同一个平面直角坐标系中的题型,一结合实际意义,学生就更无法很好地理解了。这原本就是学生在学习上碰到的比较困难但又很重要的一个知识,通过小组合作模式,借助小组的力量,使得小组内的不同成员在这类开放性习题中获得不同的照顾。从教师给出的图像编故事,到学生自主的画图编故事,通过学生的有效讨论,暴露了学生的思维发展过程,引导了学生主动探究数学知识,使得这一堂课有效且高效。

(3)在学生意见不一时讨论

从心理学上讲,初中生的性格争强好胜,都想在课堂上尽力表现自己。当在课堂上出现意见不统一时,他们总认为自己的思考是正确的,别人的意见往往不会仔细考虑,这时采用小组合作讨论,让他们在组内冷静地思考、理智地分析,有利于培养学生良好的思维品质。当然,对于整个课堂而言,学生之间意见的冲突,使得课堂的讨论更为有效。

案例2

本节内容是《数据分析初步》第二节"中位数与众数"。它是继"平均数"的后续内容,主要是让学生在具体问题情境中感受一组数据的平均水平可以有不同的量度,体会平均数、中位数和众数三者的差别,选择恰当的数据代表对数据做出自己的评判。

问题引出:前不久,郑老师参加了一次跳绳比赛,7位老师的平均成绩是120下,郑老师排在第二名,详见表2。

表 2　老师的成绩表

姓名	杨老师	管老师	许老师	张老师	郑老师	黄老师	汪老师
次数	238	102	93	105		100	95

一不小心,郑老师的成绩被墨水弄污了。谁来猜一猜,郑老师可能跳了多少下?(学生各自猜测)

有大部分学生猜测郑老师的成绩应该在平均成绩 120 以上,因为郑老师在所有老师的成绩中排名第二,还有一部分同学认为成绩也有可能在 120 以下,因为通过平均成绩 120 可以推算出郑老师的实际成绩确实是 107。学生惊奇地发现郑老师的成绩虽然比平均数低,却排在第二名。为什么郑老师的成绩比平均数低,却还能排在第二名呢?启发学生讨论、交流。

学生通过小组合作,讨论得出:观察数据,分析原因,发现第一名老师跳得太好了,远远高于其他六位老师的成绩,把平均数大大提高了。

冲突的产生对思维的诱发作用是明显的,学生发自内心的疑问,此时借助小组讨论,可有效地促使积极思维的出现,有效的课堂也就水到渠成。

2.课堂讨论的内容选择

在课堂讨论内容的选择上,要符合以下要求:

(1)典型性

在讨论内容上选择典型题、易错题,学生只有对典型题进行研究、讨论,才能探索出解题的一般规律。

(2)探究性

学生不能简单模仿现成的公式,需要经过自身的思考,注入创造性才能解决。

(3)开放性

讨论题目或者内容的答案不必唯一,方法能够多样,各种水平的学生都有机会由浅入深地做出回答,具备一定的发散性。

案例 3　切线长定理导学案讨论内容设计

①过圆 O 外一点 P,能做圆 O 几条切线?请在图中作出相应的切线,并标注切点。(能用尺规作图的同学,请用尺规完成作图)

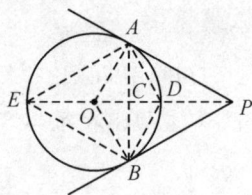

②请在上图中,连接某些点,得到一些线段或交点,你能通过证明得到哪些结论?请逐一证明。

学生通过小组交流,得到以下结论:

①连接 OA,OB

$OA\perp AP,OB\perp BP,O,A,B,P$ 四点共圆

②连接 OP,交弧 AB 于点 D

$Rt\triangle AOP\cong Rt\triangle BOP,D$ 是弧 AB 的中点,

$AP=BP,\angle APO=\angle BPO,\angle AOP=\angle BOP$

③连接 AB 交 OP 于点 C

OP 垂直平分 $AB,AC=BC$,母子相似的基本图形,$\triangle AOC\backsim\triangle PBC$

④延长 PO 交圆 O 于点 E,连接 AE,BE

$AE=BE,E$ 是优弧 AEB 的中点

⑤连接 AD,BD

$\angle CAD=\angle PAD,D$ 是 $\triangle PAB$ 的三条角平分线的交点(即内心)

本节课教授的对象是初三年级的学生,可能在上课的热情、积极度上都没有初一初二的学生那么好。但是课堂通过对切线长定理的拓展,放手让学生去发现、讨论、探索,得到了意想不到的效果。当然这样的效果很大程度上也得益于教师课前对讨论内容充足的准备。

(三)方法再现,理清讨论定方向

1.培养学生小组讨论的好习惯,让倾听者做到"三会"

教师要培养小组内作为倾听的一方"三个学会":①学会倾听。组内同学在发言时,不随便打断别人的发言,努力掌握别人发言的要点,并尽可能地对做出发言的同学进行自身的评价。②学会提问。当小组同学发言的内容听不懂时,或是有不同看法时,可以请求对方做进一步的解释。③学会组织。将小组讨论过程中,组内成员的不同意见或想法进行组织,做总结性的发言。

2.培养学生小组讨论的好习惯,让发言者做到"五讲"

教师还要培养小组内作为发言的一方的"五个讲清":①讲清题目意思。学生在组内讨论时,首先要引导大家读题、审题,读出题目的关键信息,圈点题目中的关键词句,如果是几何问题的,要将图形在纸上演示、标注。②讲清解题思路的获取。讲清楚为什么会选这种方法来处理这个问题,是题目中的哪个条件促使有这样的思路。若是几何题,要讲清是什么"念头"提示添加辅助线,获得某种转化。③讲清解题过程中会出现的错误,错因分析。可以讲小组中成员对于这个问题的错误理

解，或者错误解答进行统计，特别是数学中的易错题，要借助小组的力量去分析出错误的本质原因，避免今后碰到类似题再次犯错。④讲清多解探究、可能的变式训练。⑤讲清类似习题的共性，一般规律。

当然，在培养学生的这"五个讲清"的过程中，前"三个讲清"通过一定时间的训练学生可以基本达到，但是后面的"两个讲清"对学生的要求相对较高。在这个过程中，需要教师从中协助，一起努力。

3.培养学生小组讨论的好习惯，让参与者做到"多问"

古人云：疑是思之始，学之端。思维是从问题开始的，有问题，才会有思考。著名数学特级教师张思明，特别主张数学教育是培养学生观察力和提出问题的能力，不要急于将知识强加在学生头上。学生能对所学的知识提出问题，说明他们主动参与了学习过程。所以在参与课堂讨论的环节中，可以鼓励每一个参与者都进行多重角度的提问，既可以是对问题本身的疑问，也可以是提出新的问题。例如：改变问题的条件和结论，实施一题多变，一题多问，从而更好地帮助学生理解问题的实质，更好地培养学生的创新思维和发散思维。学习是为了触发更多的思考，在课堂讨论环节，并非会有固定的答案、结果。学生在讨论过程中通过提问所触发的思考才是学生最终获得的。

有目标的课堂讨论环节，给学生提供了一个学习思考的活动空间，是学生自我感知、思维碰撞的一个过程。在现今大力提倡课改的第二轮过程中，我觉得指导学生进行有效的课堂讨论是实现课堂高效性的一个行之有效的教学环节，既有助于学生自学能力的培养，也有助于教师开放式教学的实施，真正还课堂于学生，使学生在数学课上，真正地有兴趣、有目的、有效地进行思考、训练，真正地加强数学课堂效果。

参考文献：

[1]杨红军.暴露思考过程的好办法——让学生讲题[J].中小学数学,2014(4).

[2]王敏,孙振国.浅谈新课程改革中的几个误区[J].中小学数学(初中版),2014(1).

[3]刘艳.如何提高初中数学课堂讨论的有效性[J].中学生数理化(学研版),2013(8).

[4]彭云云.初中数学课堂讨论的有效性[J].数学大世界,2012(3).

"广播操"式科学概念建立教学的范式研究

宋江伟

【摘　要】随着新一轮课堂教学改革的进一步深入,先学后教理念的渗透,以及近年来中考对科学概念理解的重视,如何提升学生对科学概念理解的有效性成为概念教学中的关键。然而在实际教学过程中,许多教师只是意识到概念教学的重要性,却没有形成一套有效的解决科学概念预习的方式和方法,特别是较为抽象的且易与"前概念"混淆的科学概念的预习更是无从入手。本文根据笔者近年来在概念教学过程中的尝试与探索,通过对科学概念知识和预习方式的分类,围绕概念教学的目标,以任务驱动的形式改变学生对科学概念学习的思路,提高学生自主学习能力,提升概念课堂教学的质量。

【关键词】科学概念　概念建立教学　范式

一、直面现状

一直以来,学生对于科学概念的理解总是存在着一些问题。在一次以"科学概念"为主题的绘画比赛中,发现有个小组的学生共同完成了这张图画(见图 1)。可见,科学概念的学习对学生而言总是似懂非懂,从而不能利用概念知识解释一些实际问题。

图 1　学生概念理解偏差的绘画作品

作为一线科学教师,通过调查分析发现漫画中的情景在学生实际学习科学概念的过程中屡见不鲜。其主要原因有如下几个:

(一)缺乏多样的概念教学预习方式

当前课堂教学改革中"导学案"的设计过程不断强调预习这一环节,但对于初中科学概念的预习内容,方式相对比较单一。经调查发现,大多数"导学案"中的概念预习部分是书本知识的摘录过程,由此大部分学生也认为概念预习就是从书本中找到相关知识,很少有学生会为了理解概念而去预习。由此设计多样的预习方式,激发学生预习的兴趣,能有效地使学生走出概念预习的误区,使科学概念预习落到实处。

(二)缺乏有效的概念教学课堂模式

在概念教学中,许多教师因为没有有效的教学策略,使得概念教学高耗低效。许多科学教师认为科学概念学习是一个漫长的过程,讲述的科学概念知识,学生会在未来的学习过程中慢慢理解。但是对于初次接触某概念的学生而言,没有一定的学习基础,课堂中教师又缺乏有效的教学方法,教学效果就不会理想。

(三)缺乏合理的概念教学评价方式

评价作为课堂教学改革的核心元素之一,在科学概念建立教学过程中,许多教师鉴于科学概念具有较强的理论性,通常以习题的形式给予评价。然而事实上,即使学生已经能够正确完成作业,他们也只是停留在会做这道题目而已。尽管想了很多方法去评价学生的掌握情况,但还是不能从根本上让学生理解科学概念,也不能推动学生有兴趣地辨析概念。

二、厘清意义

对初中科学概念建立教学的范式研究,旨在厘清以下几个方面内容:

(一)让预习不再重"形"轻"实"

课堂教学改革需要学生能自主预习,有效预习,然而实际预习过程中大都是以教材为预习资料,围绕教材完成导学案。这样的预习方式就是走马观花。只有根据科学课程的特质,结合科学学科独有的实验,使预习作业远离形式,激发学生对科学概念预习的积极性。

（二）让课堂不再重"讲"轻"动"

科学概念往往是抽象的,即使在课改背景下,大多教师还是不放心学生,一次次地剥夺学生活动的机会。一旦形成了科学概念建立教学的范式,就能给一线教师提供参考,让教师来体会概念建立教学也可以有趣地动起来。

（三）让评价不再重"分"轻"本"

很多科学概念的知识能够应试教育,笔者希望通过展现科学概念建立课的评价形式,让一线教师体会培养学生科学素养的重要性,通过家校合力的评价方式来增强学生的学习动力。

三、初中科学概念建立教学的范式研究

（一）初中科学概念建立教学的特点

科学概念根据其特点主要可以划分为陈述性、具体性与抽象性三种类型,因此科学概念建立教学主要具有三个特点:

1.陈述性概念的了解性过程

在初中科学教材中,有相当一部分的知识属于了解性的,其根本只是一种知识的普及,即使是相关的科学概念,也只是让学生初步认识,了解相关含义。由此,这一类别的科学概念的教学就是一个了解性的教学,利用多媒体资源,使学生加深对知识的了解。

2.具体性概念的生活化过程

具体概念的学习相对比较简单,但是学生却以记忆的方式去了解相关科学概念,使学生后期对科学本质的理解产生误区。由此,通过将具体概念与日常生活相互联系在一起,使科学概念深入各种生活现象,进而体现科学的本质。

3.抽象性概念的具体化过程

初中科学中存在一些比较抽象的概念,教学中需要将这些概念具体化,用简单易懂的方式去帮助学生,从而使学生提高对科学概念深入学习的积极性。让学生能通过看得到、摸得着的具体事物去学习科学概念,不仅大大降低了教学的难度,也为学生学习科学概念增添了动力。

4.与"前概念"的论证过程

科学概念的学习之所以成为中学生的一大难点,主要是因为学生在学习科学概念前已经对相关概念有所了解,但往往了解得比较片面,在前概念与科学概念之间产生矛盾时,就是科学概念建立教学的黄金时间,由此,课堂中对于这两者的辨析起着至关重要的作用。

(二)初中科学概念建立教学的类型

1.以素材资源为载体的概念教学

对于陈述性的概念,书本上一般都是直接告知,这样使学生无形中就认为掌握这些科学概念就是靠记忆的,虽然这类记忆的科学概念的确能够让学生应对各种习题,但是这对学生未来的发展明显是不利的。科学课程资源丰富多彩,有效利用多媒体及素材资源能有效地增强学生对概念的理解,使概念教学不仅仅只是陈述性知识,教师因尽量做到图文并茂,从而拓展学生思维。

2.以学生活动为载体的概念教学

学生是好玩的,在玩中所学的知识往往是深刻的,而对于概念的理解并不只局限于表面,很多概念的学习是需要深入理解的。以学生活动为载体的概念教学往往能使概念理解更加深入人心,从而解释各种生活现象,由此在概念教学中应当提倡学生多动手,在动手的过程中逐渐建立科学概念。

3.以学生实验为载体的概念教学

实验是科学学科特质,通过实验将科学概念理解,无疑是理想的,并符合学生的认知规律。由此就需要教师在教学过程中不断积累,将各种大小的实验进行整理,使学生在学习科学概念的过程中,不再只局限于课堂的实验,学生可以利用家庭实验进行自主探究,并在课堂上通过教师的引导,用课堂实验去验证家庭实验,使科学概念的教学更具有说服力。

(三)科学概念建立教学的范式建构(见图2)

1.准备活动,因"类"制宜,激发预习动力

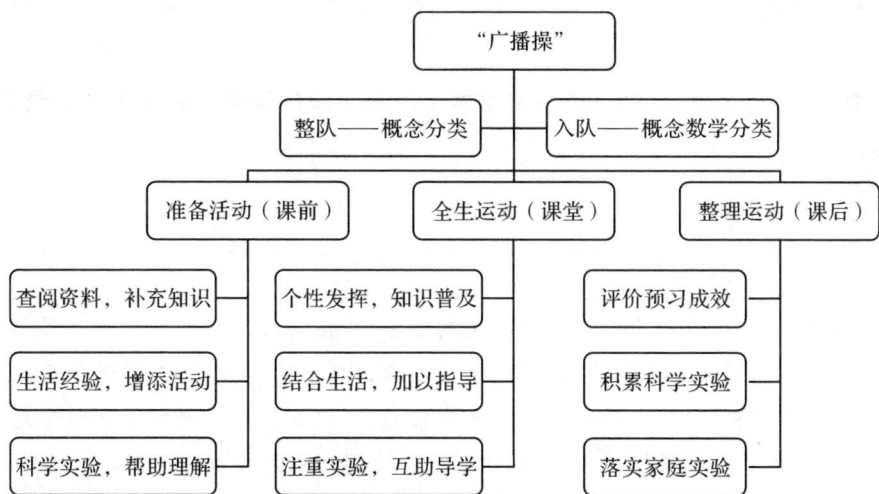

图 2　"广播操"式概念数学范式

（1）查阅式预习

在导学案中要求学生将教材中的陈述性概念进行网络查阅，对其概念进行深化理解，并对所查阅的知识进行记录。与此同时，在查阅过程中也可以将自己觉得想与同学们分享的知识摘录下来，以便在课堂中扩大大家的知识面，从而提升预习的成就感。

案例1　什么是组织？（请写出书本上的描述和摘录资料、网络的介绍）

书　　　本 _____

网络资料 _____

其　　　他 _____

【案例分析】以前对于这类概念的预习，一般都要求从书本中划出相关内容，并对其进行填空式预习，从而约束了孩子的学习思路。而利用查阅式的预习方式，使得学生不拘泥于教材，并且预习要求中特别强调填写网络资料，这类概念预习初期学生看似被动查阅资料，然而随着资料的查阅，以及后期课堂的跟进，使得学生在查阅资料的过程中，开拓知识面，并在开拓过程中形成对科学知识的好奇心和求知欲，提升学生预习的积极性。

（2）活动式预习

通过导学案的活动建议，将教材中较为具体的概念给予活动补充，从而强化学生的理解，为课堂的互动交流奠定基础。这个活动的设计必须易于操作，以达到人人参与的目的。

案例 2　什么是熔化？（请写出书本上的描述和体验熔化的过程并记录活动内容）

书　　本 _____

活动内容 _____

_____

（活动举例：从冰箱中取出一块冰块或霜冻，并把它放在一个空玻璃杯里，观察冰块的变化，并将观察的现象记录下来，也可提出相应的一些问题，供课堂交流。）

【案例分析】熔化现象虽然在生活中非常多见，但是以前很少有学生关注过，从而使学生在课堂上都是纸上谈兵，即使课堂中出现相应的实验活动，也经常喜欢用固定的生活经验去解答。这个案例中，学生在家里能够结合生活，并把生活中的一些事例事先做好准备，在课堂中与同学交流时就更具有说服力，也给课堂中的学生提供更多的实验基础，符合科学课程的特质。

（3）实验式预习

由于部分科学概念较为抽象，通过导学案将科学概念的建立以实验的形式加以铺垫，让学生在实验过程中初步形成概念，并设计其他实验方案进行补充达到强化理解的作用。

案例 3　什么是饱和溶液？

帮助理解：请在家里准备一个杯子，里面放些水，然后慢慢地往杯子里加糖，并不断搅拌，你发现了什么现象？ 在你不断增加糖的过程中，你慢慢会发现，这杯水已经不能继续溶解糖了，我们就称这杯溶液已经_____。我们分别对该溶液做了如下几个小实验：

A.如果你适当地增加温度，你会发现，原本不能溶解的糖_____，并且还能继续溶解更多的糖，所以此时这个溶液就不再是_____。所以，我们在说明饱和溶液时，必须强调前提条件_____。

B.如果你不改变温度，但将更多的水倒入原来的饱和溶液，你也会发现，原本不能溶解的糖也完全溶解了，并且也可以溶解更多的糖，所以此时这个溶液就不再是_____。所以，_____。

C.我们在原来的饱和溶液中加入盐，你会发现，虽然糖在水中不能溶解，但加进去的盐却不断在溶解，所以此时这个溶液只是对于糖这种溶质达到饱和，所以我们在说明饱和溶液时,必须强调_____。

【案例分析】像饱和溶液这样的概念相对比较抽象,如果直接从教材上阅读并摘录没有任何价值,但如果放手让学生去解决这个概念的理解明显超出了学生的能力。由此对于这些概念笔者选择的是步步指导,让孩子的实验能够顺利地完成,并能够在实验中体会这个科学概念,使课堂中层次较好的学生具备帮助同学的实验基础。

案例 4 何谓植物向光性?

针对"植物的感应性"这个课时,我提前一个月让班里学生在朝南的窗台边放一个花盆,其间不能移动位子,让学生隔一段时间记录种子、幼苗的生长情况。

【案例分析】在学了新课后,就用已学的新知识,去解释为什么会出现这样的现象。通过掌握的科学知识,去解释生活中一些奇怪的自然现象,这就是科学的魅力所在。在布置任务后,有很多学生来问各种各样的问题:为什么施了肥的幼苗长得更快?到底是肥料中的什么物质帮助了它?原来有学生做了对比试验,并提出了新的疑问。这就为八下的"植物生长需要无机盐"埋下了伏笔,届时可更深一步做实验来探讨。

2.全生运动,因"层"制宜,促进课堂互动

(1)请你跟我学——普及型课堂

对于陈述性概念的学习,课堂中以普及知识的形式展开。学生层次不同,总会出现有的学生查阅的资料。摘录的知识较多,而有的同学相对会比较少,由此通过小组间的合作交流,促使组内知识在班内推广。与此同时,教师利用多媒体资料进行补充,使课堂内容丰富多彩,提升课堂的互动性,体现以生为本的科学理念。

案例 5 什么是天气?什么是气候?两者存在着什么样的关系?

学生甲:我在百度中搜索天气后,了解了天气是某一天的温度、湿度、气压、风力等的综合描述……

学生乙:我还知道了什么是气压,虽然有些不太明白,但我愿意将我知道的内容分享给大家……希望老师给予点拨。

学生丙:气候和天气是有区别的,天气一般强调短时间的,而气候则强调某段时间的……

此时笔者在课堂中就如同一个学生,在知识的普及中查找学生的问题,关注学

生的表达,不断给予即时评价,促进学生的相互学习。

【案例分析】这样的课堂使得原本枯燥的传授性活动变得更加生动,每个学生都参与到知识普及的交流中来,也为做足准备的学生提供了一个展示的平台,让这些孩子更加自信。与此同时,为那些没有积极准备的孩子树立榜样,让学生明白这些陈述性的科学概念,只要做好充分的准备,课堂就不再是枯燥的。

(2)让我教你学——指导型课堂

对于一些通过活动后体会的科学概念,虽相对较为具体,但这类概念是以课外活动为载体的,对于一些动手能力较弱的学生而言必然有一定的难度,让课外活动较为成功的同学将活动内容带入课堂,指导其他同学一起动起来,让大家体会活动中学习的乐趣。

案例 6 什么是大气压?请列举大气压存在的生活例子。

学生甲:大气压就如液体压强,液体内部具有压强,那么大气也就有压强了。

学生乙:大气对浸在它里面的物体产生的压强叫大气压强。

学生丙:其实也不用记的(顺势拿出一个从家里带来的吸盘倒吸在课桌底部),大家看看,为什么不会掉下来?

学生丁:大气压略。

学生丙:这里不应该直接得出的。我们可以假设,如果没有大气压的话,吸盘为什么不掉下来呢?所以说可以利用吸盘不掉下来证明大气压的存在了。

学生甲、乙表现出恍然大悟的表情。

【案例分析】其实这个活动学生在家里完全可以做,当然在课堂中,原本是教师安排的覆杯实验,学生早就从家里带来必要工具,在组内进行了展示。这些家庭的活动大大提升了课堂的有效性。有了这些学生的努力,课堂中很少出现教师去指导学生的现象,很多学生虽然不能很好地用言语来表达,但是通过这些活动的展示,自然就理解了相应概念。因为这些家庭实验活动需要有心的孩子去完成,所以每个小组也就 1—2 人能真正动手做起来,那么课堂里他们将成为主导者,帮助其他同学进行合作完成,这不仅提升了这些优秀学生的动手能力,也辅助了弱势学生的学习。教师在课堂中成了实验活动的参与者,让学生相互比较实验活动优劣。

(3)使我助你学——互助型课堂

让初中生建立抽象的科学概念一直以来是教师面临的困境。虽然教师不断改变教学方式,不断增加素材资源辅助教学,但是对于陌生的抽象概念,学生似乎有些心有余而力不足。现在通过课前对科学概念的实验预习,而且这个实验的设计是步步为营的,由此大都学生能顺利完成实验,班里涌现出了一批通过指导性实验而领会抽象科学概念的学生,他们在课堂中的作用岂能忽视?

案例7 什么是浮力?质量大的物体会沉,质量小的物体就会浮吗?

学生甲:木块是受到浮力的,昨天我在家里将木块放在水中,能够浮起来。

学生乙:那是因为它质量小,昨天我把一个铁块放在水中就沉下去了,如果有浮力的话应该不会沉下去的。

学生丙:航母质量那么大都能浮在上面呢,所以与质量没有关系的。

学生丁:昨天家里做了实验,橡皮泥有时候能沉,有时候能浮的。

学生甲、乙:一个大一个小吧?

学生丁:做成船的样子就能浮了,捏成球就沉下去了。

(笔者已经将学生在家里做的实验拍下来了,当学生丁在阐述的时候,笔者将照片放映出来,此时全班鼓掌)

【案例分析】这是一个学了有关浮力概念后,对物体沉浮条件进行探索的案例。这其实是对浮力概念的一个深化,让学生能够理解只要物体浸在水中就会受到浮力,物体的沉浮与其自身质量的大小无关。学生在交流过程中,明显出现了很大的层次性,小组里能够理解的学生只有个别人。由此,这名学生利用家庭实验中所得的心得体会,帮助组里其他同学理解,并以照片的形式呈现,使得概念理解更具有说服力。

3.整理运动,因"效"制宜,优化评价形式

(1)彰显预习风采,提升预习动力

将学生在家利用活动、实验等形式的预习场景,由家长拍摄照片记录下来,对于比较优秀的活动内容给予课堂展示,从而使学生得到大家的赞赏,大大提升了下次预习的动力。

案例8

在一次课堂教学的尾声,笔者首次将部分认真学生预习时的照片通过PPT形式展现出来(照片是由家长直接发给我的,学生并不知情)。同学们看着自己在家实验活动的照片,脸上露出了喜悦的笑容。

【案例分析】实验是科学课程的特质,学生在校能直接动手做的实验比较有限。

其实很多实验都可以在家完成,只要设计好合理的梯度,学生都能在实验中体会发现的乐趣。当学生发现教师不断地在关注他们的学习,并不时地记录下来,这无疑是给学生学习最大的精神动力。由此对于这些包含科学实验的概念预习,学生一直都是非常期待的。

案例 9

在学生自主复习课中,课前自编小报,以个人、小组展示的形式进行合作竞争,通过插图、文字等内容进行知识的整理与应用,上好另类概念复习教学课。

【案例分析】通过编写科学小报整理知识点,既能摆脱以前枯燥的概念复习课,又能增加学生的学习兴趣,还能因不同小组的异样展示为课堂活跃氛围。当然,对于这样的概念复习课,需提前一周左右布置。

(2)依托概念实验,完善概念理解

一个科学概念可以解释很多生活问题,然而一个科学概念的建立绝不是一蹴而就的,它的建立需要大量的生活经验和科学实验的验证与完善。由此,笔者要求学生不断积累这些优秀的实验活动,定期开展实验交流活动,让科学实验从概念建立教学中体现出来,并不断延伸至各类科学课程领域,使科学课程更加具有趣味性。

案例 10

在一起科学实验交流活动前,笔者将所学的科学概念进行整理,并要求各组进行实验整理,在交流过程中以一个游戏为主线,让一组学生说出一个科学概念,让另一小组学生演示科学实验活动并解释该科学概念,就如同一组科学实验串烧,将平时积累的与科学概念相关的实验进行一次大整理。

【案例分析】这是一次科学课的改革,也让学生又一次体会科学实验的奥秘所在,交流活动异常火爆,有时还会产生一些共鸣,提出对实验的改进,深化科学概念的理解。这个活动不仅强化了学生对科学概念的认识,而且在活动中增加了学生间知识的碰撞,提升了个人动手能力和小组合作能力,为部分学生在学习概念知识过程中存在的问题进行了一次大排查。

(3)凸显家庭实验,增添反思乐趣

教师定期将学生通过自己实践操作过的实验拍成照片记录下来,并在课余时间放映给学生看,每当学生看到自己实验的照片被放映出来的时候,就是一次情感的评价,很大程度上推动了学生积极开展实验。与此同时,要求学生以书面的形式对各类实验进行反思,增强了学生对科学概念的理解。

案例 11

来自一个家长的留言:×××老师您好,我的孩子学习成绩的确不太理想,以前回家作业都很难完成,时间长了,我们做家长的也慢慢地随他去了。不过近日孩子在家经常翻箱倒柜,后来问了他,原来是要做实验,他还想做垃圾回收,回到家以后不再像以前那么无所事事了,总算找到孩子喜欢的东西了,谢谢您给了他这么一个平台,也希望您能够坚持做下去。预祝您和您的学生越来越好……

【案例分析】这个留言是初一下学期的一位学生家长留下的,平时很少关注孩子的学习,但是自从他看到自己孩子发生了那么大的变化,之后慢慢地接受了孩子。虽然说孩子其他学科成绩不太理想,但就学习科学的兴趣,以及科学学习成绩而言,实现了从一个后进生逐渐成为一个优秀学生。这让笔者明白家庭实验有时候也是一座联通家长和孩子心灵的桥梁,家庭实验作为课后的反思性活动,大大增强了孩子复习巩固的积极性。

四、初中科学概念建立教学的反思

(一)教师精心设计学案是前提

为了避免出现学生将概念预习理解为知识摘录的情况,教师应根据学生实际情况,通过结合生活经验、家庭活动、科学实验等形式,让学生拿到一份别具一格的预习案,这需要教师花心思,做好积累,提升教师能力的同时,激发学生学习积极性。

(二)学生全员参与预习是关键

只有全员参与预习,学生在课堂中才有所思,有所闻。而且概念建立教学的预习往往是有很多家庭实验活动,这为课堂有效进行交流做了铺垫。每个学生交流的都是活动和实验,所以如何让学生参与预习,并坚持做好预习是关键。

(三)师生共同经营课堂是重点

课堂中每个学生都准备了各式各样的课外资源和实验活动,教师和学生如何有序地进行交流并形成科学概念知识的碰撞是课堂能否有序而高效的重点。这时候往往会出现课堂时间不够,小组交流过"火",将课堂营造出什么样的氛围才能更有效地掌握科学概念知识成为首要问题。

(四)多维评价预习效果是保障

对于抽象性的概念知识以书面作业的形式开展评价显得无力而无效,因为即使题目做对了,概念未必就是理解的。通过对学生预习的有效性,实验参与度,家长关注度,孩子幸福度等多方面进行评价,一旦获得家长们的支持必然能使教学工作开展得更为顺利。然而作为农村片区的学生家长因本身存在的客观原因,在开展相关沟通交流工作时还是存在一些问题,值得教师进一步思考与改进。

五、适用范围

表1 "广播操"式概念教学适用范围

	七年级	八年级	九年级
	组织、器官、系统、生物与非生物、动物与植物、细胞结构、晶体与非晶体等	呼吸作用、天气、气候、单质、化合物、原子、分子等	静脉血、动脉血、心率、血压等
具体性概念	长度、体积、温度、质量、时间、三态变化、压强、晨昏线、速度、熔点、沸点等	蒸腾作用、大气压、浮力等	各种形式的能、种群、群落、生态系统等
抽象性概念	力、密度、比热、牛顿定律、参照物、光线等	饱和溶液、电流、电阻、电压、磁感线、元素、质量守恒定律等	电功、热量、电功率、功、功率等

参考文献:

[1] 郅庭瑾.教会学生思维[M].北京:教育科学出版社,2005.

[2] 高慎英,刘良华.有效教学论[M].广州:广东教育出版社,2004.

[3] 教育部基教司.走进新课程[M].北京:北京师范大学出版社,2005.

[4] 雷广粮.新课程背景下的中学物理实验的选择和改进标准初探[J].中学物理教与学,2008(1).

[5] 王灿明.体验式学习解读[J].全球教育展望,2005(12).

[6] 陈秀颖.创设"互动时刻"提高课堂效益[J].教学月刊(中学文科版),2003(6).

基于项目教学的初中科学测量专题
教学样式的实践研究

吕　彬

【摘　要】《浙江省中长期教育改革和发展规划纲要(2010—2020 年)》中指出,现阶段我国的主要目标是更全面的优质教育,即课堂手段、内容、方法上的更新。与此同时,新一轮课改对学生知识的建构提出了更高要求,即学会建构知识网络。本研究将引入项目制教学,研究教学范式,并在科学测量的综合测量部分进行实践,为教学策略提供新思路。

【关键词】项目教学　测量专题　教学范式

一、研究缘起

(一)情景重现:科学测量学习困难的普遍性

案例 1

小敏用托盘天平称量 12.5g 药品,在称量中发现指针向右偏转,这时她应该( )

A. 减少药品

B. 增加药品

C. 右盘减少药品

D. 调节平衡螺母

此类题目考查的是托盘天平的定量称量,先放砝码确定游码的位置是解决此类问题的关键。在执教过程中,发现学生对此类问题的解决存在困难,易与不定量称量混淆。

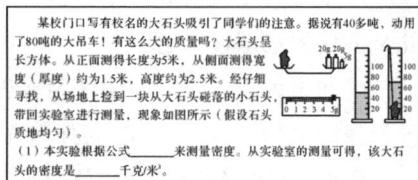

某校门口写有名的大石头吸引了同学们的注意。据说有40多吨,动用了80吨的大吊车! 有这么大的质量吗? 大石头呈长方体。从正面测得长度为5米,从侧面测得宽度(厚度)约为1.5米,高度约为2.5米。经仔细寻找,从场地上捡到一块从大石头碰落的小石头,带回实验室进行测量,现象如图所示(假设石块质地均匀)。

(1)本实验根据公式_____来测量密度。从实验室的测量可得,该大石头的密度是_____千克/米³。

图1

案例 2

《初中科学课程标准》(2011 年版)对"质量的测量"和"物质的密度"提出的要求为:会用天平测量质量,会测量固体和液体的密度。认知性目标为应用,技能性目标为独立操作。与此同时,如图 1 所示作业本中的练习也充分体现了科学仪器的混合应用。

在执教过程中,发现学生在面对问题情境,设计实验方案并进行实验中存在较大的困难。

(二)数据调查:项目教学开展的可能性

以"地球的形状和内部结构"为例,对项目制教学对深度学习是否有效进行初步试验,选取担任任课老师的教学班级 7 班为对照班,8 班为实验班。试验结果见表 1。

表 1　项目教学开展前后对比

	对照班		实验班	
	教学前	教学后	教学前	教学后
学习兴趣	一般	一般	一般	浓厚
实践技能	20%	50%	25%	80%

从课标层面分析发现对科学测量进行深度学习是必要的。从教学方法效果初步试验层面分析,发现项目制教学能有效激发学生的学习兴趣,实现实践技能的提升。因此,项目制教学模式的建构是本研究的首要任务。

(三)挖掘问题:科学测量学习困难的综合性

鉴于对科学教材和教学实践的调查分析,之所以出现上面的现象,主要有以下几个方面的根源性问题:

①知识内容庞杂。科学测量涉及初中科学中将使用的所有科学仪器,内容包括仪器的名称、使用方法以及合理选用。

②教材编排分散。该部分内容散落在各章节中,但要求学生会综合运用,因此需将学生片段式的记忆整合成知识网络。

③教学方式单一。实验教学是科学教学中的重要手段,但由于环境、课程时间等限制,教师往往采用口述式方式讲解实验,学生缺少亲身体验,导致缺乏实践能力。

（四）价值体现：项目教学应用于科学测量的必要性

从上述分析中可看出，科学测量专题体现了整体性、应用性的特点，项目制教学能促进知识的整合，实现片段到整体的跨越，同时通过创设问题情境解决问题的方式，推进知识的深化，从理解层面深入到应用层面，学生从起初的模仿问题解决方式到独立设计解决问题。项目制教学的特点与科学测量的难点相契合，因此选择项目制教学应用于科学测量是有必要的。

二、研究思路

本文从梳理知识网络、设计项目教学、进行项目教学实践、评价四个方面展开项目教学范式研究（见图 2）。以科学测量中的"综合测量"为例展开实践研究，完成教学效果的检验，从而进一步思考范式的合理性。

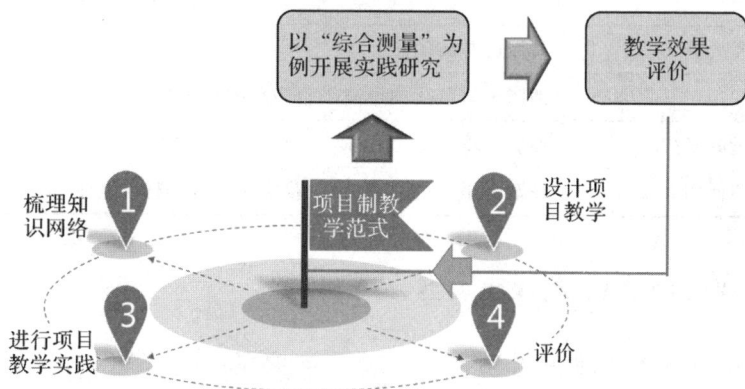

图 2　项目制教学范式研究内容

三、研究内容

（一）梳理知识网络，实现项目选择

1. 理：绘制网络式的重点难点

通过梳理七上科学教材，要求会使用的科学仪器有 9 个：胶头滴管、放大镜、酒精灯、玻璃棒、试管、刻度尺、量筒、温度计、托盘天平，其中难度较大的为托盘天平。

2. 选：体现 STEM 理念的教学项目

STEM 强调跨学科知识的整合，根据梳理出的科学测量中的重难点，综合数学、工程、技术、科学四大领域,选择"肥皂的制作"这一项目,建立科学与社会生活的联系。此项目中包括数学计算、科学仪器的运用。

3.整:明晰项目与知识的具体关系

为保证教学效果,实现教学目标,项目的设计应与知识的应用紧密联系,明确该部分重点突破项目涉及哪些知识;通过项目的完成,能实现哪些问题的解决。通过完成"肥皂的制作"的项目,知道肥皂的主要成分,能够在实验室中运用相关器材独立制作肥皂,初步建立生活即科学的理念(见表2)。

表 2　肥皂制作参照表

肥皂的制作	
肥皂的主要成分	高级脂肪酸钠盐
皂化反应	油脂＋氢氧化钠→高级脂肪酸钠盐＋甘油
各成分含量的多少	油脂 59％,氢氧化钠溶液 41％,3ml 酒精
科学仪器的使用	托盘天平、量筒、酒精灯、胶头滴管、玻璃棒、烧杯

(二)设计项目教学,提供实践保障

1.创设问题情境,引出教学项目

问题情境的创设符合"深度学习"的要求,旨在深化知识,包括生活问题、科技生产问题等,通过运用已学知识解决问题情境,实现教学的引入。问题即为教学项目,项目解决贯穿整个课堂。

案例3

过度摄入脂肪会对我们的身体造成危害。脂肪七宗罪:肥胖、关节变形、呼吸障碍、糖尿病、脂肪肝、肝癌、血液疾病。

(提问)脂肪是不是百害而无一利呢?

【设计意图】通过脂肪摄入过多这一社会热点话题,引入脂肪这一事物,科普脂肪对身体的危害,并通过提问,引导学生思考脂肪的可利用性,为项目引出、开展埋下伏笔,起承上启下的铺垫作用。

2.分型设计教学，引导项目实施

科学学习困难的主要原因有三个：学习兴趣不高、解决问题能力较弱、生活经验缺乏。项目制教学中知识认知型、科学探究型、生活实践型三种类型的课程是突破困难的主阵地。不同类型课程的设计可满足解决不同问题（见图3）。

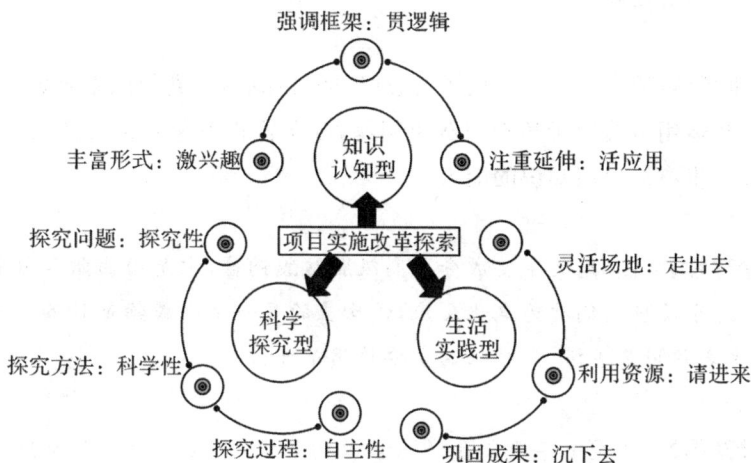

图3　三类课程项目设计内容

（1）知识认知型

①丰富形式：激兴趣。对于学生来说，知识认知型课程往往枯燥无聊，加之传统教学方式以教师讲述为主，严重影响学生的学习兴趣。引入作为课程的开端，其形式往往起决定性的作用，因此采用丰富的引入形式显得尤为重要。

【教学过程】师：课前自习，搜集家中肥皂的成分并记录，寻找相同的成分。

【设计意图】教师引导学生搜集数据，从讲授式的教学方式转化成自主学习式，学生起主导作用。此形式与平时课堂教学不同，鼓励学生走出去，发现科学就在我们身边，体现了丰富形式，激兴趣。

②强调框架：贯逻辑。项目单元基于知识框架确定，不同的小项目对应不同知识点的传授，因此在课堂中需基于知识框架进行教学，帮助学生初步构建知识网络，学会知识的融会贯通，提高逻辑思维能力。

【教学过程】师：通过多方打听，老师得到了秘密配方。根据该配方，你能制作一块属于自己的肥皂吗？在制作过程中，你需要用到哪些实验仪器，又有哪些注意事项？请小组讨论后写下你们的讨论成果。

【设计意图】引导学生根据自行设计的实验方案，思考需用到的实验仪器及使用注意事项，一方面回顾知识，另一方面实现不同仪器的综合应用，建立知识网络，体现强调框架，贯逻辑。

③注重延伸：活应用。在完成了解、理解的目标后，需进行课堂延伸，深化对知识的理解，将运用本节课所学知识解决问题，或布置相关课外拓展活动，丰富生活实践，培养学生灵活运用知识的能力。

【教学过程】师：肥皂的主要成分是高级脂肪酸钠盐，它是由油脂和氢氧化钠反应得来的，这个反应我们称为皂化反应，该反应的另一个生成物是甘油。高级脂肪酸钠盐的主要作用是去污，那甘油的主要作用是什么？

生：润滑。

【设计意图】化学是七年级学生还未涉及的知识，皂化反应对该阶段的学生是无法理解的，但其反应的产物对应作用是有必要了解的，且有利于学生兴趣的激发，为科学和生活的联系建构桥梁。体现了注重延伸，活运用。

(2)科学探究型

①探究问题：探究性。在教学设计环节已明确围绕该项目可探究的问题，但课堂教学中需进一步确定问题情境，回答：此问题是否具有探究性？学生通过生活经验和所学知识，已能回答很多问题，因此有效性、探究性是我们选题的关键。

②探究方法：科学性。探究的方法有观察法、实验法、调查法等，需要根据问题情境选择合适的探究方法。

③探究过程：自主性。科学探究的最高等级为学生提出问题，设计方案并进行实验，教师根据学生的需要给予帮助。因此课堂教学要以学生为主体，充分发挥学生的自主性。

【教学过程】肥皂的制作原理简单，但制作过程中涉及较多仪器的使用，是具有探究性的问题。

生：实验需要用到的托盘天平、石棉网、烧杯、酒精灯……

生：实验中需要注意的事项有托盘天平的使用方法，定量称量，烧杯不可直接加热，酒精灯的正确使用……

师：请按照小组讨论的实验步骤进行实验。

【设计意图】该探究过程，从实验仪器的选择，实验步骤的设计，实验的实施，充分体现探究过程学生主体性，教师起辅助作用，对学生设计的实验步骤进行验证后组织进行实验，体现科学性。

(3)生活实践型

①灵活场地：走出去。课堂存在很多局限性，因此走出课堂，拓宽视野是非常必要的，可以通过参观博物馆、科技馆、植物园等，拓展创造力和想象力。

②利用资源：请进来。记录生活中的事件，通过视频等方式引进课堂，也可将需要实践的事物请进课堂，从亲身体验中收获知识。拓展性课程的开展为生活实践型课程搭建了平台。

③巩固成果：沉下去。在学生亲身经历的过程中或者结束后，教师需引导巩固此过程中涉及的科学知识，指出问题，并要求学生解决，促进学生消化知识，实现知识的内化。

【教学过程】在实验的过程中，关注错误操作，并及时记录拍照。待实验完成后，将错误操作进行展示并指正。

进行成果展示，此时告知刚做完的肥皂不能马上进行使用，因为此时皂化反应可能还未完全，要静放一个月后，才能使用。教师展示提前完成的肥皂，并组织肥皂洗手的活动，将活动推向高潮。

【设计意图】肥皂的制作较为简单，实验室中具备制作肥皂的条件，因此采用"利用资源：请进来"的方式。科学探究最后一步为交流评价，在探究过程中占有重要地位，通过展示并指正错误操作实现"巩固成果：沉下去"的目标，进一步强化不同科学仪器的使用方法。

3.丰富课堂小结，巩固教学成果

在课堂小结环节，对于学生知识框架的构建进行分析评价，目的是使学生对该节课的学习内容形成整体把握，因此使用概念图的方式，通过文字、口语、数学符号、图像等多种方式，回顾课堂所学知识，是进行查漏补缺的有效途径(见图4)。

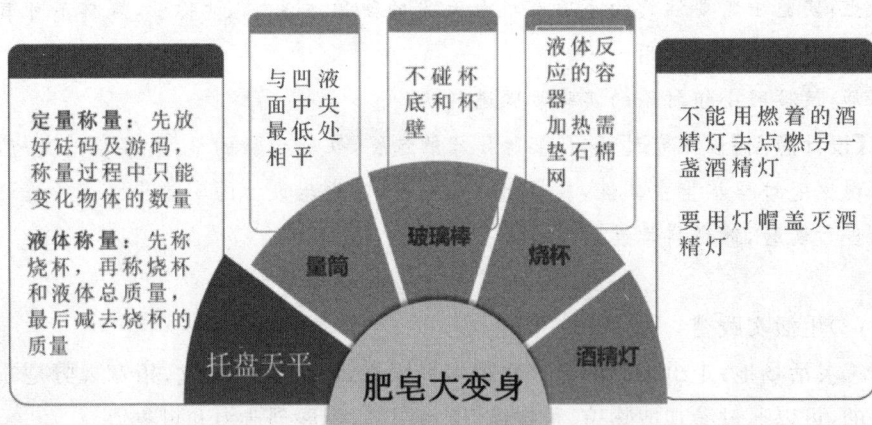

图 4　测量仪器注意事项

(三)三重项目推进,提升实践能力

项目制教学以"项目"为核心开展,其中分为多个子项目。子项目的设计遵守循序渐进的原则,不同子项目对应不同的目的,通过子项目的完成,达到知识传授、能力提升的目的。

1."观":一重项目开展,"观"前后连接

一重项目开展是指各个小项目的开展,重在关注小项目是否有引申性,与前后项目之间的联系。大项目可分成四个小项目:项目引入,项目计划,项目开展,交流与评价。保证小项目正常开展为项目制教学完成提供战斗堡垒作用。

表 3　肥皂的制作

小项目 1 (项目引入)	小项目 2 (项目计划)	小项目 3 (项目开展)	小项目 4 (交流与评价)
思考脂肪的用途	讨论如何制作肥皂	进行实验	成果展示
承上: 脂肪的七宗罪 启下: 统计寻找不同肥皂成分,将相似成分进行提炼	承上: 根据肥皂成分,给出制作肥皂的配方。 启下: 讨论如果制作肥皂,将有哪些注意事项	承上: 进行实验 启下: 实验过程中将特殊错误拍照同屏	承上: 对特殊错误操作进行评价。 启下: 引出生活与科学密切相关的理念

2."抓":二重项目融合,"抓"中间关系

二重项目融合是指实现两个小项目的融合,完成一个具体的分目标。该过程

的关键是探寻子项目之间的关系,充分利用该关系开展教学。两个子项目的开展具有一定的顺序性,遵循学生认知过程,保证项目教学的正常开展。

【小项目 1＋小项目 2 为例】

项目 1 目标:了解脂肪的利弊

项目 2 目标:知道肥皂的制作过程

【设计意图】肥皂和脂肪之间的关系为脂肪是制作肥皂的一种原材料,这两个子项目需要完成的目标为引出肥皂的制作。因此,从脂肪入手引出项目,引导学生大胆假设,鼓励实践制作肥皂,能实现制作肥皂的目标。

3.“落”:多重项目归并,“落”教学目标

多重项目的归并是指项目完成后进行评价与交流,串联每个小项目的知识,帮助学生绘制知识网络;梳理各个小项目的成果,引导项目成果的形成。此过程中,须再次明确本节课的教学目标,凸显教学重点。

案例 4

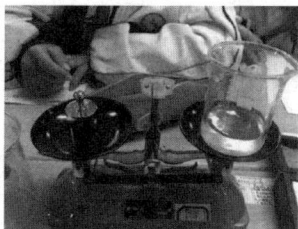

若只有一个烧杯,先称量哪种物品?

生:由于油会黏在烧杯壁上,因此先称量氢氧化钠溶液,再称量油。

【教师总结】量筒＋胶头滴管:定量液体的称量。当液体体积接近要求体积时,换用胶头滴管进行滴加。

托盘天平:定量称量要先放砝码并确定游码的位置,再进行称量。且称量过程中不能改变游码和砝码,只能增加或减少物体。

酒精灯:外焰加热,灯帽盖灭。

(四)收集测评数据,开展综合评价

1.运用校本作业,实现评价合理化

根据学生情况进行分层教学,设计针对不同层次学生的校本作业。校本作业

的设计分为两次,一次为课前,一次为课后,以此检验知识的掌握与应用。此评价可分横纵两个方向,横向为不同层次间是否有明显缩小差距,纵向为个人教学前后比较。分层评价更显公平合理性。

2.借助课堂交流,实现评价科学化

科学评价方式需要从多层次开展。组员间互评:从小组合作、沟通交流方面进行评价。组长评价:从小组贡献度、参与度方面进行评价。教师评价:从课堂表现、活跃度方面进行评价。与此同时,过程性评价和终结性评价应并驾齐驱,课堂是评价的重要载体,课堂及时评价能实现评价科学化。

表 4　课堂评价量化表

	组员1:	组员2:	组员3:	组员4:	组员5:	组员6:
组员互评						
小组合作						
沟通交流						
组长评价						
小组贡献度						
参与度						
教师评价						
课堂表现						
活跃度						
总分						

注:每项评分为0—5分,请根据评价项目合理如实评价。

3.依托拓展课程,实现评价延伸化

一种教学方式的引入是否有效,应通过多个内容的实验。因此,依托拓展课程开展多次基于"深度学习"的项目制教学,例如密度、日食等,需延长评价时间,从而保证评价的科学性。

图 5　解密彩虹杯的制作　　　　图 6　奥利奥拼接的日食

借助拓展课程进行多次项目制教学实践,发现通过上述方式设计项目教学的教学样式对于科学教学是有效的,尤其表现在激发学生兴趣和建立科学与生活的联系两个方面,可为教师教学提供参考。

四、成效与反思

(一)项目教学能激发学生科学学习兴趣

从课后研究中发现,实践研究前,两个班表示对科学感兴趣的人数相当;实践研究后实验班学生表示对科学有趣占 87%,而对照班,通过罗列讲授式总结仪器的使用,表示对科学感兴趣的仅为 60%。因此,项目制教学能有效激发学生的学习兴趣。

(二)项目教学能有效提高学生综合测量能力

基于校本作业,发现实验班在综合测量问题上的得分率远远高于对照班。主要表现在两个方面:一是综合运用能力,二是特殊测量。例如在实验探究题(图 7)中,要求将下列实验步骤排序,由于实验班经过亲身实验,思路清晰,而对照班对于测量仪器知识呈片段式分布,因此解题思路不清,正确率低于实验班。在托盘天平定量称量的类型题(图 7)中,实验班学生能准确分析,并对物体进行增减,而对照班中仍有部分学生选择增减砝码或移动游码。

案例 5

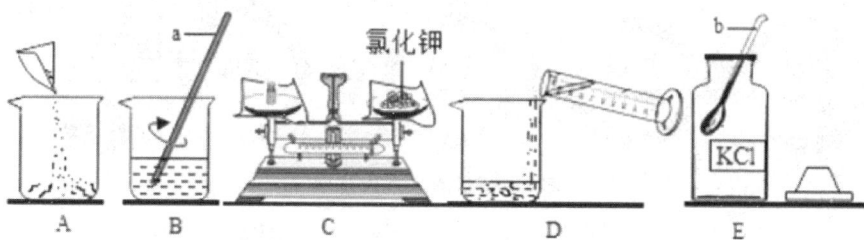

图 7　实验探究题

(1)图中仪器 a 的名称是_____;在此操作中它的作用是_____

(2)如图 C 所示的操作中,错误之处是_____

(3)按照正确的称量步骤,用托盘天平称量 5g 氧化钾,若发现右盘砝码向下倾斜,则接下来的操作应该是_____

某同学用托盘天平称量 7.6g 药品,若称量时指针偏左,则该同学应该采取的措施是(　　)

A.添加药品　　　　B.添加砝码　　　　C.减少药品　　　　D.游码向左移动

(三)项目教学范式的开发

基于上述理论分析和实践研究,发现在科学教学中使用项目制教学是有效的。以综合测量为例,进行项目制教学范式的开发研究。

项目教学分为教学梳理、知识整合、项目选择、设计项目教学、项目教学实施、评价六个步骤(见图 8)。其中教材梳理按主题展开,明晰重点和难点。知识整合体现在主题知识的梳理和概念的收集两个方面。项目的选择体现 STEM 理念,注重学科间的融合。设计项目教学要根据课程的类型,知识认知型、科学探究型、生活实践型,不同类型课程设计侧重点不同,认知型侧重知识网络的建构,探究型侧重实践能力的提升,实践型则关注建立社会和生活的联系。项目实施关注一重项目的开展、二重项目融合和三重项目归并。教学评价从校本作业、课堂交流和拓展课程三个方面展开。

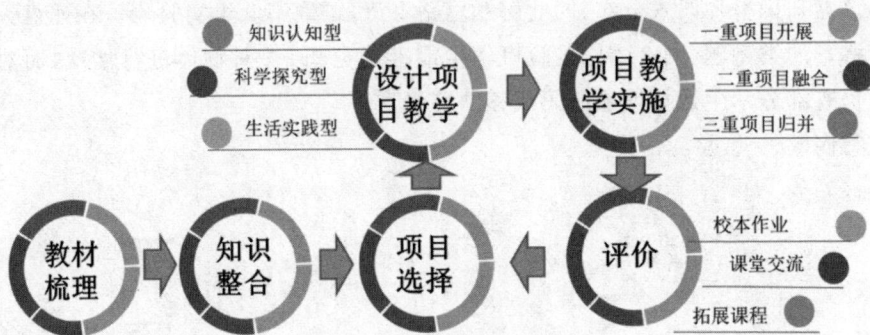

图 8　项目教学六大步骤

(四)不足与反思

虽然本研究已经取得一定的研究结果,但回顾整个研究过程,可发现还存在一些不足:首先,研究对象仅为两个班的学生,结果缺乏普遍性;其次,为证明将项目制教学引入综合测量中是有效的,在之后的研究中,可将设计项目制教学拓展到生命科学、地球科学、科学探究等领域的应用。

参考文献:

［1］中华人民共和国教育部.全日制义务教育科学(7－9年级)课程标准(实验稿)［S］.北京:北京师范大学出版社,2001.

［2］袁维新.科学史融入科学课程的原则、方式和策略［J］.课程·教材·教法,2006(10).

［3］刘维.国际科学教育中HPS教育的文献计量学探究［D］.重庆:重庆师范大学,2009.

基于空间思维的初中地理概念教学的策略研究

尧　蓝

【摘　要】 初中地理概念众多,体系庞杂,制约学生理解地理概念的重要因素之一就是没有建立起地理空间概念。本文试图让学生从拼接模型、搭建情境、实地考察等一系列自主探究性活动中,理解地理事物的时空特征,阐明地理要素之间的联系,立体地把握地理事物,提升地理概念教学的有效性,使学生在探究性活动中理解地理概念,将感性认识提升为理性认识。

【关键词】 空间思维　概念教学　初中地理

一、研究缘起

地理概念是初中地理学习的基石,学生学习地理概念的难点之一就是没有建立起地理空间概念。新课程标准对学生学习地理概念的能力要求不断提高,传统的概念教学方式却没有太大转变,导致学生"不爱学""学不透"。

(一)个案呈现

案例 1

一堂"大洋与大洲"的课上,老师出示 PPT 上的图,提问:"同学们,什么是半岛,什么是海峡?"有学生举手后,照着课本念道:"半岛是陆地伸进海洋的凸出部分,海峡是大陆和岛屿之间的狭窄水道。"老师:"回答正确,请同学们把相关概念标记出来。"学生低下头,似懂非懂,默默地在书上相关文字处做标记。

(二)普遍现象

为了更好地了解初中生对地理概念的理解情况,笔者做了调查。调查问卷的结果说明:传统教学方式下只有不到一半的学生能对所学概念有比较清晰的理解。另一半对基本概念都不能理解透彻的学生,日常作业和考试成绩不可能太理想,这在一定程度上会使学生对地理概念学习产生畏难情绪,影响学生继续学习的信心和积极性。(见图 1)

（三）挖掘根源

1.文字描述难理解

很多地理概念本身具有狭义和广义之分，内涵丰富，外延不明确，一些相似的概念往往令学生难以区分，如大陆、大洲。如果不能通过探究活动让学生建立起空间概念，单纯用文字解释法，学生很难理解。

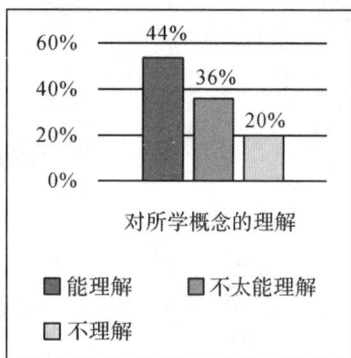

图1　学生地理概念理解程度调查

2.传统教学较枯燥

传统课堂中大多数时候是由教师带领着学生进行学习，重结论轻过程，学生往往知其然不知其所以然。教师对听写、背诵、反复练习的重视，使学生疲于应付，逐渐丧失对事物的自主探究能力。

3.初中学生新特点

随着时代的发展，初中生接触知识的渠道越来越多，传统的教学方式难以满足学生对课堂多样化的需求。初中生求知欲较强，勇于表现自己，乐于参与课堂，但对单调的课堂不利于他们长期保持专注力。

概念理解是学习的基石，随着地理教学改革的不断深入，学生能力的培养越来越重要。鉴于此，笔者试图对基于空间思维的地理概念教学的策略进行探究，结合初中生的特点，使学生原本枯燥、单调的概念学习变为体验丰富知识内涵和科学方法的学习。

二、研究思路

地理概念的教学贯穿初中地理的始终，地理事物之间的紧密联系使得让学生拥有空间思维十分重要。笔者希望学生能够在拼接模型、共筑情景、地理实践的地理概念自主探究过程中，感知空间的形状、大小、方位，使学生理解地理事物的时空特征，阐明各地理要素之间的联系，立体地把握地理事物。力图使学生参与课堂，与教学演示融合，使学生的生活经验与抽象的地理概念融合，学生的兴趣爱好与空间思维融合。通过地理实践，转换学生的原有观念，使其既能由陌生抽象的地理概念联想到具体的地理事物，又能将具体地理事物归纳概括出抽象的本质特征，最终达到以探究性活动建立空间思维，促进概念教学的目的(见图2)。

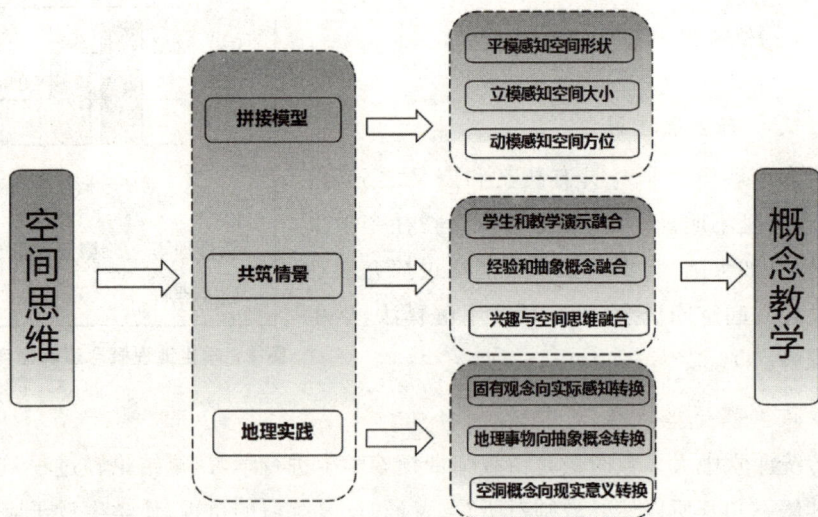

图 2　地理概念教学研究思路

三、研究内容

（一）拼接模型，立体与平面呼应

将学生熟悉的地理事物通过构建模型，剥离出最本质的特征，使学生更加透彻地理解，同时培养学生的主动发现问题、自主解决问题的能力。

1. 制平模，感知空间形状

平面模型制作较为简单易操作，对器材的要求不高，实操性强。通过学生自制平面模型，既能使学生对地理事物的空间形状有所了解，又能使学生的个性得到充分发展，增强情感体验。充分发挥学生的主体作用，激发学生自主探究的欲望。

案例 2

在大洲大洋相关内容的学习中，笔者要求学生手绘一幅世界地图，再沿轮廓将各大洲剪下来，进行拼接，学生的参与热情很高。学生通过制作平面模型，对大洲大洋的空间形状及轮廓有了较为深刻的了解。

【案例分析】在点评平面模型的时候，笔者将学生作品中出现的问题，如大洲形状不对、洲界不清晰、重要的运河或者海峡没有体现出来等问题进行讲解，使学生的理解得以加深。

2.做立模,感知空间大小

地理概念本身是抽象的,立体模型能够使地理概念具体、直观地展现在学生面前。把学生从抽象、被动的传统课堂中解放出来,投入到具体、主动的探究性学习当中。通过制作立体模型,学生能够了解到任何地理事物都是三维的,占有一定的地理位置,处于一定的三维空间之中。

案例 3

等高线地形图的课堂上,笔者让学生先观察等高线的特点,然后用橡皮泥来制作等高线地形图的立体模型。学生先在纸上画好等高线地形图,然后根据图的大小,压扁橡皮泥,最后将橡皮泥叠加起来。

【案例分析】通过制作等高线地形图的立体模型,学生充分了解了等高线地形图是如何画出来的。学生从感性材料中获得了感知,体现“理念与实践相结合”的原则,然后笔者对等高线地形图的特点、等高线的性质进行理性的分析、比较、概括,使学生形成对等高线地形图概念本质的认识。

3.看动模,感知空间方位

地理概念重在理解,不能死记硬背。很多概念不是静态的,如季风、洋流等概念。动态模型能够反映地理事物不同时间段的空间方位,将地理环境的多种信息整合起来,使得学生能够在动静结合中将实体模型概念化,进而理解抽象的概念。

案例 4

在讲解地球公转时,笔者用灯泡代表太阳,用地球仪代表地球,用吸管代表太阳直射点,“地球”围绕“太阳”在同一平面自西向东地运动,地轴与公转的轨道平面形成夹角。通过一边实验,一边观察,学生能够发现当太阳直射北回归线时,北半球得到的热量更多,北极出现极昼,南极出现极夜;当太阳直射南回归线时,南半球得到的热量更多,南极出现极昼,北极出现极夜。

【案例分析】地球仪能够较好地体现地球本身的立体状况,地球仪与灯泡的模拟使地理事物空间结构的各种关系可视化,学生能够对地球与太阳的空间相对位置随时间的变换一目了然。学生在观看模型的同时,更加透彻地了解了地球自转、公转,与太阳直射点移动之间的关系,从而使教学的重点和难点得以突破。

(二)共筑情景,表演与情境融合

1. 角色表演,促学生自身和教学演示融

进行角色扮演是基于空间思维进行探究性学习的重要方法,对外部设备的要求不高,要求学生参与教学,学生在此具体情境中获得的知识,能够对地理概念理解得更深刻。

案例 5

为了让学生熟悉大洲大洋的相对位置关系,开展角色扮演活动。例如学生 A 充当大洋洲,同学 B 充当亚洲,让同学 B 想一想自己应该在同学 A 的什么位置。在这个活动中,随着新的"大洲""大洋"的加入,最终七大洲、四大洋的相对位置逐渐清晰,给学生留下了较为深刻的印象。

【案例分析】在这个案例中,学生成为教学演示的一部分,因此特别认真。教师是情境的创设者,学生则是建构知识的促进者。学生在自主探究中感受到了知识,培养了对知识的兴趣和热爱,进而能够发挥主观能动性,去积极地认识和建构外在客观世界。

2. 创设情境,促已有经验和抽象概念融

有的地理概念比较抽象,学生难以借助已有的生活经验加以理解,此时可以通过创设教学情境,帮助学生深入理解所学知识。

案例 6

等高线地形图是学生理解的一个难点,学生很难对海拔、相对高度等概念建立起空间立体感。此时笔者将两位身高不同的学生叫起来,以教室地面为海平面的起点,每位学生的身高代表海拔,两位同学的身高差就是相对高度。然后,教室里所有身高 140cm、150cm、160cm 的学生分别围成一个圈,这就是等高线。最后,通过不同等高线的排列组合,能够形成不同的地形。

【案例分析】这样的情境创设,联系了学生的生活实际,使学生的参与感得到满足,对等高线地形图的特点也有了较为深刻的理解,有效提高了学生的空间思维能力。创设课堂情境对外部设施的依赖性不强,教学效果较好,但要注意组织纪律性,并合理控制时间。

3.信息技术,促学生兴趣与空间思维融

地理学科本身的抽象性使初中生难以形成感知,在教学中适当运用现代信息技术,如多媒体教学手段,能够让教学变得更加直观、有趣。在具体教学中可以适当运用多媒体技术来构建教学情景,激发学生的兴趣,为学生提升空间思维和理解地理概念添砖加瓦。

案例7

在学习地理分区的代表城市时,例如纽约,笔者以记录纽约之行的朋友圈为线索,从飞行用时到自然风光,再到纽约的街头景象,全程用多媒体展示出来。穿插有图片和相关视频,美丽的城市、逼真的现场感,极大地激发了学生的学习兴趣,帮助学生构建起了空间的观念。

【案例分析】在此过程中,通过飞行时长的计算,学生能够自行总结出纽约的地理位置特点。通过风光的展示,学生能够对美国的地形、气候特征有切实了解,进而引导学生分析纽约发展起来的原因,将自然地理与人文因素联系起来,提高学生的空间思维能力。随着纽约之行的层层推进,学生的思维活动也得到了拓展。

(三)地理实践,具象与抽象转换

地理学科的一大特点就是地图的广泛运用。地图能够呈现日常生活中看不到的地理规律,学生通过自主绘图,能够提高自身地理空间思维的深度和广度。

1.实地考察,固有观念向实际感知转换

实地考察能够使学生抓住区域的主要特征,构建地理环境的空间整体性。区域地理环境中的各个要素不是独立存在的,而是相互制约和影响的。初中生的思维逻辑性不强,较为发散,注意力容易不集中,很多时候对地理概念的理解缺乏事实基础,是想当然的,因此让学生在探究活动中实地考察、自主探究,理论与实践相结合,能够使学生的原有观念受到冲击,在实践中向实际感知转换。

案例 8

例如在地图三要素的讲授上,笔者要求学生对校园事物进行考察,首先让学生充分观察校园,大致丈量各建筑物的大小尺寸、跑道长度,确认主要道路。其次,计算比例尺是否合适,确定图例与注记,抓大放小,有所取舍,只保留校园事物的主要特征,确定不同图例的颜色。最后,让学生对照校园平面图,说一说各特征物之间的相对方位关系。

【案例分析】通过对实物的观察,学生将抽象的概念实体化,对地图的方向、比例尺、注记与图例等抽象概念有了较为具体的认识,对学校内部各地理要素之间相互联系、相互影响的关系有了具体了解。在考察中应鼓励学生多角度、细致地观察目标事物。这样的方法还可以运用到让学生考察山脊、山谷等地形上。

2.地理绘图,地理事物向抽象概念转换

地理绘图不仅能够将抽象的地理概念具象化,也能帮助学生将具体的地理事物抽象概括为地理概念。学生通过地理绘图实践活动,能够不断发展和提升多角度空间思维观念。

案例 9

气候类型的学习对学生来说有一定难度,气候类型的区分较难。通过绘制代表不同气候的城市降水量柱状图和气温折线图,学生能够发现即使同属于季风气候,年平均气温、年降水量也有较大差异。再通过观察农作物种类、房屋建筑特点,使学生联想到气候差异对人们生产生活造成的影响。从而使学生将具体的地理环境知识抽象概括为各类气候类型。

【案例分析】学生在地理绘图过程中,必须将事物放进整体空间环境中进行考量,将所见具象材料经过思维加工上升为抽象概念,将难理解的抽象概念具化为身边熟悉的事物。由于初中生自主探究能力还不够,教师必须及时给予方法的指导和正确思路的引导,让绘图活动能够正常进行。对学生的难点易错点及时加以提示和点拨,当学生遇到问题时给予纠正和引导。

3.考察报告,空洞概念向现实意义转换

在实地考察和绘图之后,有选择地挑选对象,让他们撰写考察报告,这也是理解地理概念的重要方法。学生在课程理论学习的基础上,对自然地理现象或者人文地理现象进行考察后,用撰写报告的方式巩固和加深理解,提出自己的看法,能够使学生体会到所学地理知识的现实价值。

案例 10

在"往来在区域之间"的课堂上,笔者让同学们展示了自己从家里、附近超市找到的日常用品,如山西的陈醋、杭州的茶叶、舟山的鱼干等,请学生课后根据本节课的知识,分小组撰写考察报告,论述区域间交流和联系的必要性。

【案例分析】通过考察,学生掌握了室外考察的程序和方法,明白了如何搜集资料、采集样品。撰写报告能使学生深入事物内部,思考区域间往来的正当性、必要性,进而意识到如何发挥区域优势进行地区发展。学生都认真地投入到准备资料和搜集数据的过程中,学习氛围很浓厚,在报告撰写中相互合作,相互提供有用的观点,激发灵感。小组之间的竞赛,使得班级成员团结协作、氛围积极向上。

四、成效与反思

(一)教师层面

1. 教学能力提升

地理学科的地域性使教学必须培养学生的地理空间思维,经过实践,笔者的地理教学能力得到提升,能够将日常教学活动中的点滴经验汇总,上升为理性知识,指导日常概念教学。

2. 师生互动良好

在探究性学习的课前,学生的态度比较积极。课前准备环节不需要教师多操心,学生往往能够提前自觉准备好,班级整体配合度上升。课堂表现上,学生的课堂参与度明显提高,课堂氛围也热烈了起来,打瞌睡、爱走神的情况减少了。

3. 评价体系多元

探究性学习使得教师能够根据学生的表现建立多元化评价体系,既关注学生的学习结果,也关注学生的发展过程,充分体现学生的综合素质发展水平,实现综合考查学生对某地域的空间事物和内部联系的能力水平。

(二)学生层面

1.课堂体验变好

经过调查,学生的课堂总体满意度达到90%(见图3),作业基本能够交齐。新课程改革呼吁把课堂还给孩子,尊重孩子的个性,通过一系列活动,减轻了学生对地理学科的陌生感,而且有利于学生发现、理解和掌握知识的内在联系,树立学习信心。

2.空间思维提升

学生通过对现实的观察、归纳、分析,进而得出结论,这就是空间思维建立的过程。地理空间要素包括形状、大小、方位、距离等,方向的判别是学生的弱项,经过训练,在最近一次的月考中,学生的方向判定和相对位置判别题正确率从以往的约60%上升至约85%。

图 3　课堂满意度调查

3.分析能力提高

大部分学生综合分析问题能力、读图能力有所提升,能够将地理信息与实际应用相结合。在材料题的分析中,正确率也有了一定的提升。

(三)形成相应经验,供借鉴

根据以上的教学实践,本人认为要让学生在自主探究性活动中基于空间思维,多角度感知地理概念,必须做好以下几点,特写明供广大教师同行参考。

1.主体参与是前提

必须充分体现以学生为主体,学生的参与至关重要。探究的内容必须体现学科性和必要性,必须把学生从抽象、被动的传统课堂中解放出来,投入到具体、主动的概念性探究学习当中。

2.体验过程是关键

概念探究的过程比结果更重要,需要一定的时间与空间,需要教师大胆放权给学生。地理概念的难点、易混淆点都应该让学生在自主探究中有所体验。

3.方法指导是保障

初中学生的思维较为发散,注意力容易不集中,因此在各种活动之前,教师必须明确要求:需要学生做什么以及如何做。对重点、难点、易错点加以提示和点拨,使得学生能够提高分析问题的能力,理解地理概念的本质。

4.总结提升是升华

通过探究性学习,学生能够对地理概念有较为深入的了解。但是值得重视的是,教师必须在此成果上有总结和提升。各小组也要梳理本节课的知识点,介绍学习成果和方法。

当然,在此过程中仍然存在不少问题,如探究性学习课堂时间和节奏不好把控,学生的概念探究能力参差不齐,课堂组织方式还有待改善等。这要求我们把学生作为学习探究和解决问题的主体,根据学生的特点不断转变教学方式。

参考文献:

[1] 林崇德,罗良.情境教学的心理学诠释[J].教学研究,2007,28(2).

[2] 吕国光,张燕.关于游戏教学的若干研究[J].韶光学院学报·社会科学,2011(3).

[3] 教育部人事司.现代教育评价[M].华东师范大学出版社,2002.

[4] 董瑞杰.初中生地理空间意象与空间表征特征分析[J].天津师范大学学报(基础教育版),2018,19(4).

[5] 杨清.课堂深度学习:内涵、过程和策略[J].当代教育科学,2018(9).

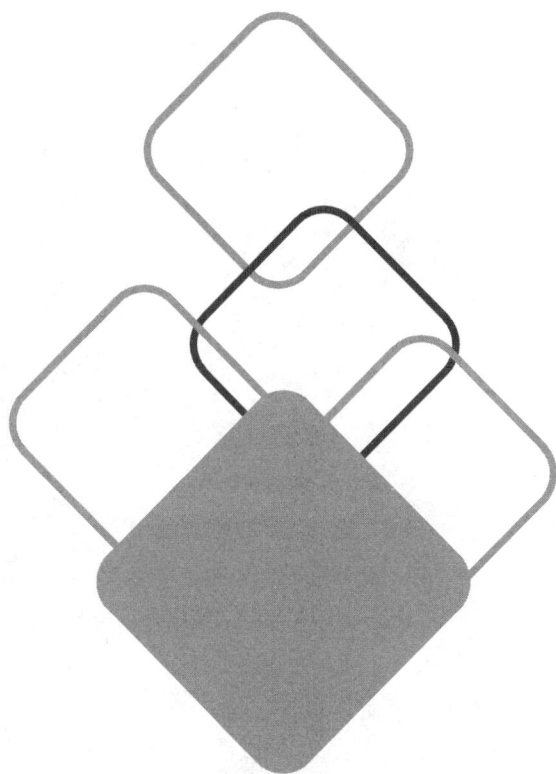

文 科 教 学

寻·引·拓

——基于项目式学习的初中文言文教学策略研究

翟海燕

【摘　要】本文基于项目式学习在实际运用中的现状问题,阐述了在初中文言文教学中运用项目式学习的教学策略的探索,提出了"三寻""三引""三拓"的策略研究,旨在探讨如何进一步提高项目式学习在初中语文教学中运用的实效,从而拓宽初中文言文教与学的路径,提高学生学习文言文的技能与素养。

【关键词】项目式学习　文言文教学　策略研究

一、研究缘起

"项目式学习"突出整合式、跨学科、主题式的特点。在项目式学习中,教师为学生提供探究支架,学生在任务驱动下以小组协作的形式开展探究,主动完成知识建构。本校语文学科选择文言文教学时尝试"项目式学习",解决了文言文教学教法单一等弊端,引发文言文阅读中进行"项目式学习"的教学新思考。

(一)镜头回放

学习《邹忌讽齐王纳谏》,运用项目式学习,以"你眼中的邹忌如何"为驱动问题,探究邹忌的才略与性格。有的小组采用情景剧来展示项目学习成果,演绎过程如下:

表演《邹忌入朝见齐王》(衣上贴有角色名字)。邹忌参拜齐王,曰:"大王,吾朝服衣冠窥镜时(附加动作),问吾妻曰:'我孰与城北徐公美',妻曰:'君美甚,徐公何能及君也!'吾又依次问了吾妾与客,他们都云吾比徐公美(扮演妻、妾、客者表情丰富地点头,学生笑)。可是吾观徐公时,自知惭愧。"(扮演徐公者从一旁昂首走过,学生大笑)。"邹忌爱卿,与寡人谈你的家事作甚?""大王您受蒙蔽太深了!"(一旁群臣惊讶、窃笑)。

（二）现状调查

在实施"项目式学习"过程中,我们对学校语文教师进行文言文"项目式学习"教学情况调查,结果如图 1 所示。教师中有 57.6％的人对运用项目式学习是茫然无措,能基本运用和熟练运用"项目式学习"的教师比例只有 19.6％,大多数教师还不能有效操作,缺乏"项目式学习"的教学策略。

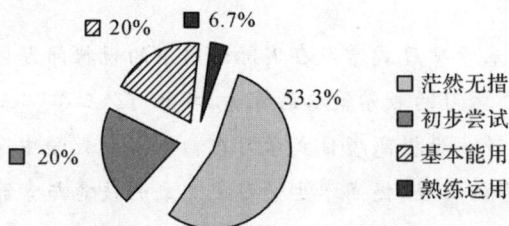

图 1　文言文"项目式学习"教学实施情况调查

（三）问题分析

从上述教学情景与现状调查数据可知,在文言文学习中实施"项目式学习",部分教师只重视学生表演活动开展,而缺乏项目式学习的实施策略。目前文言文教学中实施"项目式学习"的课堂还存在以下问题:

①牵强附会,缺乏新颖的问题驱动。文言文"项目式学习"易局限于活动表演,教师设置项目情境太生硬,只是让学生表演。项目式学习的特征不明显,驱动性问题设计缺乏生动性与探究性,项目内容设置太牵强。

②按部就班,缺乏适切的思维引导。学生完成一个任务后,教师并未做适当的思维引导,缺乏项目活动的生成性思考的引领。学生只是浅层次地完成孤立的项目任务,项目达成的效果不明显。

③墨守成规,缺乏新奇的拓展构思。教师固守项目式学习的基本程序,思路局限,项目缺乏创意,有时仓促收尾。教师在文言文的文本解读与拓展活动中缺乏变式、个性的构思,学生的语文学习能力与素养未提高。

基于以上问题分析,在文言文教学中实施"项目式学习",旨在力图改变文言文"逐字逐句地教、死记硬背地学以及枯燥乏味地做"的现状,而凸显项目活动的策划探求与实践拓展,充分发挥学生的文言文学习探究的主动性与协作能力,有效提升学生的探究能力、建构能力、思辨能力。

二、核心概念

1.寻・引・拓

此为初中语文文言文阅读教学中实施"项目式学习"的策略构想。"寻"指文言文"项目式学习"的问题驱动的预设策略。"引"指项目进程中的教学引导策略。"拓"指项目拓展中的活动策略。

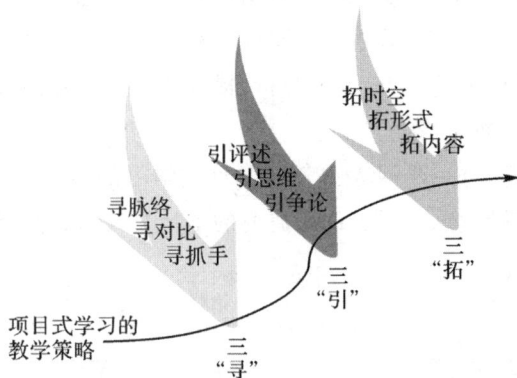

图2　文言文项目式学习的策略方式

2.项目式学习

它是师生通过共同实施完整的"项目"而进行的教与学活动,是一种以项目为载体、以学生为中心、以学生主动建构知识为目的,体现学生主动参与、自主协作、探索创新、项目体验的新型教学模式。其特征是主题鲜明、问题驱动、项目导向、跨科融合、探索体验。

三、研究设计

(一)研究目标

①改变文言文机械讲解的常态,有效促进思维发展。文言文"项目式学习"更体现学生自主探究、合作探究的学习方式,更有利于提高学生的项目策划、文言文归纳、文言文鉴赏和创新运用能力。

②改变文言文死记硬背的学法,有效改进教学模式。文言文"项目式学习"更好地改进学教方式,激活文言文解读方式,并且将小组合作效益扩大化。将项目完成的主动权交给学生,促进学生探究思维发展。

③改变文言文单一的呈现方式，有效彰显课堂魅力。文言文"项目式学习"的项目实践活动和成果展示拓展了语文教学时空，实现了跨科融合、多种载体迁移，更能体现文言文课堂教学的魅力。

(二)研究进程

在本课题实施过程中，我们进行分段切割任务。在准备启动阶段，通过问卷调查，进行文言文"项目式学习"的现状与需求调研。基于此构思设计课题方案，构建文言文项目式学习研究体系，着手进行研究。在具体实施阶段，关注文言文项目式学习的策略研究，进行阶段反思、深度分析，提炼并调整研究的策略，以适应不同的文言文项目式学习的教学情境。

在总结展望阶段，进一步深入文言文项目式学习的教学研究，提炼研究成果，逐步提升该课程教学智慧，并反思课题研究的不足之处，以待后续研究。

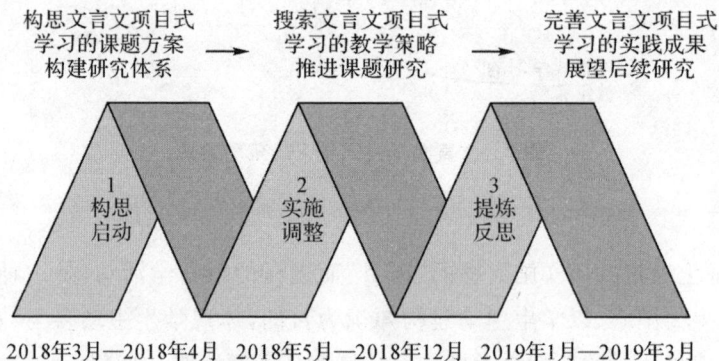

构思文言文项目式学习的课题方案 构建研究体系 → 搜索文言文项目式学习的教学策略 推进课题研究 → 完善文言文项目式学习的实践成果 展望后续研究

1 构思启动 2 实施调整 3 提炼反思

2018年3月—2018年4月　2018年5月—2018年12月　2019年1月—2019年3月

图3　文言文项目式学习的研究进程

(三)研究框架

本课题以"内容创建—课堂实践—教学反思—调整完善"的循环方法，以一年为一个周期，形成循环式框架。在文言文项目式学习的教学实践中发现问题，寻找解决问题的对策，审查评价行动的结果。

(四)研究方法

本课题注重文言文项目式学习的探索与实施效果，积累课例，在此基础上进行策略的提炼。积极关注文言文项目式学习的课堂教学设计、实施、评价、管理的进展工作。研究方法主要有：

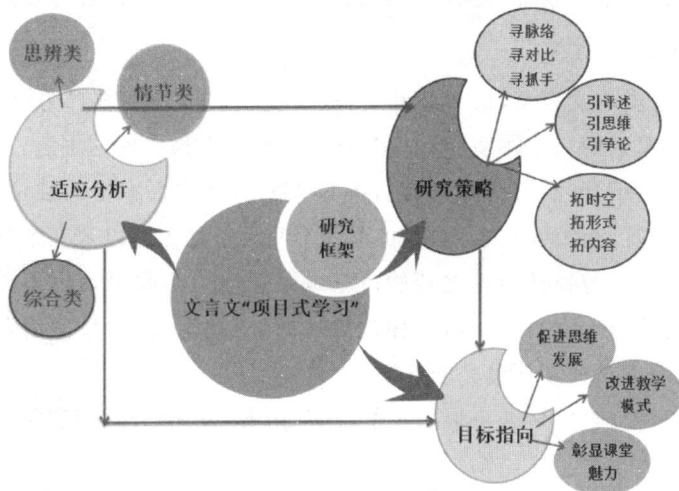

图 4　课题研究框架

①课堂观察法。查看学生项目式学习中的课堂实况,为正确制定研究方案和计划提供有益的事例依据。

②案例分析法。注重案例积累,结合具体案例,对文言文项目式学习的课堂现象进行分析,关注问题的提出,作为研究基础。

③行动研究法。在行动中发现问题,筹划解决项目式学习的问题对策,审查评价行动的结果,分析学生在项目式学习中的成效与不足,整合、提炼文言文项目式学习的策略。

④经验归纳法。项目式学习中,分时段观察与反思实施情况,进行阶段分析总结,提炼策略。

四、实践操作

项目式学习中,学生围绕主题,以小组形式进行开放性探究活动,并完成一系列如项目设计、问题解决、作品创建以及结果交流等学习任务,最终达成知识建构与能力提升的目标。本校对其在文言文教学中的运用进行研究,提炼出文言文项目式学习的教学策略。

(一)基于项目式学习的文言文教学的适性研究

文言文教学中不是所有的教学内容都要运用项目式学习方法。要选择适性内容,从"知识梳理化"向"项目问题化"转变,精心设计"项目学习"活动,促动学生思考、探究、研讨、展示。教师要挖掘易于组织项目探究的教学内容。

1. 情节一波三折类

叙事、传记类的文言文,情节波动大,故事曲折。以统编教材为例,从《世说新语》的《周亚夫军细柳》《三顾茅庐》中,探究古代塑造人物形象的手法。例如由元方"入门不顾"到王子猷"雪夜访戴",言行突显人物自然本真率性的性格;由"其他军营将以下骑送迎",而周亚夫军营"闻将军令不闻天子之诏",以致文帝感叹其为"真将军"中,感受对比与衬托运用之巧妙;《三顾茅庐》中,诸葛亮迟迟不出场,刘、关、张三人心态迥然,情节曲折跌宕,这种蓄势求曲、对比烘托,为最后诸葛亮的出场,下足了功夫,有力衬托了诸葛亮的性格。

结合蒲松龄《狼》中屠夫与狼的斗争,以及拓展《狼三则》,探究"狼性"的本质与作者写作意图。

图 5　项目式学习的适性研究内容

2. 文本蕴含思辨类

寓情于景、寓理于事的文言文,思维丰厚、容量大,能引起思辨,即时生成。"披文入情、披文入理",从文言进去,引发思辨。

从《卖油翁》《孙权劝学》《愚公移山》中体会寓理于事的思辨,比如陈康肃公的"善射"真的能等同于卖油翁的"无他,惟手熟尔"吗?欧阳修针对陈尧咨的态度是不是有所指呢?《孙权劝学》中是孙权劝得好,还是吕蒙学得好?如何看愚公"愚"与智叟"智"?

结合《诫子书》《杞人忧天》《生于忧患》,探究文言文如何论述说理。结合《马说》,探究"千里马"与"伯乐"谁起关键作用。

3. 综合探究学习类

利用教材中的"古典名著研读""综合性学习""文言词法""文化探寻"等资源所形成的综合性强的内容。如结合名著《水浒传》,从文言和文学方面进行综合性学习,探究小说塑造人物的手法,探究水浒英雄走向悲剧命运的原因。

结合孔子《论语》、孟子《富贵不能淫》、列子《愚公移山》、庄子《庄子与惠子》,进行综合性学习活动,探究诸子对现实人生的看法及其价值。结合《爱莲说》进行综合性学习,探究莲的文化内涵。

文言词法也需要揣摩,从"晓雾将歇""夕日欲颓""惊涛骇浪""猛浪若奔"中感受"具象",捕获文言炼字的韵味。从"不以物喜,不以己悲"中探究"互文"的妙处,感受范仲淹旷达的襟怀。

文言文教学不能缺失文化,它传达的不仅是那个时代的印记,还蕴含个人情怀。可结合《爱莲说》《陋室铭》,从"莲"与"廉","陋"与"馨"中,探究仁人贤士的情怀与思想,感受周敦颐的"出淤泥而不染,濯清涟而不妖"的情操,感受刘禹锡身居陋室而心怀德馨的品行,他们淡泊宁静、高洁傲岸。结合《陋室铭》《岳阳楼记》《醉翁亭记》《小石潭记》,探究文人的贬谪心态。

(二)基于项目式学习的文言文教学的实施策略

在项目式学习中,以学生实施项目为主,教师要为学生提供探究的支架,因此项目问题的预设与进程指导还是需要教师巧妙构思。

1."三寻":创新文言文项目式学习预设策略

驱动问题是项目式学习开启的关键点,驱动问题应富有启发性、挑战性、趣味性、开放性。教师应重视对驱动问题的设计,以"项目问题"引领学生探究、挖掘文言文的文本意义与价值,从而提升学生的古文素养。

(1)寻找脉络,一线串珠深挖掘

在写景叙事的文言文中,寻找叙事脉络句、作者情感句、表达主旨句。由关键句牵连,形成"提纲挈领"式的文本追寻,沿着问题脉络深入挖掘。

案例1 张岱的痴意何在

由《湖心亭看雪》中舟子说"莫说相公痴,更有痴似相公者!"引发思考:张岱的"痴"表现在哪里? 以"张岱的痴意何在"为项目问题,展开学习。学生的项目式学习有三个层面。

第一个层面,首先从课文中寻找张岱"痴"的表现:"大雪三日后更定时去湖心亭看雪",感慨于"长堤一痕,湖心亭一点,舟中人两三粒而已"的淡墨山水画。其次以铺毡对坐的偶遇者惊叹"湖中焉得更有此人"和舟子的喃语来写其是"痴人"——"痴景"。

第二个层面,学生结合写作背景来探究。课文开头为何以崇祯五年(1632年)来叙述当时看雪的背景? 学生探究后认为,崇祯十七年(1644年)明朝灭亡,清朝入主,张岱反清复明失败,遁迹山中。直到1647年才写《湖心亭看雪》,而那场雪已经过去15年了,看雪只不过是西湖梦忆之一景——"痴情"。

第三个层面,学生搜集张岱年轻时的生活与晚年生活,认为他年轻时独立不羁,而晚年追悔不已,无奈自嘲。学生抓住"问其姓氏,是金陵人,客此",分析对方是否答非所问呢? 学生还原当时对话情景,认为可能还有很多话,但张岱的回忆里只深深地印下"金陵人"三个字。金陵是何处? 金陵是故都! 而金陵已逝去! 就像李煜的"梦里不知身是客",就像是一个明朝人来到清朝"作客",他是永远也回不去了,痴于明朝——"痴心"。

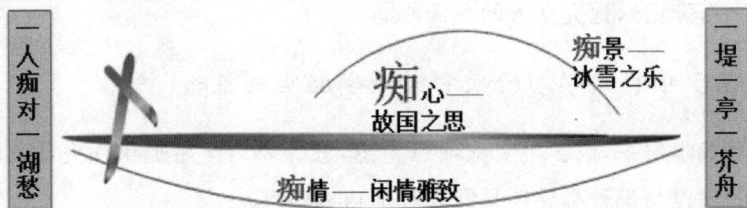

图6 学生合力解读张岱的"痴"

【案例分析】在第一个层面,学生读到的是一个"痴迷于雪景,醉意于闲情"的张岱而已,但又感到他的特立独行,孤高傲世。第二个层面,学生读到了一个感伤旧梦、痴情娴雅的张岱。第三个层面理解到那是回不去的伤痛、孤独与思念! 这亡国之恨、故国之思,溢于言表。学生此时读到了一个幽怨感伤的张岱。

学生联想柳宗元的"独钓寒江雪"和曹雪芹"谁解其中味",探微钩沉,体悟到张岱在贫困衰败中对故国的坚守与"痴心",感受那遗世孑立者的痴情记忆。

(2)寻找对比,两相碰撞巧发散

寻找对比元素,引发学生项目式学习的发散思维。有同一文本的对比挖掘,同一主题的对比探究,同一人物的对比分析,同一作家的系列作品对比研讨。在对比中感受人物细腻的情感变化。

案例2 庄子与惠子的审美价值观

《庄子与惠子游于濠梁之上》一文中,惠子说:"子非鱼安知鱼之乐?"庄子答道:"子非我安知我不知鱼之乐?"结合二人的故事资料,探寻二人的审美价值观。对比如下:

人　物	言　语	对世界认知	辩论特点	审美价值观	个性风格
惠　子	子非鱼　安知	求　真	力　辩	务实　利益	逻辑家　严谨
庄　子	子非我　安知我不知	尚　美	巧　辩	欣赏　超然	艺术家　逍遥

【案例分析】学生结合《庄子二则》《惠子相梁》《匠石运斤》等故事,辩证地看待惠子与庄子。其实惠子也是博学善辩的,在庄子心里惠子是难得的知己。从中感受到惠子重理性,对事物有一种寻根究底的求真态度;而庄子重观赏,对于外界的认识,带有欣赏的态度。通过对比,更能感受庄子超然物外的旷达心境。

《小石潭记》中柳宗元写潭、水、雨,移步换景,各具特点。潭中鱼"似与游者相乐"。而后坐潭上,却"凄神寒骨,悄怆幽邃",前后形成情感的强烈对比。那么他的情感是在哪里改变的? 原来是在"潭西南而望"一处。想象一下:柳宗元那一刻的表情会是怎样? 以"柳宗元'望'见了什么"为项目问题,使学生探究柳宗元被贬后的心迹历程。

学生查阅资料:柳宗元因参与王叔文改革失败后,被贬为邵州刺史,在赴任途中又被加贬为永州司马,更远更偏,而王叔文第二年就被处死。柳宗元时时感到苦闷忧恐,前途渺茫,他处于自我矛盾、自我彷徨的边缘。

其实柳宗元不只是在写山水,他是把自身的遭遇、自己的胸襟与气度都寄托在山水里。学生经过项目探究,体会到柳宗元"一个人的抗争"的坚守之苦。失意的心情,本想借山水排遣,但一望"斗折蛇行,明灭可见"的溪流,一念"身在江湖之远,即使竭力变革又能走多远",身心疲惫,连山水也走不进他的内心。"悄怆幽邃,凄神寒骨",直抵内心深处的孤寂与愤懑,那一望勾起了柳宗元穿越千古的悲怆!

(3)寻找抓手,品读点染善思辨

学习文言文,要研习谋篇布局的章法、体会炼字炼句的艺术。文言文的章法考究处、炼字炼句处,就是作者"言志载道"的关节点、精髓处。教师要寻找文本的显性抓手,如重复的词、双关语、文眼等,炼字炼句,去品味关键字的背后意蕴,点染作者的深意。文言文中"前景化"语言需揣摩。从"晓雾将歇""夕日欲颓"中品味拟人化"尽情劳作后的歇息"之感。从"月色入户(夜色一点点移入的情景,而非'照'),欣然起行"中感受苏轼的内心波动。从"惊涛骇浪""猛浪若奔"中感受"具象"(马受惊吓了狂奔的景象),捕获文言炼字的韵味。从"不以物喜,不以己悲"中探究"互文"的妙处。

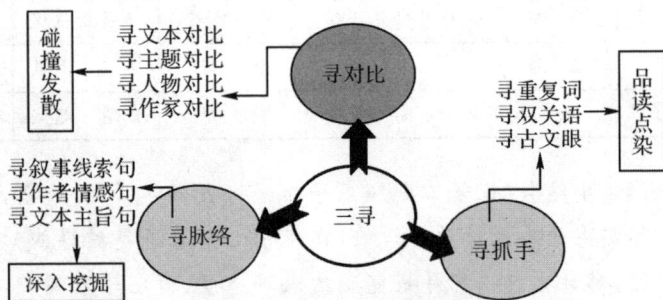

图 7 "三寻"的操作思路

案例 3　陶渊明到底想对什么说"不"?

《五柳先生传》中九个"不"就是抓手,设置项目问题"陶渊明到底想对什么说'不'?",促使学生展开纵深研究。

①陶渊明想对自己说"不"。文中"不知何许人也","不慕荣利""不求甚解""不戚戚贫贱,不汲汲于富贵"等,那是陶渊明理想中的人与理想中的期望的样子,在现实中他达不到。

②陶渊明想对社会说"不"。学生根据资料,知人论世,他即便是"僵卧瘠馁有日矣",也不接受檀道济的米肉。从而感受陶渊明那格格不入的隐士情怀,他对高洁志趣的人格的坚守。

【案例分析】学生抓住了关键词"不",深入探究陶渊明内心,由浅入深、由收到放,给学生留出思维的空间,引领学生走向文本核心,提高思辨能力。

2."三引":探究文言文项目式学习指导策略

在文言文项目教学过程中,如何站在学生已完成起点项目任务的基础上,进一步寻找契机,生成问题,从而相机行动,培养学生的高阶思维与素养。

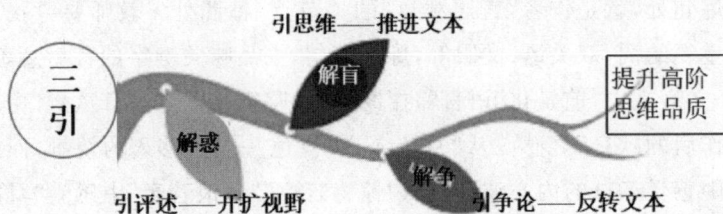

图 8 "三引"目标指向

（1）引入评述，开阔视野漫展开

在项目式学习活动中，学生遇到困惑难以突破，或偏离方向，教师可提供学习的支架，帮助他们进行深入探究。

古典诗文诗意朦胧而多义，教师可引入多家评述，开阔学生视野，展开项目探究。如《蒹葭》，有"爱情说""求贤说""哲理说"，可适当引入他人评述，以"你觉得《蒹葭》反映出怎样的美学价值？"为问题，让学生选择一项做探究，体会诗文的多义性，虽道阻且跻，然矢志不渝，执着追寻。

如《记承天寺夜游》，赏析"庭下如积水空明，水中藻、荇交横，盖竹柏影也"。学生表述后，教师可引入林语堂对苏轼的评述，"苏东坡他不管身在何处，总是把稍纵即逝的诗的感受，赋予不朽的艺术形式，而使之长留人间"。也就是说，苏轼不管身经何难，身处何地，也总能有诗意的境界。他所写的"积水空明"，写出了月光的清澈透明，何尝不是苏轼空明澄澈的心境！由此引发学生思考，形成项目探究：看月为何能观心？搜集写月亮的古诗文，如"问君能有几多愁，恰似一江春水向东流""举杯邀明月，对影成三人""露从今夜白，月是故乡明""云中谁寄锦书来，雁字回时，月满西楼""无言独上西楼，月如钩。寂寞梧桐深院锁清秋"，等等。景由心生，奇妙月色折射不同心境。

（2）引导思维，推进文本深研讨

在学生思维的盲区，引导思维转换或想象，推进文本研读，形成项目深研讨。如研究《醉翁亭记》中为何运用这么多"也"。学生做了两方面探究：其一，更好地表达舒缓语气；其二，更能体现散文"形散神不散"的文章样式。教师做思维的引领，提出假设：如果将文中的"也"全部删去，会有怎样的感觉？

学生修改原文：环滁皆山。望之蔚然而深秀者，琅琊。有亭翼然临于泉上，醉翁亭……山水之乐，得之心寓之酒。

学生体会到这样读起来短促，好像话没说完戛然而止。每一句加上"也"，读起来很舒心，表达出优哉游哉、从容闲适的情感。再引导学生思考，如果将《小石潭记》的句末加上"也"会怎样？学生感受到柳宗元是"想乐"却"无心去乐"。

如研讨《记承天寺夜游》"闲"里有怎样的含义？是"悠闲、闲情"，还是"清闲、闲置"？之后，转换思维：苏轼愿意做"闲人"吗？以"如何看待苏轼的失意与旷达"为驱动问题，进而以"探寻苏轼入世出世的矛盾心理"为项目，深入解读苏轼的释然豁达的襟怀：无论是明枪暗箭、排挤诬陷的风雨，还是几度闪光的晴空，他都遇变不惊，一袭蓑衣抵挡烟雨风尘！入世抗争，命运困于党争；出世豪迈，襟怀奉于苍生，淡泊超然！

(3)引发争论,反转文本寻突破

寻找文本争论点,教师要善于寻找这个"落点",还要引爆思考,形成项目问题,在学生灵魂深处引发风暴。

案例 4　桃花源的本源探寻

项目式学习《桃花源记》,一个小组的分项目有:①桃花源里是个怎样的世界?(景、人、事)②"渔人"到底说了什么使"村人"皆叹惋? ③此中人为何语云"不足为外人道也"?

由①得知,桃花源景美、平等、自由、人和。 由②得知,渔人所说的世界是一个充满战乱民不聊生、令人叹惋的世界。 由③得知,此中人不想让外人打搅、破坏,只想保持安宁的状态,表达出对自由平等生活的向往。

师:既然村人强调了"不足为外人道",为什么渔人出去后找太守"说如此"?

生:说明渔人向往桃花源的生活,他不甘心,他违背了信任。

生:太守"即遣人随其往",也很心急。也许是好奇。

师:为什么还要写刘子骥也"欣然规往"?

生:刘子骥,高尚士也,连他都想去看看,可见桃花源的魅力之大。

师:结合渔人、太守、刘子骥三人的寻找,大家再设立探究项目。

生成新项目:探寻桃花源的本源。

问题争论:如果渔人、太守、刘子骥准备再充分一些,他们能找到桃花源吗?

A:理论上找得到。假设:渔人的标记再具体一些,明显一些;太守发动全员,地毯式搜寻;刘子骥不病终,后人继续问津……

B:找不到。

探究结果 1:违背信诺的人不会有好结果,"找不到"是对渔人的惩罚。

探究结果 2:渔人代表民众,太守代表官员,刘子骥代表名流,说明整个社会的人都想逃离现实,向往理想生活,而这样的生活现实中没有。

探究结果 3:渔人误打误撞进入,出来还做了标记可是找不到,说明这可能是进入幻境,不存在的,是作者留下的伏笔。

生:桃花源好像很虚幻,不存在的。桃花源的本源是什么呢?

生:桃花源就是陶渊明的一个梦,是他自己的世界。

生:这是他自己所追寻的世外桃源。一个人想超脱,就会造梦、追梦、圆梦。

【案例分析】学生一开始只是在进行原文的信息整合,在追问后生成新的项目,引发争论。第一环节的争论点是"为何渔人、太守、刘子骥都要去寻?"说明这是一个普遍的社会愿望。第二环节的争论点是"为何找不到桃花源?"进行项目的深入探究,最后抵达作者思想的内核。

如《唐雎不辱使命》,面对秦王的威逼与恐吓,唐雎"挺剑而起",而秦王"色挠",设置项目问题:"唐雎真能刺杀秦王吗?"反转文本,学生展开研讨:

(1)文中的唐雎杀得了秦王。因为唐雎面对秦王的威逼,委婉维权,据理力争。面对秦王的恐吓,唐雎义正词严"流血五步,天下缟素",且挺剑而起。

(2)历史上唐雎不可能杀得了秦王。因为秦灭小小的安陵国不过是小菜一碟,哪里会有这番交锋,而且秦王忌惮"荆轲"之类,唐雎是不可能带剑接近秦王。但这正是文学作品的"真实"的魅力。

学生通过争论,体会到在唐雎的身上,体现的是中国"士人"的功绩。唐雎,满足了"士人"在纷乱的政治事件里力挽狂澜、中流砥柱的角色的想象。作者意在反对暴秦,塑造策士侠客形象。

3."三拓":灵动文言文项目式学习活动策略

(1)拓展时空,百舸争流重体验

文言文"项目式学习"中确立主题、制订计划、实施过程、改进操作、展示成果、多元评价等环节,都放手让学生去做,由课堂到课外,由课本到实践,每个小组呈现富有个性的团队作品,形成百舸争流、自主参与、探究体验的氛围,学生在项目进展中提升能力。文言文的项目式学习不局限于课堂的问题探究,更应该走出课堂,走入图书馆;走出校园,走入社会;走出知识学习的框框,走入思维碰撞的引力场。

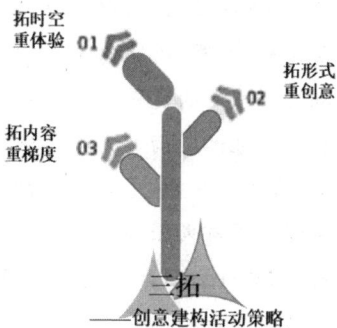

图9 "三拓"的侧重点

案例5 如何看待苏轼的失意与旷达

以下为其中一个小组的"项目式学习"生成改进过程:

阶段	项目学习活动
确立项目主题	探寻苏轼的"出世"与"入世"的矛盾心理
制订项目计划	本次活动分四个部分:①小组6人分工搜集关于苏轼的经典作品与网评,泛读林语堂《苏东坡传》;②个人撰写对苏轼的看法;③学习成果交流;④项目学习活动反思与评价

续 表

阶段	项目学习活动
实施项目过程	①搜集苏轼的代表性作品与网评;②研究苏轼故事;③结合课文与课外资料,撰写"心中的苏轼";④运用思维导图或PPT制作项目研究成果;⑤提出研究疑惑
改进项目操作	基于对苏轼的解读的不深入,结合教师提供的资料:①《蒋勋说宋词》第五讲;②《一蓑烟雨任平生》(也无风雨也无晴);③参观苏堤,了解苏轼在杭州的故事与思想。继续交流、探究,改进制作的成果。通过网络(微信群等)分享项目作品,课堂上交流展示
展示项目成果	制作"我说苏轼"项目成果集(记录学习足迹、搜集撰写文章按小标题汇集、编订目录作序、个人项目式学习总结等),另外将朗诵录音、网上互动的跟帖制作成二维码,共赏
多元项目评价	学生自评、小组互评、教师点评、家长参评

学生对苏轼做这样的探究,更能深入解读苏轼的情怀。学生感悟的成果:乌台诗案,他身陷囹圄,以戴罪之身来到黄州。他痛定思痛,潜心研究佛经与老庄哲学,在儒家、佛家、道家的融合中走出自己的人生之路。"但少闲人如吾两人者耳",愤慨之余更多的是释然。而他在风雨中吟啸徐行,不正是他人生的写照吗?一切过后,就"也无风雨也无晴",这是一种顿悟,一种超越得失的旷达。坦荡之怀,任天而动,清旷之气,超尘脱俗。欲仕不能,欲隐不忍。被贬的悲凉,人生的惆怅在"闲"中解脱。唯有内心的强大方能潇然天涯。他拥有"江海寄余生"的超逸,更有"西北射天狼"的壮志。亦如困苦境遇中的一轮月,在他的心中升起,千百年来在后人的心中不落……

【案例分析】这个小组自立驱动主问题,进行项目式学习,小组制定项目方案比较完整,再结合教师提供的支架后创新设计本组新的项目实施方案。学生从课内走向校外参观,文本也拓展理解,最后学生感悟到苏轼身上三种特质:奋发有为、以天下为己任的儒家入世之意志,悲悯苍生的佛家思想,超然物外的道家旷达境界,这就是智者在苦难中的超越。

(2)拓展形式,百川归海重创意

项目设计可融入音乐、美术、喜剧、电影等多种形式载体,结合名著研读、雅言诵读、综合实践学习等抓手来实施项目,形成"雅文鉴赏""邂逅古人""文言才智达人"等栏目。

学生在《水浒传》项目式学习中,运用手编报、故事会、辩论赛、PPT、电影、情景剧等形式,开展"水浒言语探究""水浒塑造人物技法""水浒英雄之我见"等探究。

比如在"宋江是忠还是奸"的辩论赛中,学生结合宋江的事例,舌战力争,最后感受到:疏财仗义、济弱扶贫、孝亲敬友,是他性格温柔敦厚的一面;孝忠皇帝、讲义气,是他性格中正统思想的一面;明处为大家办事,暗处结交江湖大盗,是他性格中虚伪狡诈的一面;聚众反国,题诗言志,这是他性格中反叛的一面。他的身上寄予作者一定的社会理想,但也辩证地揭示其人性的弱点。

在人物塑造手法方面是"共性之上突出个性",林冲、鲁达、杨志,同是本领高强之人,性格却迥然有别。林冲之前隐忍、之后抗争勇猛,鲁达粗鲁放达,杨志醉心功名,在比较中更易明白人物形象的生动鲜明。

在"莲的文化探寻"项目中,有"莲的花语""莲的诗意""莲的佛学""莲的品格"等,各小组创意设计,百川归海,直抵目标。学生在"莲的文化探寻"体会中写道:"何等心性让你拥有不愿嫁与春风的气度。逢傲然立于池中,约有艳压众魁之势。你亭亭而立,不忧不惧,可曾有一刹覆于夏风萧萧。花容湿露聚黛眉,在水一方已是万户柳烟,相约一汪映日的碧荷,调一曲清莲的传谣,采莲的舟子,踏歌而至。"

(3)拓展内容,百尺竿头重梯度

在项目问题驱动下,可以形成几个学习任务,各自对应子问题,而主问题与子问题可以构成问题框架,使学习内容丰富多样,形成系列,项目问题环环相扣,层层递进,使阅读文本走向深入,使文言文"项目式学习"既有灵气又有深度,从而提高思维品质,丰厚学养。

在学习古代名家的文言文时,教师补充背景资料后,学生往往会发出这样的声音:"怎么又是被贬之后的作品啊!"似乎古文经典作品就是作者被贬后的心迹。教师抓住这个契机,设置项目。

案例6 解读文人贬谪 正确看待挫折

学生小组协作,各自进行项目探究。教学时细化任务,分四个环节。

任务一 认识文人贬谪原因

学习活动:①搜集文人的被贬遭遇,分析被贬的原因;②观看《柳宗元》微视频,形成对文人被贬的认识;③结合文章与视频,归类分析,写《我对文人贬谪的原因初探》。

任务二 学会辩证看待贬谪

学习活动:①搜集关于辩证思维的文章,学习辩证思维,迁移到辩证看贬谪;②结合柳宗元《小石潭记》、范仲淹的《岳阳楼记》、欧阳修的《醉翁亭记》,用思维导图,比较他们对待贬谪的异同感受;③围绕"诗意文采与失意人生"的话题,写短文,辩证看待被贬。

任务三　品读贬谪后的人生故事

学习活动:①搜集文人贬谪后的人生故事,使用 PPT 交流;②阅读《贬谪诗人的心态管窥》,分析、体悟贬谪背后的悲怆与奋进。

任务四　正确看待人生挫折

学习活动:①搜集贬谪后积极乐观的词句,阅读《难得淡定》,学习豁达胸襟;②设计"应正确看待人生挫折"的演讲,并进行演讲。

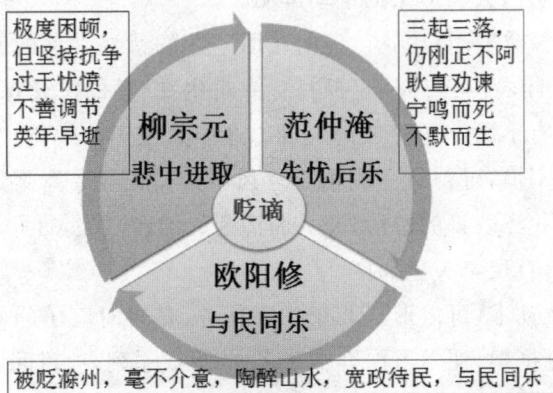

图 10　柳宗元、范仲淹、欧阳修贬谪人生的心态比较

【案例分析】四项任务各有侧重点,先分析被贬原因,再正确认识被贬之人,归纳分析背后的悲怆与奋进,最后从古人身上汲取养分、激励自身。

这四个环节,具有层递性,学生由感悟他人到认识自我,由评点古人到感悟当下,既有真实情境的问题思考,又有自主研讨的深入体悟。学生自行设计项目方案,教师适时提供助力材料。除了柳宗元、范仲淹、欧阳修,学生还搜集了屈原、司马迁、李白、韩愈、刘禹锡、苏轼、辛弃疾、陆游的贬谪经历,最终学生在项目式学习中感受到中国的贬谪文化。小组制作该项目的成果很丰富,包括学习摘录手册、搜集的文本资料、个人的感悟作品、推介 PPT、本次项目式学习活动的总结,真正在活动中体验、认识人生。

五、研究成效

文言文项目式学习的教学实践与研究,让我更深层次地感受到文言文项目式学习的教学魅力。经一年的实践探索,取得了一些成效。

1.突显了项目学习特色,提高文言能力素养

学生在文言文"项目式学习"过程中,提高了项目策划能力、文言文归纳能力、文言文鉴赏能力和创新建构能力。

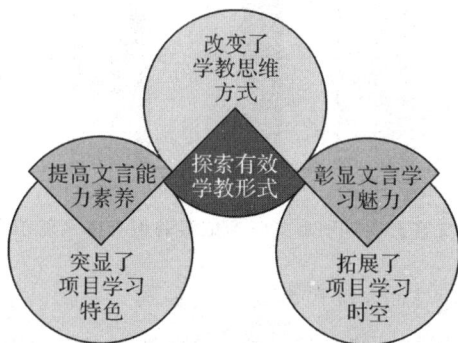

图 11　文言文项目式学习研究成效

比如同是被贬之人,苏轼与陶渊明都寄情山水,他们的心志相同吗? 学生项目式学习的鉴赏如下:

生 1:陶渊明的《饮酒》《归园田居》等作品,透露出的是远离官场、享受田园的自得其乐,如"采菊东篱下,悠然见南山""此中有真意,欲辨已忘言",他怀揣的是人与自然的超然合一、无惧无忧、安宁自适。而苏轼被贬黄州后,官微言轻,《记承天寺夜游》中"但少闲人如吾两人者耳",是享受"闲"、不甘于"闲"而又无奈于"闲",《江城子·密州出猎》中"西北望射天狼",还有着为国杀敌的热血豪情,《定风波》中"一蓑烟雨任平生",更是旷达豪迈,潇然天涯。

生 2:陶渊明和苏轼都不满现实,寄意山水。陶渊明是"性本爱丘山",真正融入自然,而苏轼是"何夜无月? 何处无竹柏?",从自然中超脱。陶渊明"羁鸟恋旧林",他是主动辞官,厌倦尘世,归隐田园。苏轼则是"多情应笑我,早生华发""鬓微霜,又何妨""休将白发唱黄鸡",他有一种心理上的挣扎,他最终战胜了苦难,获得超脱,实现精神的跨越。从这点而言,"自然"成了苏轼摆脱苦恼的凭借。

学生的文言素养得以提升,涵养了文学底蕴,滋养了灵魂。学生的文言文学习功底增强了,文言文单项成绩有很大提高。在学校九年级平行班里进行满分各100 分的四个专项检测中,实施项目式学习的班级与未实验的班级在文言文词法、默写、阅读、写作方面有明显差异。实验班优胜于未实验班。

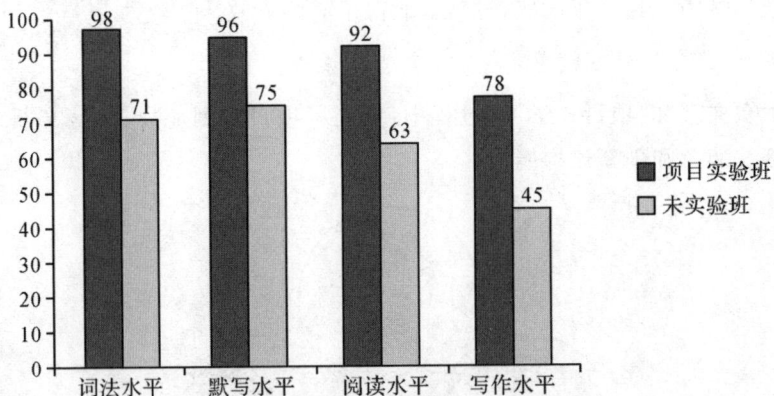

图13　文言文实施项目式学习的实验班与未实验班平均分

2.改变了学教思维方式,探索有效学教形式

文言文教学运用"项目式学习",改变了"学教方式",教师放手"独霸讲坛",课堂组织形式多样化,比如学生立项、研讨、探究、辩论、实践、展示等。

它激活了文言文阅读方式,学生沉潜涵泳,自主探究,且喜欢用言简义丰的文言文或诗歌来展示项目式学习成果。

学生学习《三顾茅庐》后,结合《三国演义》,探究"诸葛亮为何明知北伐困难重重,却一定要坚持北伐",深深感慨于诸葛亮"感激知遇之恩""鞠躬尽瘁""兴复汉室""睿智化难"的复杂内心,他"一生很短,只有五十四年!一生又是很长,千古流传!"

学生创作《悼武侯》(节选):

庐内知晓天下事 / 心忧世间亿生灵 / 万幸皇叔三顾庐 / 伯牙终遇那知音

千恩万谢始出山 / 卧龙轩昂抬起头 / 草船借箭,舌战群儒

空城妙计,暗度陈仓 / 奇策频现,一身荣耀 / 可承想五丈原

星沉落　秋风凉 / 天许是妒英才 / 卧龙长眠定军山

荣耀好似天上星 / 却不图世间功与名 / 白帝托孤之忠 / 一生青平之心

远远传于后世 / 武侯　武侯 / 你的风还在吹……

另一位学生的《致亮》(节选),更惊异于诸葛亮的智慧:

孔明灯　七弦琴 / 木牛流马　诸葛弩 /

它们自你手中问世 / 它们在沙场上铸就传奇

新野的火,你纵 / 赤壁的火,你助

谈笑间,羽扇一挥／强敌于冲天熷光中灰飞烟灭

陌上人如玉,公子世无双

忆中,你仍是那潇洒／羽扇纶巾,鹤氅素衣／一副儒生模样

忆中,你仍是那雅致／清友沉香,七弦古琴／一曲百转回肠

忆中,你仍是那豪姿／大梦先觉,自知平生／一诗道尽念想……

项目式学习将"小组合作"效益扩大化,项目完成的主动权交给学生,促进学生探究思维发展。教师改变"一言堂"授课方式,适度搭建"脚手架",适时引导。

3.拓展了项目学习时空,彰显文言学习魅力

文言文"项目式学习"构建了一个开放、协作、多元的学习形式,项目设置与实践活动,拓展了文言文的学教时空,突破了学科壁垒,实现了跨科融合、多种载体迁移,更体现出文言文学习魅力。

学生可将项目学习的成果以文言文课本剧古装表演的形式,在课堂外的时空呈现给更多的观众欣赏,获得全新的文言文学习体验。同时,学生在学习中体验生命的成长,感受学习的快乐,点亮思维的火花,遇见更美的自己。

六、研究反思

文言文项目式学习在实施中还需完善,教学带给我很多思考。

①项目设置能力有限。学生在项目的设置方面,比较倾向于单一的问题探究,项目问题的信息量还不够大,项目探寻相对简单、易操作,但也容易陷入项目的浅表性。

②项目探究支架有限。学生在项目探究过程中,不善于主动寻找支架,阅览、走访、考察等形式还受到时空局限。教师要进一步构想研究体系,使文言文项目式学习走向深入。

③项目展示方式有限。项目学习的结果展示时,大多是小组讨论的结果呈现,文字表述缺乏表现力,项目表演还缺乏深度。还需进一步注重积累,提升文言文素养。

这些均成为本课题后续的深入研究的项目。

基于文言文项目式学习的教学探寻,是立足其文本意义而做的深度探究,充分发挥了学生主动求知、协同钻研的精神,在"文"与"言"中挖掘文言文作为经典文学作品的最大化课程价值,使"文言""文章""文学""文化"一体四面,相辅相成,使文

质兼美的文言文转化为学生的精神文化养分。这样学生所得的不仅仅是浅层的古汉语知识的积累,而是深层次的文化底蕴与思想启迪,更注重汉学文化的传承与反思。

参考文献:

[1] 刘祥.有滋有味教语文[M].上海:华东师范大学出版社,2017.

[2] 朱昌元.语文——生命栖息湿地[M].长春:长春出版社,2011.

[3] 周群.网络环境下的初中语文项目式学习实践[J].中小学数字化教学,2018(3).

[4] 柯清超.超越与变革:翻转课堂与项目学习[M].北京:高等教育出版社,2016.

从 "盲行" 走向 "知行"

——基于小组合作初中语文项目制学习的研究

陈 艳

【摘 要】《新课标》对语文课程学习提出了新要求,初中语文教材中的"综合性学习"就是在这样的背景下设置的,为学生自主学习提供学习情景、学习环境、学习空间,充分体现了语文学习内容的丰富多彩、学习方法的形式多样、学习过程的注重实践、学习评价的多元分层。本文笔者所指的"项目制学习"就是指学生围绕一个项目主题,实施跨学科的综合性学习研究。

【关键词】小组合作 综合性学习 项目制学习

一、问题迭出——研究背景及意义

"项目制学习"是初中语文教学中的一颗"新星"。课改以来,特别是开展小组合作以来,我校在"项目制学习"这一领域的教学和研究都取得了很大进步。但是,由于"项目制学习"具有较强的问题性、探究性、实践性等特点,学生在学习过程中出现了不少问题,同样教师在教学过程中也碰到了不少问题。因而它成为语文教学中的一大难点。如何啃下学生、教师思想上的这块"硬骨头",如何有效开展"项目制学习",成为当前语文教学亟须解决的问题之一。

(一)研究背景

1.老师——课堂教学之困

吴康宁先生深刻地指出:"在国内,任何一个尊重客观事实、了解教育形式的人都会承认,我们的儿童正普遍处于一种'受逼'学习的状态……儿童健康的、有活力的成长与发展有一个根本的前提,那就是他必须处于一种主动的、自由的生存状态。"教学过程中,我们为了让学生完成我们既定的教学目标,"逼"着学生按照我们为他们指引的方向行走,而忽略了最重要的两点:学习兴趣、学习责任。

首先,学习兴趣。学习兴趣是指学生强烈渴望获得知识的心理,就像口渴的时候我们需要喝水,饥饿的时候我们需要吃饭一样。学生有了学习兴趣,他们就会自觉主动去学,去汲取自己所需要的知识,学习对于他们来说不是一种"负担",而是一种满足感。这种满足感,就像饥饿的人饱餐一顿之后的享受。相反,如果学生没有学习兴趣,学习对于他们而言就味同嚼蜡,是一种痛苦的煎熬。

其次,学习责任。学习责任是指学生所认识和体验到学习是个人对社会应尽的义务和责任。只有学生自觉地担负起学习责任时,他们才会认为学习是给自己学,而不是给父母老师学,学生的学习才是一种真正的有效学习,而不是被逼迫的学习。所以,这就迫切需要起引导作用的老师找到一种合适的教学方法,使学生成为学习的主体并不断发挥主体的价值,使学生主动地参与到学习的过程中去。只有学生具备了这种学习的"乐业"与"敬业"精神,他们才能更好地投入到这场"学习革命"中去。

语文课程的基本理念是要建设有活力而又开放的语文课程。那么"项目制学习"就必定要符合语文课程的理念。我觉得不仅仅要培养学生的学习兴趣,更重要的是还需培养学生的学习责任。让学生带着责任、兴趣去学习。

2. 学生——课堂学习之难

(1)重视程度不够

首先,是老师的重视程度不够。很多时候,语文作为一门"附属"学科出现在我们的中学学习中。正因为老师的重视程度不够,导致了学生不能够准确定位项目制学习的重要性,使学生在思想上没有树立学习的目标。一旦学生没有了兴趣和目标,这些对于他们来说就会成为课堂教学的"难点"。

(2)老师对于教材处理呆板,导致学生的不重视

在平时的教学过程中我们常常这样抱怨:"这个内容,不适合我们农村的学生,我们又不如城里,我们身边哪里有这么多资源?""快期中考了,又要上项目制活动,学生哪有这么多时间啊?"由此可见,项目制学习受到很多方面的约束,时间、内容、形式等,老师自己都不注意,那么又凭什么去要求我们的学生,这样就导致了我们学生对项目制学习的不重视。

(3)学生在学习过程中指导欠缺

项目制学习一般要经历三个阶段:准备阶段、实施阶段、展示阶段。在整个过程中,由于需要的时间长,有些甚至长达1—2个月。在整个过程中,活动过程和展示形式也较复杂。老师们往往只侧重活动结果的展示,而忽略实施阶段过程的指导。内容布置给学生,就当"甩手掌柜",对于活动过程中学生是否有兴趣,合作情况怎样,活动中采用的方法是否恰当,学生是否对资料进行分析、整理、归类,是否

提出自己的观点等等,都不予及时的指导。像这种没有教师完整指导的项目制学习,导致学生兴趣的缺乏,使项目制学习难上加难。

(二)研究意义

人教版《教师教学用书》在"致老师们"中说:"综合性学习是新课标中的新内容,是语文教育中的新课题。本人对'综合性'的理解有两点:一是将字词、阅读、写作、口语交际渗透到综合性学习中,从而提高写作与口语交际能力;二是突出学习过程中的操作性、探究性,培养学生观察、发现、解决问题的能力。"本文所指的"项目制学习"对综合性学习提出了更高的要求,要求学生围绕一个项目主题,实施跨学科的综合性学习研究。

基于以上认识,我认为在小组合作的背景下开展"项目制学习"有利于:

1.培养学生的问题意识

语文"项目制学习"的课型,首先要求教师引导学生按自己的兴趣爱好"提出学习和生活中的问题"。可见,这一课型一开始就把主体定位在学生上,而不是教师身上。学生才是问题的提出者、分析者、探究者、实践者、解决者。通过项目制学习,让学生在提出问题的基础上去解决问题,而不是在老师的"胁迫"下被动地解决问题。

2.培养学生的合作意识

我认为小组合作是目前语文"项目制学习"比较有效的形式。学生为了解决一个学习中的问题或完成一个有趣的语文活动或探究一个深刻的主题,常常需要一起进行准备、讨论和研究。他们在与组员准备、讨论和研究的过程中,逐步懂得小组合作的重要性。在合作的过程中,如果遇到问题,就通过小组的形式去解决问题,这样既培养了学生的解决问题能力,又可以在合作中培养学生之间的情谊。

3.培养学生发现问题、整合信息和研究问题的能力

学生在语文项目制学习的过程中,为了完成某个项目制学习,需要通过多种渠道来获取信息、处理信息,恰当地运用信息。学生通过制作课件、制作图表、分析数据、撰写小文章等一系列活动,去完成项目。在这一过程中,学生发现问题、整合信息和研究问题的能力得以逐步提高。

二、拨开云雾——概念阐释

1. 小组合作

小组合作的产生主要是为了克服传统教学"老师大量灌输,学生难以吸收"的弊端,改革死板的课堂教学,提高教学效率的需要。基本做法是将全班学生依其能力倾向、个性特征、学业水平、男女性别、社会家庭背景等方面的差异组成若干个异质学习小组。

2. 综合性学习

语文综合性学习是"以语文学科为依托",注重联系学生的生活经验和生活实际,注重语文学科知识与社会、音乐、科学等学科的联系,注意学科内部知识、能力与相关素养的整合,注重知识与能力、情感态度与价值观的整合,注重方法、过程、结果的整合,注重课内学习、课外学习以及日常生活的整合。

3. 项目制学习

"项目制学习"在欧美学校是一个很火的词,学生们在老师的指导下围绕一个项目主题,展开跨学科的"综合性学习",这个过程都是小组协作完成,且不一定得在课堂上完成。

三、运筹帷幄——研究设计

(一)教学现场分析

【情境描述】九(上)综合性学习"话说千古风流人物",有三项活动:①风流人物谁与争锋;②丰功伟绩到处传扬;③豪情满怀吟诵华章。要求学生完成三项活动后,以"千古风流人物"为话题,写一篇不少于600字的作文。而九(上)第六单元出现了诸葛亮的《隆中对》和《出师表》,所以我选取了诸葛亮这个风流人物。我设计了一堂小组合作展示课,首先,六个小组的同学根据抽签,领取了六个不同的任务。然后,每个组根据自己领到的任务回去与组员分配、完成任务,准备课件并上台展示。最后,学生通过对这个人物的了解,写出一篇深刻的作文。整堂课通过小组合作展示,诸葛亮的形象跃然于纸上。

【情境分析】这次小组合作的"项目制学习"展示活动,让我看到了学生对于小组合作下的"项目制学习"课程的热情和喜爱。所以,我想通过自己的实践,找出一些适合中学生兴趣的"项目制学习"方式并加以指导。

(二)研究内容

1.传统课堂"综合性学习"现状调查

学生:①认为综合性学习很重要,但就是不知道如何开展;②缺乏老师指导,注重结果,导致将综合性学习搞成了单纯的社会课、班会课、科学课。③认为综合性学习不太重要,主要还是以阅读、文言文、写作为主,所以思想上不够重视。

老师:①没有可参考的教材,没有可参考的课件,没有可参考的先例,所以感觉无从下手。②没有适当的评价标准,感觉学生做了,也不知道如何去反馈。③由于自身能力的缺乏,不知道如何将语文的综合性学习与历史、美术、演讲与口才、辩论等结合起来。

2.小组合作"项目制学习"内容探究

在近一年的时间里,我把六册新教材的"综合性学习"内容进行归类:以赏析为主的、以编辑制作为主的、以积累感悟为主的、以调查研究为主的,然后小组分工合作完成项目制学习(见表1)。

表1　初中新教材"综合性学习"归类

	七(上)	七(下)	八(上)	八(下)	九(上)	九(下)
赏析类	《漫游语文世界》	《戏曲大舞台》		《寻觅春天的踪迹》	《好读书读好书》	《乘着音乐的翅膀》
积累感悟	《成长的烦恼》《少年正是读书时》	《马的世界》	《让世界充满爱》《走上辩论台》	《背起行囊走四方》	《青春随想》《话说千古风流人物》	《走进小说天地》《岁月如歌——我的初中生活》
调查研究		《黄河,母亲河》		《到民间采风去》		
编辑制作			《怎么收集资料》			

3.小组合作"项目制学习"方法探究

①小组预学。活动前,老师钻研教材,把任务布置给学生,学生认真预习、精心准备。

②小组展学。活动中,小组成员展示,老师指导,体现活动内容的语文性、自主性。

③小组评价。活动后,生生间、师生间及时评价并进行经验总结。

4.小组合作"项目制学习"形式多样

(1)活用课程资源,拓宽语文学习的空间

《新课标》中有这样的表述:"学校教学和课外拓展都是语文课程资源:教科书、图书馆、舞台等。"本人在上七(上)"童话寓言"综合性学习的时候,将童话《皇帝的新装》改编成课本剧《皇帝的一天》搬上讲台。

(2)加强学科之间的整合,丰富语文综合性学习内容

《新课标》指出:"语文学科提倡学生跨领域学习,老师应该引导学生与其他课程相配合。"因此,语文教师要有意识地加强与其他学科教师之间的合作,加强与各学科之间的联系。如上综合性学习"黄河,母亲河"的时候,可以结合社会(黄河经过哪里,当地有什么名人、古迹等)、音乐(歌曲《黄河颂》《保卫黄河》等)知识来教学。通过活动让学生知道语文学习不只是掌握课本知识,还需要加强与各学科之间的联系,拓宽课外知识。

(3)利用当地自然风光、人物古迹、风俗民情,开发综合性学习资源

生活处处皆语文,一切"自然风光、人物古迹、风俗民情"等都可以成为语文课题的资源。比如七(下)"戏曲大舞台",结合民俗文化,形成调查报告。

5.小组合作"项目制学习"评价体制

我校模式:第一,我们会有一个预习分(包括课前资料准备、PPT的制作等);第二,我们会有一个展示分(小组成员展示自己的成果,然后其他的学生对这个小组的展示情况打分);第三,我们会有一个点评分(其他小组成员对于上台展示的小组的点评及补充。因为学生的答案很多时候是随意的、不成体系的,这就需要老师介入,进行适当的补充与点评,使答案完整、成体系);第四,小组总分(用来评价小组整堂课的表现)。

(三)研究依据

1.多元智能理论

多元智能理论是由美国哈佛大学教育研究院心理发展学家加德纳于1983年提出的。加德纳从研究脑部受创伤的病人发觉到他们在学习能力上的差异,从而提出本理论。本人在教学活动中多次运用加德纳的多元智能理论,根据学生能力上的差异分配不同的学习任务,让学生完成与自己能力相匹配的学习任务,从而感受学习带来的成功与喜悦。

2.发现学习理论

美国著名的教育家和心理学家布鲁纳提倡发现学习,主张教师在教学中要创造条件,让学生通过参与探究活动发现基本原理或规则。在我们的"小组合作学习"中,教师在教学过程中不断地创造条件,让学生通过小组合作的形式参与探究活动,特别是在我们的"项目制学习"过程中。

3.罗杰斯的学习理论

罗杰斯提出教学中应以学生为中心,反对把学生看作"较大的白鼠"和"较慢的电子计算机"。学习的动机是产生于人类基本的自我实现。其学习目的是使学生成为一个能充分发挥作用的人。教师所扮演的是一个促进者的角色。自从课改之风吹入我校后,我们在教学过程中始终围绕学生是学习的主体展开教学活动,在"项目制学习"中更是如此,我们始终坚持让学生通过自己的认识解决问题,如果个人不能够解决,那么则依靠小组的力量。我们老师扮演着指路灯的角色,在学生的学习过程中引导学生学习。

(四)研究过程

本课题拟定研究时间为1年(2015年3月—2016年3月),研究阶段划分如图1所示。

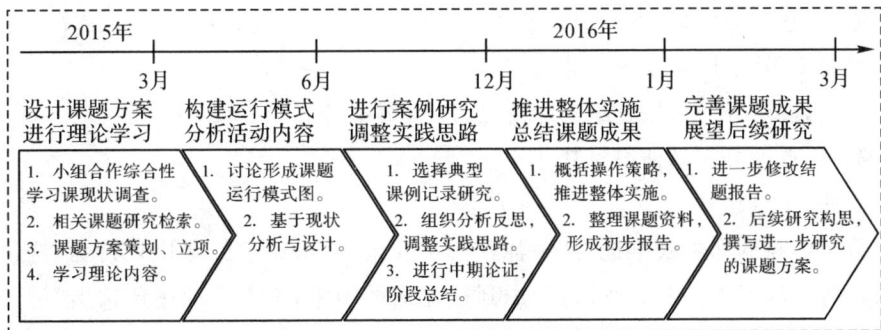

图1　研究历程

四、暗香浮动——实践操作

本人在这一年多的教学实践中,尝试多种形式的教学方式,也搜集整理了一些课例。特别是针对"项目制学习"的研究,我开展了多种形式的活动,希望通过这些活动,增强学生对于语文学习的兴趣。

（一）小组调查出报告

1."调查报告项目制学习"内容探究

民风民俗是人类历史文化中重要的组成部分。关注民俗,可以了解民生和民间文化。八（下）第四单元所选的课文有民间艺人逸事、各地节日风俗等,组成了一幅幅有声有色的"民俗风情画"。本单元的项目制学习也是"到民间采风去",要求学生结合民俗文化,形成调查报告。综合以上教材的内容,结合我们当地的特色,我让学生展开了一次关于"传统文化的继承与弘扬"调查报告。

2."调查报告项目制学习"方法探究

①小组预学。首先老师进行内容上的分组,我们××地区过年的传统节目有唱越剧、跳竹马、舞龙灯等。每个组学生分别领一个题目。

②小组展学。学生寒假里分组开展项目制学习,做好课件,并且形成调查报告。

③小组评价。开学时,学生对调查报告进行讲解和展示,同学点评、老师点评,评出寒假优秀调查报告,进行表彰。

3."调查报告项目制学习"评价体制及设计反思

（1）评价体制

第一,预习分（包括课前资料准备、PPT 的制作等）。这堂展示课,每个小组的课前准备都很充分,每组得 6 分。

第二,展示分。根据各组实际情况,1—6 分不等。

第三,点评分。其他组对其评价。

第四,小组总分。

分数最高的那组被推选为"最佳社会实践组"。由于这堂课比较特殊,这份调查报告将送区里面评奖。所以,考虑到这方面的因素,本次活动还评选出"最佳调查报告"。

（2）课例设计反思

通过这次"项目制学习",把"语文"和"民俗学"结合在了一起。老师在调查报告的格式与形式上做了相应的指导。让学生知道调查报告应该如何写。同时,通过这次"项目制学习",学生学会了如何组织小组内成员开展活动。开展活动的过程中组内分工明确,调查报告在老师的指导下也做得非常好。同时,在评价方面,生生互评,同学之间可以取长补短;师生点评,老师可以对学生做出相应的指导。

我想这样的"项目制学习",不仅提高了同学在各方面的能力,还培养了学生对于传统文化的兴趣。

(二)激烈辩论展智慧

1."辩论赛项目制学习"内容探究

对于辩论赛,我们一点儿也不陌生。我们经常可以在电视里看到并且我校也会每学期举办一次。

八(上)第四单元的综合性学习"走上辩论台",要求学生搜集资料,活跃思维,大胆发表自己的见解。在不同意见的撞击中,展现出个人魅力,闪烁出智慧火花。

初二的学生,正处于一个狂热追星的时期。那段时间班级里有些女生追韩国的 MIC 男团已经到了狂热的地步,时常买 MIC 男团的杂志到教室里看,整天在 QQ 空间里为男团喜为男团忧。所以,我想借助这节课,让学生树立一种良好的观念,让他们明白,我们应该怎样追星。

2."辩论赛项目制学习"方法探究

那么,如何把这种形式运用到我们的语文课堂上呢?以"青春偶像崇拜弊大于利 VS 青春偶像崇拜利大于弊"为例,笔者做了以下一些尝试:

①课前准备。一、二、三组准备青春偶像崇拜弊大于利;四、五、六组准备青春偶像崇拜利大于弊。

②搜集资料。准备青春偶像崇拜弊大于利(早些年,港星刘德华在内地拍摄电影时,一名中学生为了能见他一面,竟然在他下榻的宾馆内的床底下,忍着饥饿"潜伏"了 17 小时,吓得"天王"大惊失色。学生为买明星的海报、杂志花费很多钱。很多影视明星并不能树立很好的榜样。……)

准备青春偶像崇拜利大于弊(保尔、张海迪、雷锋、赖宁,哪一个不是一个时代年轻人的楷模,又让多少热血青年为之鼓舞,奉为榜样。……)

③课堂上展开激烈的辩论。

3."辩论赛项目制学习"多样成果

这是一堂热闹的课,在这热闹的氛围中,体现了学生的智慧,擦出了智慧的火花。我希望通过这样的形式给课堂增添一些活力,给学生添加一些动力。

4."辩论赛项目制学习"评价方式及设计反思

(1)评价方式

第一,准备分。这堂辩论课,全班分成两个大组,组长整理组员收集的资料。

根据每个学生的完成情况,打个人分。

第二,展示分。两大组 PK,每个组派一个人统计个人展示的分数,算出最高分。

第三,总分。每个小组个人准备分、展示分总分相加,算出分数最高小组,评"最佳辩论组"。个人得分最高,获得"最佳辩手"称号。

(2)设计反思

通过这次"项目制学习",把"语文"与"辩论"结合在了一起。中学生对于"偶像"一直都比较崇拜,在这个"国民女神""国民男神"辈出的时代,如何引导学生合理地追星,是我们老师需要引导的一个问题。那么,如何引导? 是简单的说教,还是让学生讨论领悟? 于是,我设计了这样一堂课。希望通过这样的课堂,引导学生树立正确的价值观,不要盲目追星。同时,我希望通过这样的形式给课堂增添一些活力,让学生爱上语文课。

(三)读书交流秀风采

1."读书交流项目制学习"内容探究

读书是一个奇妙的过程:读书让人悦目,读书让人赏心。读书可以汲取古人的智慧。读书拉近人与人的距离。因为读书,狭隘的眼界慢慢变得开阔;因为读书,狭隘的心灵慢慢变得豁达;因为读书,生活变得丰富多彩。

基于每学年学校开展的"好读书　读好书"的阅读活动,笔者设计了这个活动。

2."读书交流项目制学习"方法探究

①活动开展前期准备。推荐学生阅读本册语文书后的名著导读或者指定书目。每周四或者课后阅读,形成读书笔记。例如,本学期我们推荐学生阅读了课后名著《海底两万里》《名人传》,课内名作《边城》《受戒》等。

②活动中期。以班级为单位分小组展示。要求:做好 PPT 和展示稿,同学之间有点评与互评,老师有点评和修改指导。

③活动后期。形成读书小报或者个性阅读卡,在全校进行展示,对优秀者给予一定的奖励。

通过这样的活动既可以增强学生的阅读兴趣,又可以培养学生一定的动手能力。

3."读书交流项目制学习"评价方式及设计反思

(1)评价方式

第一,准备分。阅读名著,进行摘抄整理,打个人分。

第二,展示分。把班级分成若干小组,做成"好书推荐"的 PPT 展示。

第三,总评。以组为单位,分工合作完成一份小报,参与学校评奖。

(2)设计反思

这堂课的重点在于学生通过 PPT,对于看过的书的总结和展示。通过这样的课堂,提高了学生的课件的制作能力和课堂展示能力。通过这样的训练,学生在课堂展示上会越来越好。我相信通过初中三年的训练,我的学生以后出去,一定会比之前能说会画,能画会写。

(四)激情演讲显实力

1."演讲赛项目制学习"内容探究

你对困难微笑,坚强会对你微笑;你对挫折微笑,勇敢会对你微笑;你对失败微笑,成功会对你微笑。你对生活微笑,生活必将给你一片晴天。

九年级的学生,面临着升学等众多的压力,这些压力把他们压得喘不过气来。上这个课,我希望告诉学生,生活中你会遇到很多的挫折与不幸,但是再大的挫折和不幸与"死亡"相比又是多么的渺小。所以,请对生活微笑吧,那么这些挫折都将不是挫折,它们只是成功道路上的一个小插曲。于是,根据九年级的课本,我设计了一次"微笑面对生活"的演讲比赛。

2."演讲赛项目制学习"方法探究

①莲之花组、莲之叶组:分别做一份关于人类怎么坚强面对自然灾害(地震、台风、海啸)的 PPT 上台展示。

②莲之果组、莲之茎组:分别做一份关于生活中遇到的困难,如何克服的 PPT 上台展示。

③莲之魂组、莲之蓬组:找关于微笑面对困境的诗歌、文章,做成 PPT 上台展示。小组上来朗诵、表演。

3."演讲赛项目制学习"评价方式及设计反思

(1)评价方式

第一,准备分。各组准备 PPT 上课时展示。每位同学写一篇演讲稿。

第二,展示分。各组上台展示 PPT。推荐一位同学上台演讲。

第三,总评。评出最高分,适当给予奖励。我觉得如果这堂课放在初一、初二上的话,可以推荐优秀的学生参加学校、区里的演讲比赛。

（2）设计反思

在人生的道路上，也许你屡战屡败，但是我相信，只要你方法正确、永不言弃，必将守得云开见月明。现在，请学会微笑面对生活吧。通过这次"项目制学习"，把"语文"和"演讲与口才"结合在了一起。让学生调整心态，充满信心地迎接考试。

五、满载而归——研究成效与反思

于漪老师说："教师如果有本领把学生学习语文的求知欲和兴趣激发起来，语文教学就成功了一大半，学生学习语文就有了良好的起点，就不以为苦，并从中获得乐趣。"

通过小组合作展示的"项目制学习"活跃了课堂气氛，更主要的是增强了学生学习语文的兴趣。这样的语文课堂笔者认为已经成功了一半。此外，要上好每个"项目制学习"，我们还应注意以下几点。

（一）掌握课程目标

掌握课程目标，这是提高效率的前提。《新课标》，对各年级语文项目制学习提出了明确的目标要求：一是学生能自主组织文学活动，如办刊等。在阅读《童年》这部名著的时候，我们前期做了大量的准备工作，每周拿出一节阅读课让学生交换展示读书卡、读书小报。二是让学生提出问题，共同讨论，解决问题。例如，在上八年级（下）"民俗"这个单元的时候，我们就让学生去做关于身边的民俗调查报告。三是关心国内外以及生活中的事情，就共同关注的问题搜集资料、调查访问用图画、照片、文字等展示学习成果。比如，在 G20 开幕之际，我让学生回去搞了一期"G20，我们在行动"的主题活动，让学生对我们身边的事情有一定的了解。类似小组合作这样的形式，培养了学生的表达、讲解能力。

《新课标》对语文项目制学习的目标定位是十分具体明确的。主要体现了如下特征：首先，突出综合性；其次，强调实践；再次，体现自主。

所以，教师掌握项目制学习的目标和特征，是指导学生进行项目制学习的第一步。

（二）综合各种能力

"项目制学习"作为一个重要的项目，列入语文课程标准之中，充分体现了语文教学要全面提高学生语文综合素养，培养语文学习能力这一基本目标。

例如七（上）项目制学习"探索月球奥秘"。该课涉及社会、音乐、地理等学科内容,这对学生来说是一个可以自由探索的未知奥秘,但是作为教师我们应指导学生在月亮文化上开展一系列活动。在上这一课的时候,我让学生搜集带"月"的成语、有关月亮的古诗词、有关月亮的传说故事、现代登月过程等。通过上台展示,让学生了解月亮。

通过这次学习活动,一方面培养了学生筛选、搜集和整理资料的能力,提高写作和口语交际的能力;另一方面培养学生对语文学习的兴趣和探究科学奥秘的精神。

(三)注重活动过程

"项目制学习"的课程目标,并不是单指某种知识或能力的达成水平,更重要的是这个"过程"。这就要求我们教师在实际教学中,不仅要花 30% 的精力关注学习活动的结果,更重要的是要花 50% 的精力关注学习的过程。

也就是说,学生独立加合作的学习过程比所要达到的结果更重要。因此,教师在活动中,安排好过程尤其重要。通常情况下,每次"项目制学习"都要提前一个星期或者两个星期布置,让学生有充分的时间自主准备、合作学习、共同探究有关的课题。具体的活动大致上可以这样安排:①以小组为单位。组内有分工,明确个人职责,提出搜集有关资料的任务;②个人完成后,组内交流、展示、互相讨论;③做成 PPT;④上课交流、展示、评价;⑤写作;⑥评选优秀资料及优秀小组和组员。通过开展这一系列活动,让学生在整个过程中感受、体验学习的乐趣,体会成功的喜悦。

注重活动过程,就好像搭房子时候一块块、一点点垒起来的小砖。只有每个学生都主动、积极地投入其中,慢慢"垒砖",才能搭建起一座房子。

(四)注重学习过程中的评价

要提高学生语文项目制学习的有效性,教师努力在组织、指导上狠下功夫的同时,还应构建一种学习的评价机制。这是项目制学习顺利开展的保证。

通过这种量化评分的方法:一是评价学生在活动中对内容的参与程度,二是评价学生参与的过程,三是评价学生活动的效果。在对学生的评价过程中,老师应以正面评价为主,适当指导方法。

总之,语文"项目制学习"突破了传统课堂中心、教师中心的学习模式,学生关注学习的内容,注重学习的过程,整合学习的资料,营造学习的氛围,从而全面提高学生整体语文素养。

笔者认为只要我们充分明确项目制学习活动的指导原则,掌握它的特征和指导方法,在实践中不断地探索和研究,就一定能有效地引导和规范语文"项目制学习",全面发展学生的语文素养。

参考文献:

[1] 教育部.语文课程标准(实验稿)[M].北京:北京师范大学出版社,2001.

[2] 靳健.语文课程与教学论[M].北京:中国科学文化出版社,2003.

[3] 雷其坤.中学作文高效教学[M].上海:华东师范大学出版社,2011.

[4] 曹明海.本体与阐释:语文教育的文化建构观[M].山东:山东教育出版社,2011.

[5] 吕叔湘.论语文教学[M].济南:山东教育出版社,1987.

[6] 于漪.语文教育艺术研究[M].济南:山东教育出版社,1999.

以"快餐式微剧表演"为载体提升初中生英语口语能力的实践研究

张陈华

【摘　要】针对目前英语课堂中对话表演存在的操练机械、内容局限以及参与面窄小这三大问题,笔者对短而精的微剧表演进行了实践研究。在实践中,笔者主要以各册英语教材中的各种文本为平台,根据所教学生的实际情况,对文本进行改编处理,从而使其成为一套适合学生表演展示的微剧本,并且调动所有学生积极投入表演,以快、简、饱的特点构成了一份语言快餐。通过"快餐式微剧表演"的实践研究来帮助学生,提升学生的口语能力。

【关键词】快餐式　微剧表演　初中生　英语口语能力　实践

一、迷雾之中现微光——研究缘起

(一)放眼潮流　融入时代

众所周知,现今是一个充满微气息的时代。微博、微信、微电影以及微视频等都彰显着这一时代的特征。微时代信息的传播速度更快,传播的内容更具冲击力和震撼力。同时在我们近几年的教学中,微课、微课程这样的字眼也是尤为常见的,这就意味着我们可以进行一些微教学。微教学的特点即短而精,且更具有针对性,因此受到了广大老师以及学生的喜爱。

(二)直击现状　透视问题

目前的英语课堂中,对话操练或者多个学生的口语活动已经成为一种非常普遍的现象,它出现在每一位英语老师的课堂中。但是通过对班级学生的问卷调查,我发现这样的口语操练形式已到达瓶颈期。以下为问卷调查数据结果(见表 1)。

表 1　初中英语课程对话操练问卷调查结果

(单位：%)

问题	选项	百分比
1. 在对话操练中,你和搭档怎样完成角色口语内容?	A. 理解情景并对话	32
	B. 背诵句子	68
2. 在对话操练中,你是否觉得简单的对话太过枯燥?	A. 不是	26.9
	B. 是	73.1
3. 对话操练的内容来源于哪里?	A. 对教材原材料进行改编后的对话	12.8
	B. 教材原对话	87.2
4. 你对于对话操练的内容是否会进行自由发挥?	A. 会	43.6
	B. 不会	56.4
5. 对话操练中一般是几人合作完成?	A. 多人	48.7
	B. 两人	51.3
6. 你是否喜欢让对话操练转变成一种小型的课本剧表演	A. 不喜欢	15.4
	B. 喜欢	84.6

根据以上的数据结果,结合所调查的内容,笔者从对话操练的内容和形式上发现存在以下几个问题。

1. 操练机械,如沉浸死水

从对话的操练来看,多数英语课堂中的操练事实上比较机械,尤其是一些需要具体情景以及极具表演空间的对话在学生面无表情的操练中,显得非常苍白无力。都说语言应该活用,可是这样的封闭式操练最终将语言沉入死水,因为学生只会死记硬背,好一些的学生还能背得流利,口语薄弱的学生则是在嘴里艰难地蹦出一个个单词。这样的对话,给人感觉学生只是在合作背课文而已。

2. 内容局限,如深陷泥潭

除了形式上比较机械以外,我们也不难看到学生在课堂上的口语活动内容具有一定局限性,一般都是教材上的原文,这就如同一个框架死死框住了学生的发展空间,其实现在的大多数孩子都非常富有表现力,长时间的内容上的束缚会使得这部分孩子如同深陷泥潭,再也无法自由行走,因为机械式操练和局限的内容使得他们的语言思维越来越缺乏实际运用性。

3. 参与窄小,如行走钢索

当然,对于语言的表演并不是没有被英语教育工作者意识到,很多学校也会举行一些比较大型的英语活动,通常在这样的活动中,一些老师会组织部分学生进行英语课本剧的表演。然而,我们也关注到了能够参与课本剧表演的学生人数必定不会多,为了追求质量,相信老师会选择一些平时在口语以及表演上都比较有天赋的学生进行参演。正因为如此,学生的参与面是非常小的,这就如同能行走钢索的人一样,非常少。

二、微光之下寻出路——实践操作

结合英语教学的实际需要,以及"微"概念,笔者一直着力于鼓励学生在平时的英语课堂中进行微小简短的表演,而表演的剧本是以教材为载体,根据实际所需,适当进行改编以及拓展。这样就如同人们吃的快餐,大家都吃得起,同时吃得快且吃得饱,也就使得学生参与面广、参与度高、参与次数多。所以,笔者把这种短小的课本剧表演称为快餐式微剧表演。以下为具体的实践操作。

(一)快餐三原则助力实践行

快餐式微剧表演在开展过程中需要遵循以快餐式为特色的原则,即"吃得起、吃得快、吃得饱"三大原则。而这三大原则共同构筑了"微"的产生,形成短而精的课本剧表演。

1."吃得起"原则

"吃得起"原则指的是学生参与面必须广,所谓"快餐人人吃得起",就是这个道理。教师在开展此活动时必须关注到整个班级的学生,力求让每一个学生都参与其中,都有平台来展示自己。

2."吃得快"原则

"吃得快"原则指的是活动时间比较短,如同人们吃快餐,以快为一大原则。由于微剧表演活动是贯穿于平时课堂进行的,因此在有限的课堂时间内,我们不能耗费大量时间去表演,于是需要各方面结合来支持"吃得快"这一原则。

3."吃得饱"原则

在基于"吃得起"和"吃得快"两大原则上,最为重要的当然应该是"吃得饱"这一重要原则。这就要求微剧表演如同快餐的饭菜一样,简单却可口,能让人吸收一定的营养。因此,教师在选材以及引导过程中都应努力做到让每一位同学都"吃得饱"。

(二)表演三维度成就实践行

在遵循原则的前提下,实践过程中还需要具体地从三大维度对活动进行把握。三大维度即表演内容、表演形式以及表演过程。只有在每一个维度上都仔细思考以及精心准备,才能确保活动的开展有价值性。

1.让表演剧本跳出掌心

表演的剧本是指学生在课堂中进行微剧表演的文本材料,此文本材料基本来源于教材,和我们的课堂主题息息相关,然而为何要说让表演剧本跳出掌心呢?因为教材内容是死的,但是我们的语言运用是活的,那么如何让表演的文本材料基于教材并且高于教材呢?

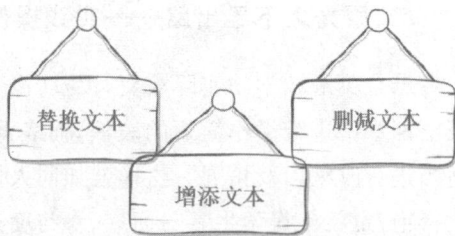

图1 表演剧本改编类型

这就需要教师对文本进行一系列改编,主要体现在替换、增添以及删减这三个方面(见图1)。

(1)替换中求个性

我们可以对一些文本材料进行替换,一般情况是把篇章改成对话形式,当然这就要求篇章本身是适合用来做剧本的,需要老师在进行一系列考量后对其进行改编,用对话代替篇章,让学生在表演中更好地体会到篇章的含义以及词汇句子的运用。

案例1(文本来源于新目标教材八年级下册 Unit3 Section A 3a)

改编后的剧本:

The first evening:

Narrator:One day, when Nancy came home from school, her mom came over.

Mom:Nancy, Could you please take the dog for a walk?

Nancy:Could I watch one show first?

Mom:No! You watch TV all the time and never help me. I can't work all day and do housework all the evening. (angry)

Nancy:I work all day at school, too. I'm just ae tired as you are! (shout)

Mom:(say nothing, still angry)

The second evening：

Narrator：On the second evening，Nancy thought she should help her mom because she was so tired after work.

Nancy：Mom. I'm so sorry for yesterday. I finally understand that we need to share the housework.

Mom：Oh,dear. I'm also sorry for you. Let's do the housework together.

【案例分析】3a 部分是一篇阅读文本,而之所以将此文本改编成对话形式作为表演剧本,是因为本文有着比较重要的情感教育意义,即和父母共同完成家务劳动,希望学生能在这样的表演中有一定的感触,并且这个剧本非常适合表演,因为有母亲和女儿之间一开始的争执,到后来的相互道歉,当中有一些情绪的流露。因此,这样的改编使得微剧表演非常有意义。

(2)增添中拓剧情

有一部分的对话文本是教材上现成的,那么这样的文本材料就不需要有大的改动,但可能因为表演的需要,或者词汇运用的需要,要对对话进行一系列拓展和延伸。因此增添一定的文本材料可以让剧情更为完整,更加适合学生进行表演。

案例 2(文本来源于新目标教材七年级下册 Unit 10 Section A 2d role-play)
改编后的剧本：

Waitress：Good afternoon. May I take your order?

Sally：Yes. Are there any vegetables in the beef soup?

Waitress：Yes. There are some tomatoes.

Sally：OK. We'd like one bowl of beef soup.

Waitress：Sure. What size would you like?

Sally：Large，please. *And Tom，how about you? What would you like?*

Tom：I'd also like gongbao chicken and some mapo tofu with rice.

Waitress：OK. One large bowl of beef soup，one gongbao chicken，and one mapo tofu with rice.

Tom：Yes，That's right.

【案例分析】斜体字部分的句子为增加的部分。之所以要增加这简单的一句话,是为了让顾客 Sally 和 Tom 之间有一定的互动,也能让整个表演更为紧凑。

（3）删减中降难度

为了真正做到以生为本，我们需要针对自己的学生，对于有一部分难度较大的对话文本，根据学生的层次特点做一些删减。那么所删减的内容往往是难度较大的，或者是可有可无的句子，这样有利于表演更好地进行。

案例3（文本来源于新目标教材八年级下册 Unit7 Section A 2d）

改编后的剧本：

Guide：Feel free to ask me anything on today's Great Wall tour.

Tourist1：How long is the wall?

Guide：Ah, the most popular question! If we're only talking about the parts from the Ming Dynasty it's about 8850 kilometers long . *This makes it the longest wall in the world* .

Tourist2：Wow, that's amazing! Why did the ancient emperor build the wall?

Guide：The main reason was to protect their part of the country . As you can see, it's quite tall and wide . *As far as i know , there are no man-made objects as big as this* .

Tourist3：Is badling part of the Ming Great Wall?

Guide：Yes, it's the most famous part.

【案例分析】在改编后的剧本中，我删除了 Guide 这一角色中斜体部分的语句，是因为这个角色语言量较大，需要降低一定的难度，来保证学生的表演更为顺畅。

2.让表演形式飞出格子

表演的形式可以多样化，不必局限于一两个学生，可以是多个的，这也需要根据文本材料的特点，来确定表演的形式。

（1）二人转创欢乐

两人之间的表演通常是最为常见的，一般比较适合教材中 Section A 的 2d 里的角色表演，为了区别于传统的二人对话操练，这样的表演应该从表演艺术的多个方面去体现语言的运用价值。

（2）群技演显热闹

群技演指的就是多个学生的组合表演，通常指的是小组内的固定成员的组合表演。这样的表演更能体现出情景的运用，这一种形式的表演在课堂中相对属于比较大型的表演，一般剧本都采用改编后的文本，需要五至六人合作完成，而这五六位同学的英语水平也存在一定的差异,因此在剧本的设计上应该有难易之分,这样表演将会给课堂带来更热烈的氛围,也能真正体现出语言的运用。

3.让表演过程闪出活力

幕前表演是整个活动中最重要的一个环节,也是学生微剧表演的一个成果展示。那么在这个环节中,为了让表演更为生动以及真实,老师需要引导学生在角色合作、道具、表情、动作以及语音语调这些方面发挥到极致(见图2)。

图 2   表演体现的维度

(1)主配角好搭档

在微剧表演中,必定会有部分同学担任口语输出较多的角色,相对另一部分同学可能担任的是口语输出较少的角色,那么这个就要求角色之间要有完美的合作,且互相帮助来创造好的表演。

案例 4(文本来源于新目标教材八年级下册 Unit6 Section B 2b)

主角:Hansel, Gretel

第一配角:wife

第二配角:husband

第三配角:an old woman

【**案例分析**】在角色分配时要求学生必须厘清角色的层次,同时根据学生自身的优点来进行分配,同时由于一个小组里有两位同学口语能力会相对比较薄弱,因此每一个主角还需要承担帮助配角进行表演的准备。

(2)小道具大用处

在表演中,道具是不可或缺的一块,因为它可能成为一个表演中的一大亮点。而课堂中的微剧表演,一般采用的都是一些小道具,或是临时准备的,或是老师在前一天告知学生准备的。这些道具往往都比较容易准备,它们能在表演中发挥比较大的作用。

(3)表情帝偶像派

在微剧表演中,教师需要时刻引导学生多展示自己的表情,这和传统式的多人对话操练有着较大的区别。在传统式的操练中,我们看到很多学生都是面无表情的,那是因为他们心里没有表演这一意识。而微剧表演则要求学生有一些简单的表情展示,而这些表情对于一些重要的口语运用有着非常大的推动作用。因此,在微剧表演中,表情也是非常重要的一个元素。

案例5(文本来源于新目标教材八年级下册 Unit 4 Section A 2d role-play)

Dave:You look sad,Kim. What's wrong?

Kim:Well,I found my sister looking through my things yesterday. She took some of my new magazines and CDs. (此时需要伤心的表情)

Dave:Hmm... that's not very nice. Did she give them back to you?

Kim:Yes,but I'm still angry with her. What should I do? (此时需要生气并且无奈的表情)

Dave:Well,I guess you could tell her to say sorry. But why don't you forget about it so that you can be friends again? Although she's wrong,it's not a big deal.

Kim:You're right. Thanks for your advice. (此时需要感谢的表情)

Dave:No problem. Hope things work out.

【案例分析】这段表演中就非常需要表情的展现,用不同的表情来表达不同的情绪,从而将表演效果发挥得更为真实。

(4)动作系实力派

在微剧表演中,除了表情,还有动作的加入也是非常重要的,因为对话是需要互动的,一般在具体的情景中,对话过程中肯定需要一些动作的展示。而这些动作可以让整个表演显得更为生动。

(5)美语音活语言

在学生的口语中,也许教师时常关注的是学生所输出的语言是否正确,但在微剧表演中,我们更需要关注并引导学生的语音语调。因为能将一句话用到位的语调说出,那么说明学生对于该句话的情景运用理解得很透彻,同时充满感情的语音语调能让语言变得活灵活现,这也真正体现了以表演促语言运用的一大目标。

案例 6(文本来源于新目标教材八年级下册 Unit6 Section B 1c 听力材料改编)

Scene One:

Narrator: Two brothers came to the city to make special clothes for the emperor. And they want to cheat the emperor.

Two brothers: My King, we will make a beautiful clothes for you. But people can't see it unless they are clever. (此句应表现出非常狡猾的语音语调)

Emperor: OK,if you can make such a clothes,I'll give you a lot of silk and gold. Ha ha ha. (此句应表现出非常高兴且好奇的语气,同时也要表达出国王说话比较傲慢的语音语调)

Scene Two:

Narrator: When the emperor looked at himself in the mirror,he only saw his underwear. But he didn't want people think he was stupid, so he said his new clothes were very beautiful.

Emperor: The clothes is really beautiful. (此时应表现出内心怀疑却急需掩饰的语音语调)

Two brothers: Yeah,it's so beautiful, my King. (此时仍然是狡猾得意的语音语调)

【案例分析】以上这个表演中,除了表情,还需要人物在语音语调上表现出虚伪、狡猾、奉承等各种意义,同时个别句子应该需要拖长音,例如第二幕中国王夸自己衣服漂亮的时候,beautiful 这个词应该拖长音,来掩饰内心的不安。因为不同的语音语调能让表演更加真实化。

(三)评价三阶梯优化实践行

评价在任何活动中都是必不可少,那么在人人参与的微剧表演中,也同样应该从各个角度对学生的成果进行评价。而从评价路径上分析,主要有三种,即自评、互评以及师评。

1. 自评中显自信

自评主要是每隔一个月对自己在微剧表演方面作一个简单评价,完成表格 2。

表 2　英语课堂微剧表演自评表

姓名：	
评价内容	评价等级（A/B/C）
上台表演声音响亮度	
语音语调变化程度	
肢体动作融入程度	
表情展示程度	
我需要如何改进：	

2.互评中促反思

互评是基于自评的基础之上，由小组成员进行互相评价，完成表格3。

表 3　英语课堂微剧表演互评表

评价人：	
评价内容	评价等级（A/B/C）
上台表演声音响亮度	
语音语调变化程度	
肢体动作融入程度	
表情展示程度	
该同学需要如何改进：	

3.师评中助成长

教师一般情况下根据学生的表演成果对学生在表演的各个方面进行一系列文字评价，主要是以鼓励学生改进为主。

三、路途之上需小憩——实践反思

课堂中的"快餐式微剧表演"的实践研究已开展一年有余，无论是从课堂的本身还是学生的英语素养来讲，都有着很大的成效。当然，通过一些反思，也发现还有很多方面值得改进（见图3）。

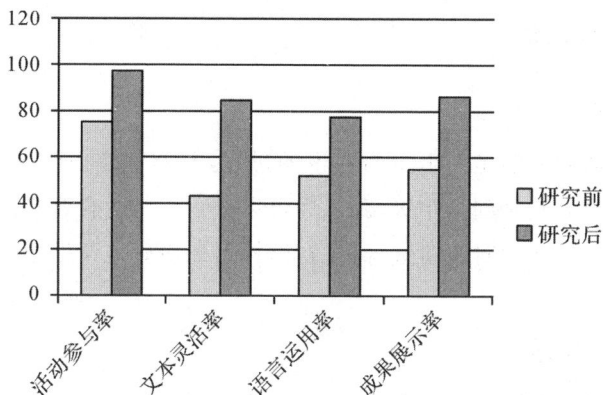

图3 初中英语课堂对话操练各指标研究前后对比图

（一）实践有成效

以上是对学生在微剧表演开展前后于活动参与、文本灵活、语言运用、成果展示四个方面做了对比，最后得出以下结论。

1. 活跃了课堂氛围

通过快餐式微剧表演的开展，我们可以看到整个班级的学生都参与其中，无论英语基础处于什么样的层次水平，学生都在自己的角色中动了起来。尤其是对八九年级的英语课堂有着非常大的帮助，他们在知识点较难的课堂中通过表演的方式激活了课堂。在上课过程中，同学们的积极投入以及脸上丰富的表情都证实了这一点。

2. 提升了口语能力

语言课中，通过微剧表演的开展，所有学生能在相对模拟真实的情景中进行全方位的语言运用练习，通过多次的实践开展，大部分学生在语言运用这一方面有了较大的提升，改变了以往操练中生硬的口语表达，输出了比较有感情的语言。因此，快餐式微剧表演活动对于班级学生语言综合运用能力的提升起了非常大的推动作用。

3. 提高了学生自信

近几年来，我校着力于培养阳光学子，而作为主阵地的课堂，是一个非常有利于提高学生自信的平台。在快餐式微剧表演中，学生的参与面非常广，且在表演中声音洪亮、体态自然、敢于表现。因此，通过长时间的培养，学生看到了自己身上更多的闪光点，也得到了更多的认可，于是增强了自信。尤其对于一些曾经很少在课堂上开口说英语的同学，在同伴的带领下，他们的自信心有了很大的提升。

（二）未来需改进

1. 融入更多的原声视频

一直以来，微剧表演是一个不断摸索的过程，基本都是由学生自由发挥，但是在后续的开展中，尤其是到高年级，我认为可以融入一些适合该年龄段的英语原声电影片段或视频，让学生对表演进行模仿，这样可以更好地帮助学生在后续的表演中更有方向性。

2. 调动更多的班级参与

对于这一微剧表演的开展，我觉得可以团结组里其余老师一起在班级进行推动，让更多的学生参与其中。一旦在年级里全面推开，那么这对整个年级在开展一些大型英语活动上也会有很大的帮助。我们可以开展一些微剧比拼活动等，这样对于整个学校的英语教学能起到很大的助力。

3. 记录更多的成果展示

目前来说，我认为对于学生的成果展示的记录做得还不够到位。因为学生自己在表演的时候很难看到自己的状态，所以在现代化技术比较充分的支持下，我们应该多帮助学生记录成果，比如视频的拍摄，然后通过这些方式让学生看到自己的表演，并且做好反思与总结，这样就可以进一步提升自己的英语微剧表演了。

参考文献：

[1] 吴红梅.情景剧表演在初中英语教学中的运用[J].学周刊,2015(22).

[2] 贺开方.情景剧表演教学法在高中英语教学中的实践运用[J].中学生英语(教师版),2015(28).

[3] 于海波.如何利用情景表演实现初中英语有效教学[J].教育科学(引文版),2016(3).

[4] 张俭.在初中英语教学中培养学生自主学习能力的策略[J].中学生英语(初中版),2014(11).

[5] 张雅丽.情景剧表演在小学英语教学中的运用[J].学周刊,2015(25).

[6] 林雪华.情景剧表演在中职英语口语教学中的有效应用[J].中等职业教育(理论版),2012(4).

三类·三式·三评：基于信息技术的初中英语常态教学的实践研究

吴媛媛

【摘　要】现代信息技术的快速发展,给我们的日常生活带来了越来越多的便利。同样地,将现代信息技术融入课堂,也就成了不可阻挡的时代潮流,对我们的课堂起到了非常重要的辅助作用,极大地提升了课堂的效率,是集知识、技术、创新等于一体的新型教学模式。本文旨在探究现代信息技术在初中英语课堂中的实践运用和反馈,期待结合新的教学理念,促进现代信息技术更合理和科学地运用,将现代信息技术运用于不同的初中英语课型。

【关键词】现代信息技术　初中英语课堂　实践运用

一、紧跟潮流细选料——研究缘起

(一)常态教学,案例呈现

以英语常态课为例。老师走进教室,打开 PPT,在 PPT 的引导下进行授课,PPT 上的内容主要为书本的练习以及相关图片的展示,直接在课本的基础上进行讲解,没有创设真实情景引导,学生在听的过程中有些无法进入状态,昏昏欲睡。在听力和课文跟读部分,老师打开音频让学生进行听力练习和跟读。然后进行学生间对话操练,有些学生在操练过程中进行了中文聊天。操练结束,只有少数同学能够在课堂上展示自己,教师没有检测到每一个同学的知识掌握程度。

(二)深入调查,现象普遍

根据观察和了解,目前大部分英语课堂运用最多的便是多媒体幻灯片授课以及学生间对话操练。一些教师已经意识到现代信息技术给课堂以及教学带来的便利,开始逐渐使用相关软件辅助教学。但由于硬件设施以及观念等的局限性,仍有许多教师使用最普遍的幻灯片辅助教学。根据以上情况,笔者对 82 名学生进行了问卷调查。

初中英语课堂现代信息技术运用的调查问卷

亲爱的同学们,请根据你们的真实感受完成以下问题。

1. 在英语课堂中,你是否希望使用多媒体辅助教学?

A. 是   B. 否

2. 在英语听说课堂中,是否每位同学都得到了操练?

A. 是   B. 否

3. 在英语课堂小组合作中,是否每个人都得到了锻炼?

A. 是   B. 否

4. 在英语阅读写作课中,你的作文能否得到充分展示和评价?

A. 是   B. 否

5. 你是否能在家完成跟读、背诵、小组合作等作业并有相应检测系统?

A. 是   B. 否

6. 你的作业完成是否需要运用现代信息技术?

A. 是   B. 否

表1 问卷调查数据表

(单位:人)

题号 选项	A 选项	B 选项
第1题	80	2
第2题	45	37
第3题	52	30
第4题	25	57
第5题	38	44
第6题	63	19

根据以上的问卷调查内容以及数据分析结果,笔者从课堂的教学手段以及课后的作业形式上发现信息技术在日常教学中存在问题是一个普遍现象,主要表现为课堂操练不足、练习展示不充分、作业检测缺乏有效性。

(三)分析问题,挖掘根源

1. 操练乏手段

英语作为一门语言学科,听说课堂上的口语操练必不可少。教师在上课过程中会布置一系列的口语操练任务,然而由于时间、学生人数等方面的局限性,教师无法让每一位学生都得到展示。于是,许多学生在这一过程中并没有得到真正的操练,或者只是进行了操练,但是由于没有得到教师的点评而无从得知自己的发音等是否标准。

2. 展示缺平台

在英语阅读、写作或者练习课中,由于练习本字小而教室范围大,学生分散于教室的不同位置,以及多媒体投影设备的局限性,无法很好地将学生的作文和练习直观地展示给全体学生,这就导致了教师在课堂上无法直观地向全班评价学生的练习,对于一些共性问题无法很好地讲解。

3. 检测无实效

由于英语学科的特殊性,口语作业在教师作业布置中占据了较大的比例。一般情况下,每天都会有相应的跟读背诵作业。然而,由于空间的局限性以及没有相应软件的支持,教师无法对学生在家的口语作业进行有效检测,学生无法得知自身口语作业的正确性,这就可能造成学生对口语作业产生懈怠,甚至忽略此类作业,这不利于英语教学工作的展开,也会相应降低教学效果。

二、设计款式精画图——研究思路

为了深入了解并解决日常英语教学中由于信息技术缺乏运用或运用不充分而出现的问题,并将现代信息技术更好地融入课堂以及课后作业,所以本文试着提出并实践如何将现代信息技术运用于课堂,旨在突破传统教学手段的限制,丰富教学途径,激发学生兴趣,实现课内外的联动,加强师生互动,提高学生的学习效率。

三、确定材料巧剪裁——实践研究

现代信息技术运用于课堂作为较新的教学手段,必须要经过实践研究,通过在不同课型的英语课堂上以及课后练习中进行实践,期待找到更好的运用方法,为英语课堂开辟新的途径,促进教学效果的飞跃(见图1)。

(一)现代信息技术现优势

现代信息技术逐渐进入课堂,其优势显而易见,在课堂实践过程中主要有以下四个方面。

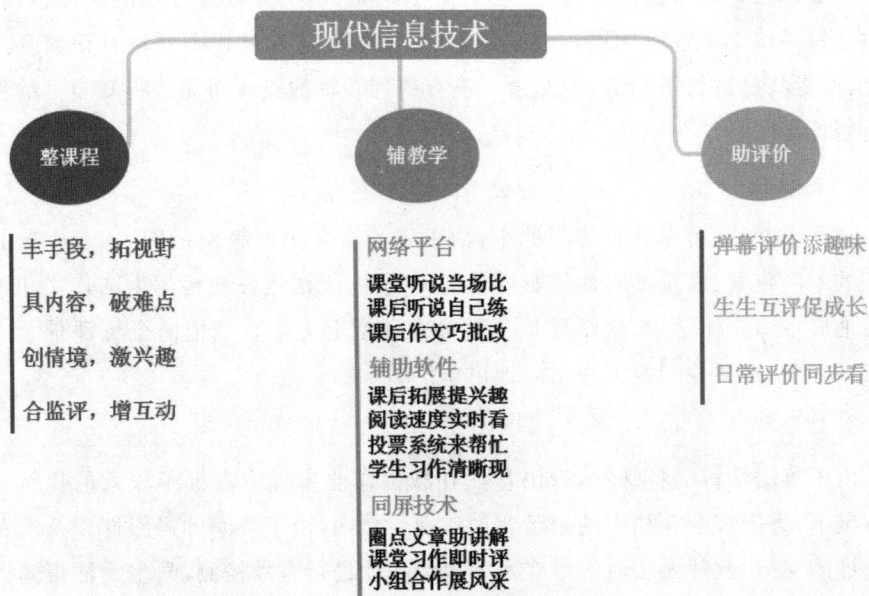

图 1　现代信息技术优势表现

1.丰手段，拓视野

在初中英语教学中引入现代信息技术，能够将图片、视频、音频等教学素材整合，能够调动学生的多种感官，让学生从视觉、听觉等多方面感知英语，激发学生交际欲望，有利于帮助教师更加顺利地开展英语教学工作，在这一过程中拓展学生知识来源，开拓学生的视野和思维，提高其交际能力，进一步活跃初中英语课堂。

2.具内容，破难点

英语作为一门语言属于一种交际工具，而语言的学习往往是比较抽象的。语言的交流和学习常常要求在一定的情境下发生，如果失去了这个情境，学习的难度将大大地增加。而运用现代信息技术，教师可以根据相应的教学要求，将英语的教学内容融入丰富的情境中去，从而达到使学生更快、更好地进入相应角色，提高其学习积极性的目的。

3.创情境，激兴趣

兴趣是最好的老师。激发学生的学习兴趣能够使其产生学习动机，现代信息技术的运用能够给学生带来更加丰富的学习资源。从学生的学习兴趣和爱好出发，能够更直观地刺激学生的学习兴趣。而且在运用现代信息技术的过程中，教师能够更好地帮助学生培养发现探索知识的能力、获取信息的能力以及自主学习的能力,学生的学习将更加自主化和个性化,有利于培养其创新思维。

4. 合监评,增互动

课内外联动主要表现在学生的小组合作以及作业的监测和评价上。现代信息技术的运用,如 QQ、微信、口语 100 等软件,有利于教师对学生的作业,尤其是口语作业更好地监测和评价,也能够让学生在做作业的过程中更好地发现自己的问题,有利于学习效率的提高。

(二)现代信息技术辅教学

现代信息技术软件丰富多彩,而为了适应我们的初中英语课的不同课型,以及对学生不同英语能力的训练,我们可以选用不同的现代信息技术软件来辅助教学。

1. 网络平台

有效的网络平台能够帮助教师提高课堂效率,帮助学生实现线上互动。由于课堂时间和内容的局限性,教师无法对每一位学生进行评价和指导,而依托现代信息技术,能够为学生提供更多的教学素材,能够对学生的口头练习以及写作训练进行即时的评价,对学生的发音、语调、节奏等技巧进行指导和培养。同时,学生可以相互听一听、评一评他人的口语训练成果,在竞争比较中有所进步,有利于激发学生兴趣以及加强课堂的有效性。

(1)课堂听说当场比

在英语听说课堂上,我们让学生建立一个微信群或者 QQ 群,教师在让学生进行口语操练时,可以让学生将自己的练习成果以语音的形式发送至群内,群内的学生可以相互听一听、评一评别人的练习成果,并且在听、评的过程中跟自己进行比较,在竞争比较中有所进步。在练习结束后,教师可以选择将一些学生的语音外放并进行评价,或者让其他学生来评价。

案例 1(本文来源于新目标教材七年级上册 Unit3 Section A 2d)

Teacher：Hi,Anna. Are these your pencils?

Anna：No,they're Bob's.

Teacher：And is this his green pen?

Anna：No,it isn't. The blue pen is his.

Teacher：What about this dictionary?

Anna：It's Helen's. And the green pen is hers，too.

Teacher：And the eraser？ Is that yours？

Anna：Yes，it is.

Teacher：Thank you for your help Anna.

Anna：You're welcome.

【案例分析】2d 是一篇对话文本，教师让学生在课堂上练习，学生在 QQ 群内发送自己练习的语音，能够让学生发现自己以及他人存在的问题，教师在听取语音之后也可以对学生的练习结果进行评价，对学生的对话以及语音语调进行纠正。

(2)课后听说自己练

由于英语课堂的时间和文本十分有限，而英语作为一门语言学科，需要大量的口语听读练习，这就要求学生在课后自己进行练习，然而课后的口语练习老师无法对其进行即时检测和评价，那么这时候相应的软件支持就显得十分重要。学生可以在软件的帮助下及时纠正自己的语音语调，同时软件的评分系统有利于学生产生竞争意识，保持学生对英语学习的兴趣。

案例 2(本文来源于新目标教材七年级下册 Unit10 Section B 2b)

What would people like to eat on their birthdays？

The answer would be different in different countries.

In many countries，people have birthday cakes with candles.

The number of candles is the person's age.

The birthday person must make a wish and blow out the candles.

【案例分析】这是一篇阅读文章，教师使用相关网页支持让学生回家听录音跟读，系统会对学生的跟读内容和情况进行即时打分，教师可在平台上查看学生的完成情况以及听取学生的跟读内容。通过这一方式，教师能够对学生的掌握情况有一定了解，相应地，学生也能够在练习的过程中根据系统打分对自己的语音语调进行纠正。

(3)课后作文巧批改

学生的课后作文如果一次性上交手写稿，教师有时来不及及时批改，这时候可以利用句酷批改网这一英语作文批改网页对学生的作文进行批改，也为学生提供自主练习和提高英语作文水平的平台，能在一定程度上优化教师因无法及时批改大量作文而减少作文作业量的局面(见图2)。

图 2　英语作文批改优势

【**案例分析**】利用句酷批改网能够在增加学生英语作文的练习量的同时,不增加教师的工作量。批改网能够将简单错误自动批改,重复的错误只修改一次,可以直观地看到作文的分数等第,并且对学生文章附加评语,促进学生习作能力的进一步提高(见图3)。

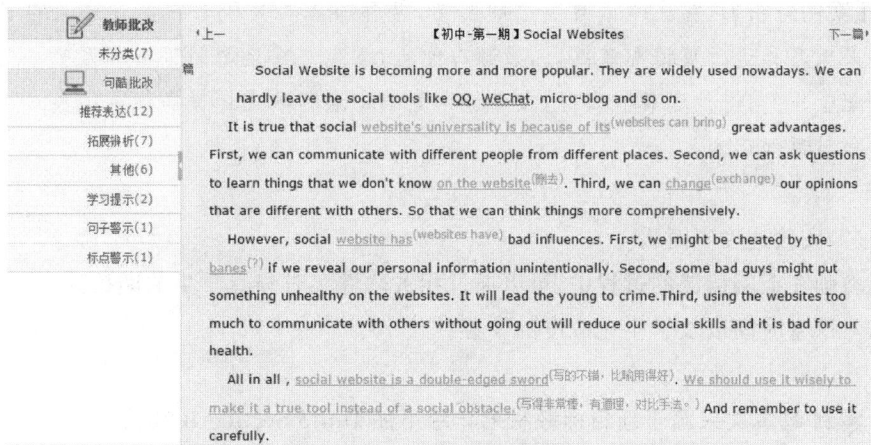

图 3　句酷批改作文展示

2.辅助软件

教师可以借助现代信息技术的辅助,搜集更多相关阅读素材,根据学生的实际情况,将枯燥的阅读文本变得更加生动有趣。并且在英语课堂教学的过程中,教师可以实时掌握学生的阅读速度,对学生的阅读能力有一定了解。运用扫描,清晰呈现习作,优化和提高课堂效率。同时,学生利用配音软件拓展知识面,提高听说能力。

(1)课外拓展提兴趣

英语语言的学习不能够仅仅局限于书本的内容,学生需要其他更多、更大量、更丰富的语言素材去拓展自己的知识库,现代信息技术软件,比如英语趣配音这样的软件的使用能够为学生提供更方便更有趣的英语学习平台,以此来训练自己的语音语调,掌握相关语言技巧,还能够了解最新的英语语言视频,提高学生对英语口语训练的兴趣。

案例3(本文选自英语趣配音中的配音练习《朱迪的感悟》)

When I was a kid, I thought Zootopia was this perfect place, where everyone got along and anyone could be anything. Turns out, real life's a little bit more complicated than a slogan on a bumper sticker. Real life is messy. We all have limitations. We all make mistakes, which means, hey, glass half full, we all have a lot in common, and the more we tied to understand one another, the more exceptional each of us will be.

【案例分析】这篇文本来自英语趣配音,教师布置相关配音作业让学生自己选择感兴趣题材进行英语配音练习,教师与学生,学生与学生之间可以相互听一听对方的配音作品,进行比较和切磋,在兴趣和竞争中潜移默化地提高学生的英语口语能力和英语知识水平。

(2)阅读速度实时看

教师在上阅读课的过程中,可以通过相关软件实时查看学生的阅读速度,可以提高对课堂时间以及学生完成度的掌控。

案例4(本文来源于新目标教材七年级下册 Unit3 Section B 2b)

Crossing the River to School

How dou you get to school? Do you walk or ride a bike? Do you go by bus or by train? For many students, it is easy to get to school. But for the students in one small village in China, it is difficult... Many of the students and villagers never leave the village. It is their dream to have a bridge. Can their dream come true?

Question:

1. How dou the students in the village go to school?

2. Why do they go to school like this?

3. Does the boy like his school? Why?

4. What is the villagers' dream? Do you think their dream can come true?

Why or why not?

【案例分析】这篇是阅读文本,教师要求学生阅读并完成相关问题。教师可利用相关软件查看学生阅读速度,即时掌握学生的阅读进度,有利于更好地掌握课堂的时间以及推进课堂进程。

(3)投票系统来帮忙

阅读课上,教师常常会要求学生完成相应的练习,而在校对答案时,教师往往无法掌握到所有学生的答案,无法了解所有学生对文章的学习和理解程度。这时候,教师可以使用相应的投票统计系统来查看学生提交的答案,以此来掌握学生对文章的理解程度。

案例 5(本文来源于新目标教材七年级上册 Unit7 Section B 2b)

Mr. Cool's Clothes Store

Come and buy your clothes at our great sale! We sell all our clothes at very good prices. Do you like sweaters? We have green sweaters for only $5! Yellow sweaters are only $12! Do you need trousers? For boys, we have black trousers for only $22. And shorts are only $16! For girls, we have skirts in purple for only $20. How much are our jackets? Only $30! And we have black shoes for only $28. Socks are only $2 for three pairs! Come to Mr. Cool's Clothes Store now!

【案例分析】教师将题目输入到投票系统,让学生完成题目并上传结果。等所有学生都完成后,教师可以查看正确率,并在讲解时根据这一结果分析集中出现的问题,使得讲解更具针对性。

(4)学生习作清晰现

英语写作课上,教师想要讲解学生的作文时可以利用"扫描全能王"这款软件将学生的习作内容清晰地拍下,以便于后续的呈现和讲解(见图 4)。

图 4 为新目标教材七年级下 Unit2 的写作练习:Write about your own daily routine. 教师利用"扫描全能王"将学生的当堂作文拍下,可以看出,利用该软件可以将拍摄页面清晰地展示,可以保存、修改和分享,比实物投影效果更佳,还可以在该软件中将学生作文进行重命名归类,便于寻找,有利于教师后续的点评。

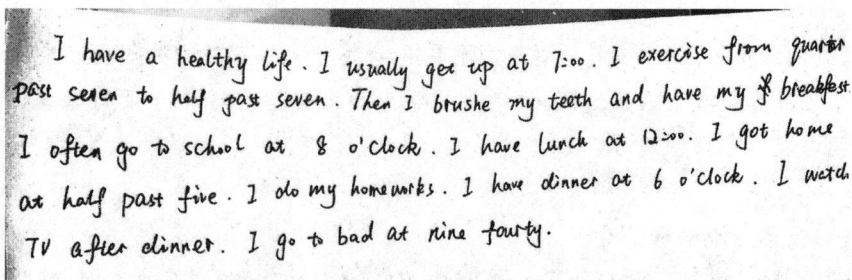

I have a healthy life. I usually get up at 7:00. I exercise from quarter past seven to half past seven. Then I brushe my teeth and have my breakfast. I often go to school at 8 o'clock. I have lunch at 12:00. I got home at half past five. I do my homeworks. I have dinner at 6 o'clock. I watch TV after dinner. I go to bad at nine fourty.

图4　学生习作

3.同屏技术

同屏技术在课堂中的运用相当于一个移动投影仪,能够将学生的活动过程、练习情况等呈现在大屏幕上。在这一过程中,能够更清晰地呈现课堂的动态,有助于教师对一些知识点进行讲解,能够及时评价学生的练习,还能将学生在练习中出现的通病进行集中讲解,提高效率。

(1)圈点文章助讲解

教师在讲解阅读文章时,常常需要对文章进行圈点,而传统的 PPT 无法很好地实现这一要求。这时候,教师可以运用同屏技术,在 Ipad 端进行圈点,让学生能够更清晰地看到教师讲解文章的脉络以及解题时的思路。

教师利用同屏技术在 ipad 端圈点关键词句,可以同时在大屏幕上呈现,让学生更清晰直观地看到教师的讲解过程。也可以将学生做题时的讨论过程以及相关内容的讲解,同屏在大屏幕上。

(2)课堂写作即时评

英语写作课堂上,教师要求学生当场写作,在完成之后需要对学生的作文进行展示,这时候可以利用同屏技术,将学生的作文展示在大屏幕上并且进行即时评价。图 5 为教师利用"扫描全能王"将学生的当堂作文拍下展示在大屏幕上,并利用同屏技术对作文进行修改。

(3)小组合作展风采

小组合作在英语的课堂上广泛运用,使学生在进行语言操练的同时也培养了合作精神和创新能力。教师可利用同屏技术将学生小组讨论的过程呈现于大屏幕上。同时在小组展示时,也可将其讨论成果展示于大屏上(见图5)。

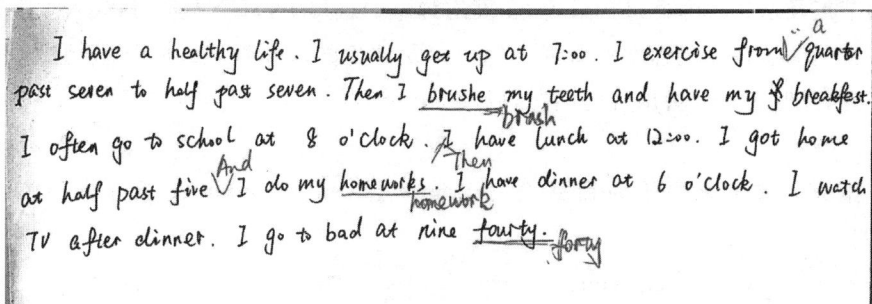

I have a healthy life. I usually get up at 7:00. I exercise from a quarter past seven to half past seven. Then I brushe my teeth and have my breakfest. (brush) I often go to school at 8 o'clock. I have lunch at 12:00. I got home at half past five And I do my homeworks. Then I have dinner at 6 o'clock. I watch TV after dinner. I go to bad at nine fourty. (homework) (forty)

图 5　同屏内容

案例 6（本文来源于新目标教材八年级上 Unit4 Section A 第一课时 Group work）

Students work in groups to talk about the supermarkets by interviewing and prepare to perform.

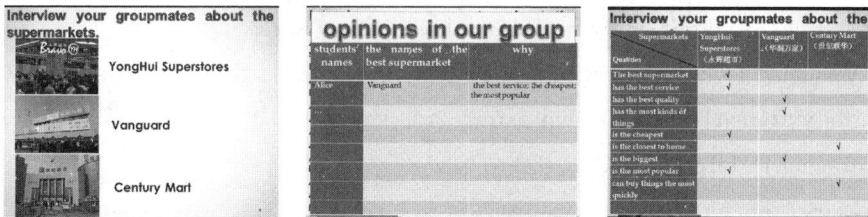

图 6　同屏评价

【案例分析】在课前先利用同屏技术将学生的预习作业进行大屏展示并作评价。将 Group work 中学生的实时讨论情况通过同屏进行展示。Group work 结束后,利用同屏将学生的采访结果投放于大屏幕,有利于其余学生更直观更清晰地看到展示小组的讨论结果(见图 6)。

(三)现代信息技术助评价

利用教学评价系统来帮助教师跟踪、管理和评价学生的行为,提高课堂教学的质量,教师和学生可以通过平台进行交流和评价。

1.弹幕评价添趣味

在英语上课的过程中,教师可以设计相应环节,将学生的英语练习过程或者练习成果以视频的形式发送到网上,或者学生也可以将自己的英语练习成果以视频的形式发送到网上。教师以及其他的学生可以通过视频的客户端在视频中不同的时间节点发送实时弹幕进行评价,在发送弹幕的过程中,每个人都可以看到别人发的评价语。这在一定程度上增强了练习以及评价的趣味性,实现了师生评价和生生互评,及时交流分析出现的问题,以及提出建议。

案例7(本文来源于新目标教材七年级上 Unit7 Section A 第一课时 Group work)

Woman:Can I help you?

Mary:Yes,please. I need a sweater for school.

Woman:OK. What color do you want?

Mary:Blue.

Woman:How about this one?

Mary:It looks nice. How much is it?

Woman:Nine dollars.

Mary:I'll take it. How much are those yellow socks?

Woman:Two dollars for one pair and three dollars for two pairs.

Mary:Great! I'll take two pairs.

Woman:Here you are.

Mary:Thank you.

Woman:You're welcome.

教师让学生在此篇 Role-play 的基础上进行 Group work,小组内自己编对话。在小组合作和展示的过程中,教师将学生的合作过程和展示成果拍摄下来,并且以视频的形式传送到视频网站上。其他学生可以边观看边进行实时弹幕。

【案例分析】教师将小组展示的成果以视频的形式上传,让学生在观看过程中能够在不发出声音的情况下进行实时评价和讨论。这样的现代信息技术运用于课堂评价,有利于提高学生的学习热情,学生能够在实时讨论的氛围中有所进步。

2.生生互评促成长

学校评价一般包括自评、互评和师评。依托现代信息技术,比如弹幕技术,能够在增添趣味性的基础上更好地实现实时互评(见图7)。

图 7　学生互评场景

在评价过程中使用弹幕技术，不仅能够增添评价的趣味性，而且发射的弹幕包括了学生与学生之间的互相评价，学生能够在互评之中取长补短，在竞争合作的氛围中不断成长。

3. 日常评价同步看

在学生日常的英语学习中，教师可以使用一些评价软件对学生的日常表现进行评价，并且能够让家长同步了解学生的日常表现，在家校合作中促进学生的英语学习（见图8）。

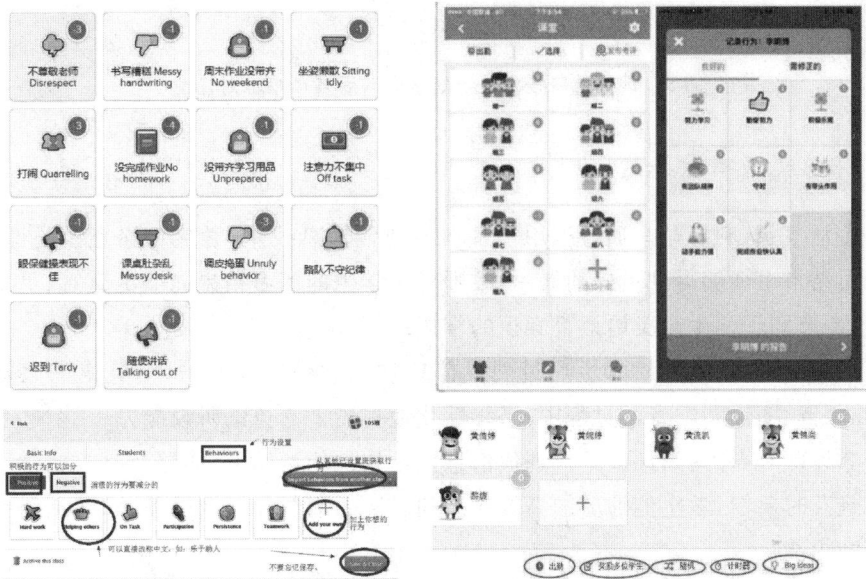

图 8　评价软件助力有效性

每个学生都可以看到自己和其他人的分数,教师可以在教室中一边检查一边给学生打分,可以按天、周、月、学期来跟踪学生的分数,通过数字量化和评级,激起学生的竞争意识和好胜心,教师还可以直接给家长发送即时消息,将学生的情况发送给家长。教师可以在这一评价系统的帮助下即时评价学生表现,促进学生的英语学习。

四、制成产品重检验——研究反思

在对现代信息技术运用于英语课堂的研究中,我尝试将其用于课堂实践,获得了一定的成效(见图9),当然也带来了一些疑问和反思。

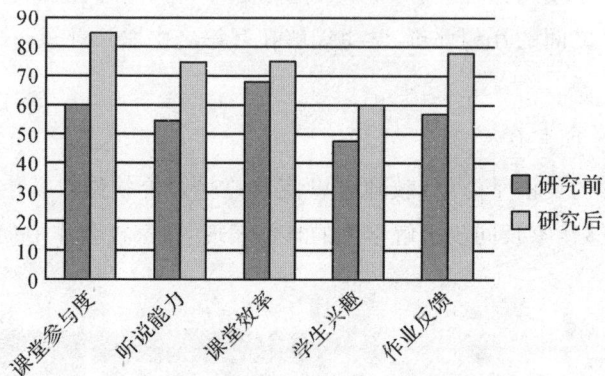

图9　现代信息技术入课堂研究前后各项指标对比图

(一)实践有成效

①活气氛,利参与。通过运用一系列的现代信息技术,学生更愿意参与课堂,其练习结果也能够得到更好的展示,教师对于学生的练习结果能够更直观、更及时地评价,有利于学生对英语语言知识的掌握。

②提听说,增兴趣。学生通过现代信息技术软件辅助学习,对英语的兴趣增强,在跟读、朗读和配音的过程中,潜移默化地提高了其英语听说能力。

③评即时,补漏洞。教师在现代信息技术软件的帮助下,能够及时收到学生作业并且及时反馈,学生能够更加高效地找到自己的漏洞并且及时填补,在竞争中得到不断提高。

(二)未来需思考

①异内容,分方法。教师在利用现代信息技术融入课堂时需精心筛选,不可随

意使用。

②师学习,跟潮流。教师需要与时俱进,不断提高自身的现代信息技术素养,学会操作各项现代信息技术。

③重监控,合理用。现代信息技术的妥善运用无疑能够帮助学生更好地掌握知识,但是在学生的使用过程中需要做好监控工作,防止带来负面效果。

参考文献:

［1］陈磊,郭振华.现代信息技术在初中英语教学中的应用［J］.课程教育研究(学法教法研究),2016(19).

［2］唐智菲.现代信息技术在初中英语教学中的应用研究［J］.中学课程辅导(教学研究),2015,9(35).

互联网背景下提升初中学生历史
学习兴趣的教学应用与实践

童雅妮

【摘　要】笔者在教学过程中,发现学生对于历史人物的学习积极性普遍不高,而此情况的根源基于"三无":无成就感、无味无用感、无共鸣感。在解决这一问题时,笔者通过借用互联网资源,将其资源以多种形式有效引入课堂,从学习方式、方法的多样性入手,引起学生对于历史人物的学习兴趣,培养学生学习的史学思维,拓宽思路。

【关键词】网络资源　历史人物　学习兴趣　历史

一、问题缘起

(一)网络普及,日常生活不离网

第三次科技革命爆发后,互联网与我们的日常生活越来越密切,工作、沟通、购物等一系列的场景中互联网所占的比例越来越重。同样地,现今初中生的生活中,互联网承担了重要的角色,了解时事、同学间的沟通都能由互联网完成,且网络游戏也在学生中间有着不可动摇的"重要"地位。

(二)个案呈现,历史人物没兴趣

在授课过程中,笔者发现学生从七年级的地理过渡到了八年级的历史。在听课的过程中,课堂参与度、学习积极性普遍下降,听课过程中极易走神。对此,笔者询问了相关学生,得到的结论有着极大的相似性:或感觉历史很无聊,学习内容与自身关系不大;或认为历史背诵内容过多,枯燥乏味。

(三)普遍分析,"三无"根源不愿学

初中生在历史及历史人物的学习过程之中,往往都会进入一个极具相似性的低迷期,在此期间对于历史的学习兴趣直线下降。笔者在对这些学生进行谈话或

242

问卷的调查时发现,低迷期的原因具有一定的相似性,归结为以下三点。

1. 基础薄弱,缺乏学习成就感

美国心理学家斯洛提出,人类的需求分别为:生理需求、安全需求、社交需求、尊重需求与自我实现需求。而自我实现需求也可称之为自我成就需求,包括了胜任感和成就感。学生在学习历史的过程中,因为以往学习过程中遗留的漏洞,基础十分薄弱,使得学生的学习阈值低,无法长时间地有效接纳知识点,跟上课堂步调。这极其容易使学生产生挫败感,当多次无法达到个体的自我实现需求时,学生潜意识里会拒绝学习历史、拒绝学习历史人物。

2. 印象刻板,历史无用无味感

刻板印象是人们对于某一事物或物体产生的固定看法或感观。而对于历史人物的学习更容易有既定的刻板印象。先是时间、经过、结果或者学习人物了解其大致生平、生卒年,然后细化为人物主要的事迹,最后总结人物的影响。

学生极易在有限的历史课堂学习过程中,做出带有普遍性的群体结论。学生认为历史课就是枯燥的、没有任何趣味的课程,历史人物的学习更是无聊,每个人物都是千篇一律的学习方法。而且受限于学生的阅历以及人生经验,历史人物的学习在学生眼中没有任何用处,只是一个距离遥远的古人,只是几个需要死记硬背的年份。在这些思维的引导下,学生只会加深对于历史学习无用无味的刻板印象,难以真正地了解历史,真正地思考历史人物。

3. 时空久远,难以产生共鸣感

现使用的教材《历史与社会》一书,中外历史均按时间顺序编排。这使得学生在历史以及历史人物的学习初期,会因为年代过于久远,当时人物的生活环境、社会背景等都与我们生活的环境差距较大,从而难以真正理解历史人物、对历史人物产生共鸣,进而无法对历史人物做出真正客观有效的评价,所得出的历史结论也在口不在心。

二、互联网背景下初中历史学习兴趣的教学研究构思

笔者在教学实践中,为帮助学生提升对历史人物的学习兴趣,有效实现以生为本,丰富课堂教学方式,提高课堂学习效率,引入多种互联网资源,从学习共鸣感、学习成就感等方面入手,将"互联网+"背景与课堂有效结合,有效地提升了学生对于历史人物学习方面的积极性以及学习能力,具体实践思路如图1。

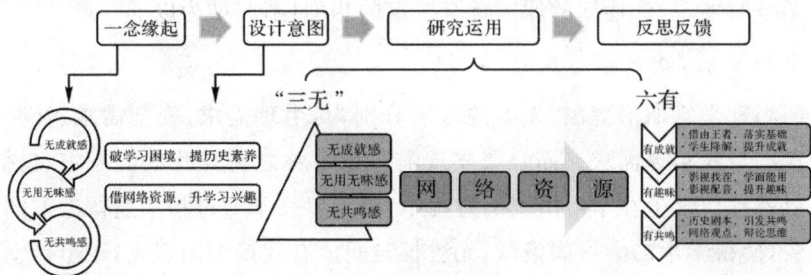

图 1　研究思路

三、实践研究

(一)借由游戏,提史学基础

1. 借由《王者荣耀》,落实基础

现今学生之间流传最火的无外乎《王者荣耀》这一款游戏,学生对于与之相关的内容也最容易接受,最愿意了解。经过笔者了解,此款游戏之中的人物大都为历史人物,如李白、荆轲、兰陵王、小乔、妲己、鲁班、亚瑟等,涵盖中外。

借由学生对于游戏的兴趣,提起学生对于历史的兴趣,这使得"不正经"的历史可以在学生中打开"市场",但也决定了课程的开始科目必须与《王者荣耀》这一游戏中的人物有直接关系。基于此背景,将课程最开始的篇目定为"王者荣耀"系列,并在学生进行民意调查,让学生决定课题,随机改动课程内容(见图 2)。

王者荣耀之妲己与封神榜	1
王者荣耀之西方的玄幻世界	1
王者荣耀之你是哪个朝代的	1

图 2　王者的对应课程

从学生感兴趣的内容入手,例如借由游戏中的"妲己"这一角色,引出我国古代神话小说《封神榜》,从而引导学生学习我国早期文明以及书本中出现的夏商周三个早期朝代的统治者,由妲己引入商纣王,从而激发起学生对于我国早期文明的学习,了解牧野之战、分封制这些对于学生来说较为抽象的知识点。

从神话与历史故事入手,与八上《历史与社会》一课接轨,扩充课堂知识,也缓解学生的心理压力,减轻学生对于历史的恐惧感,提升学生的学习兴趣,也可间接引导学生将课余时间放到阅读一事上,缓慢地改变课余时间分配结构。

这些人物的存在便为历史人物教学的拓展提供了非常重要的生成性资源,游戏提起了学生对于这些历史人物的兴趣,而学生想要了解这些历史人物的需求又使得学生需要一个方便且可信任的渠道去获得相对性的知识。那么,为这些人物开始一堂人物传记的历史人物性课程便展现出了它的重要性与必要性。

2.学生讲解,提升成就

在经由前期基础落实后,学生可以自己选取《王者荣耀》这一游戏中的人物或者自己喜欢的历史人物与大家分享。学着了解历史人物,搜集人物资料,准备发言稿,从单一的被动式接受转为内化—输出的学习模式。与此同时,此环节给了学生一个展现的平台,实现从"要我学"到"我要学"的转变,培养学生的学习成就感(见图3)。

图3 学生讲解场景

在这些学生感兴趣的历史人物的学习过程中,培养学生对于历史人物学习的基本框架构建,从而为学生学习书本中的历史人物打下基础,从听不懂、不愿听渐渐转化为听得懂、愿意听,提升学生的学习满足感以及成就感。

图3左上角的女生,在经过选取自己感兴趣的历史事件进行准备资料、模拟讲解,最后在全班学生面前完整流畅地介绍了她所了解的人物"桃花夫人",获得了一众好评,使得该基本不敢在课上表达自己观念的女同学,自此后敢于参与课堂,表达自己的观点,课堂的学习效率有了明显的提升。

(二)配音找茬,破刻板印象

"谁——在什么时候——做了什么事情——有什么影响",这貌似是学生想到学习历史人物时产生的条件反射式模板。这个模式其实并没有错,但是由于学习成果的输出方式有时相对单一,使得学生极易产生历史人物学习毫无趣味且于现实生活中毫无用处的刻板印象。

对于此现象的破解,笔者借用学生在网络中常常接触的各种影视作品,将这些"接地气"的网络资源引入到课堂中,让学生能直观地感受到历史人物学习的趣味性以及实用性。

1.影视找茬,学而能用

学生业余生活中,影视剧是一大休闲方式,但影视剧中常常出现各种啼笑皆非的历史性错误,或是历史背景架构,或是政治人物,或是经济条令,或是日常饮食,或是生活用具。

这些内容都是课堂教学中的一大助力,用"接地气"的内容,用不一样的反馈方式,将简单的知识性反馈,转为对于影视剧中历史错误的寻找,以小组为单位比赛,这极大激发了学生的学习兴趣以及学习的参与性。

在课堂引入大家所熟悉的古装影视剧找茬活动,一方面使得学生将知识真正做到内化,另一方面可以让学生直观地感受到历史学习的用处。

2.影视配音,提升趣味

历史教学的过程中,还可在人物学习时引入配音活动,学生通过对于历史人物的了解,为历史人物配音,如在学习汉武帝时,学生难以理解人们对于汉武帝的评价,便可以引入《大汉天子》这一网络资源,剧中多个片段,如张骞出塞、霍去病出征以及后期的巫蛊之祸等内容均可为课堂所用,让学生自行查阅相关史实,分配各个角色,为影视剧配音。在配音的过程中了解汉武帝一生的功与过,内省式学习远好于单纯的灌输式学习。

学生在配音的过程中需要了解历史人物,查阅相关资料才能真正进行配音,这就促使学生理解历史人物,并将自己的理解通过声音展现出来,相对新颖的方式能在一定程度上改变学生对于历史人物学习的刻板印象,从玩中学,减轻了学生的学习负担。

(三)历史剧本,引深思共鸣

历史情景剧是指在教学授课过程中,协助或者引导学生通过人物角色扮演,创设情境,再现历史人物或历史事件,常常以课本剧或历史剧的形式展现。

1.编写剧本话历史

学习了新的历史内容或者历史人物时,在授课之前,让学生自行选择感兴趣的内容进行剧本编写,以小组为合作单位,查阅书籍、浏览网页,在课余时间互相合作打磨,编写大家心目中的历史剧本。从历史人物的性格塑造到人物之间的对话,通过剧本的一一编写,同学之间的互相补充、互相讨论,不仅锻炼了学生的信息搜集能力,更是通过剧本的编写,让学生从书本中没有提及的社会生活方面了解不一样的历史,拓展学生的知识面。

在剧本编写的同时,学生需要准备相应的道具,也随之锻炼了学生的动手能力以及创造力。

2.演绎剧本促共鸣

在历史剧本完成后,让同学们自行评比剧本,选择一个大家都认同的剧本进行演绎。例如隋唐时期的学习,学生们排演了《隋唐英雄传》,将各个英雄人物一一展现在课堂上,通过表演,让学生了解当时的历史人物以及历史事件。

历史情景剧的排演为学生提供了展现自我的舞台,学生通过小组合作的方式,自行查阅相关史实,编写历史剧本,寻找演员,排演剧本,从而培养了学生的合作探究能力、学习创新能力以及组内协调能力。更重要的是,通过情景剧的排演,拉近了学生与历史人物的时空距离,让学生通过浸入式的学习,真正了解历史人物,在表演的过程中,将自己想象成为历史人物,置身于历史长河之中,让历史人物在学生中间"接地气",引起学生内心深处的共鸣。

在学习秦始皇这一历史人物时,笔者与学生一起决定排演秦始皇统一六国之后的朝廷风云,从而真正了解秦始皇在政治、经济、文化方面所做的各项举措以及秦始皇的功与过。在学习三国时期的历史人物时,学生排演官渡之战、草船借箭、三顾茅庐等历史情景剧,理解当时的历史人物以及时局的动乱。

(四)网络观点,拓思维辩论

1.学生观点大辩论

在学习历史人物的过程中,最重要的便是历史人物的评价,而这也恰恰是学生的学习短板。思维固化、难以发散性思考、缺乏自我的探究精神这是现今学生的普遍性问题。这需要教师在历史教学过程中拓展学生的思维广度与深度,但这并非能在短时间内快速解决,循序渐进的过程中往往需要行之有效且能为学生所接受的方式,因此,笔者选择了极易产生思维火花的活动形式——辩论。

例如,关于秦始皇与汉武帝的历史功绩评价,笔者在授课时采用辩论的形式,让学生分组,正方观点为"秦始皇的历史功绩高于汉武帝",反方观点为"汉武帝的历史功绩高于秦始皇"。正反双方在论题准备时,自然而然地搜集了一系列的史实资料。在双方辩论的过程中,学生自然就熟练掌握了秦始皇与汉武帝二人的历史功绩与历史过失。

2.教师点评促提升

在学生双方辩论完成后,一方面教师对正反双方的观点进行逐一的点评,趁热打铁,能让学生对于历史事件以及历史人物的史实和评价理解得更为深刻。另一方面,教师对于辩论双方的用语仪态等进行点评,让学生在实践中获得经验。

(五)优化评价,展个人魅力

每一个个体都有其独特性,都有属于自己的独特魅力。传统的单一式卷面评价方式相对公平,但是无法体现学生的个人特点。唯分数论极其容易打击学生的积极性,由此,评价方式的优化显得非常重要。

1.古往今来由我说

每节课的前5分钟,留给学生自我展示。可以选取历史的人物、事件为主题,也可以借由当今实事新闻作为落脚点为同学们讲解。借由此锻炼学生的信息搜集能力和表达能力,作为平时分。以50分为满分,每次讲解均由同学共同打分,选取平均分。

2.历史小报我来画

表达能力相对弱的同学也可选择通过绘画的形式,选取一则历史事件,以其为原型进行创作,通过历史小报的形式展现,同样也作为平时分。以50分为满分,成品由同学们共同打分,选取平均分。

3.历史人物我记得

通过卷面的形式测评学生在学习历史人物中基础知识的收获程度。

四、成果与反思

(一)成果

1.学习兴趣与学习积极性

通过以上的多种教学方式展开教学,能明显地提升学生的学习兴趣,每个学生都能找到自己喜欢且乐于参与的模块进行学习,课堂上不再是单纯的机械性学习,学生有话说、能思考、爱参与、会总结。课堂学习氛围明显活跃于以前,之前常常走神的几个学生在课堂中的注意力时间明显提升。后进生也能主动参与课堂的讨论与各种活动,融入课堂之中,愿意学习课堂中的知识内容,不再单纯地排斥。

2.学习效率反馈提升

学生在课堂上的信息接收阈值提升,知识点的历史人物学习过程中的直观性反馈明显提升。会自我总结历史人物。而就外化于形成性检测的成果来说,班级的整体学习成果提升明显,学生的学习信心明显提升,敢于质疑,敢于反驳,敢于探讨!

(二)反思

1.课堂把控难,总结落实重要性

课堂节奏需要宏观把控,细节入手。各个活动的开展需要教师极高的课堂把控能力,以及课堂各环节的把控能力。应当明确环节为授课而服务,为提高学生学习积极性而服务,不能由活动主导课程。且在活动开展的过程中,一定要及时引导学生从活动中学会学习,得出结论,总结学习的方法,不然一切活动的开展均失去了其真正的意义。

2.样本基数少,成果缺乏普遍性

由于这些授课方式会占用一定的课堂时间,所以更多的实施放置于拓展性课程。虽然面向全校学生开放,但课堂容纳量有限,真正面对的学生确实是少数,颇有蚍蜉撼树、泥牛入海之无力感。课程实施过程中虽然学生反馈较为积极,但此类有效性反馈的样本基数过少,从科学的角度来说不具有集体代表性。

参考文献:

[1] 杨历春.初中历史人物教学研究[D].济南:山东师范大学,2011.

[2] 田学波.历史教学中的网络资源应用[J].教育,2010(17):55.

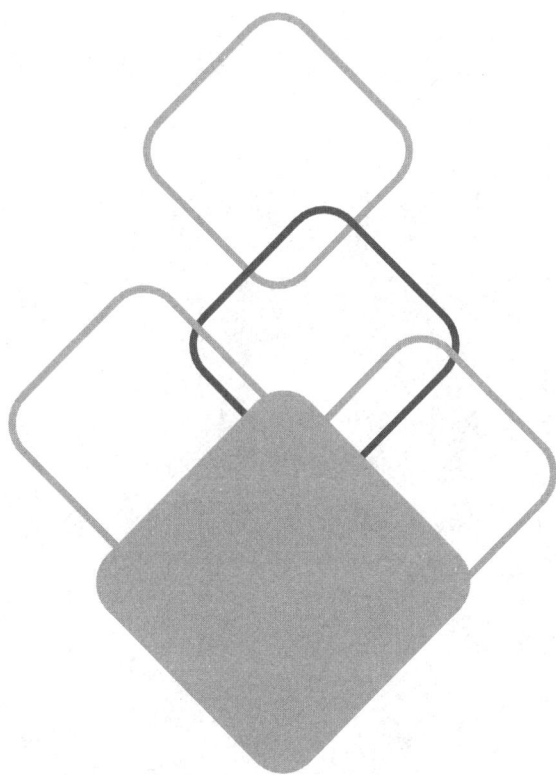

艺 体 教 学

动作技术而是一个复杂的完整过程,既考虑到技术层面又要考虑到核心力的问题,最终让学生加强锻炼意识,不断锻炼并提高个人整体素质,让学生从徒手开始,关注蹬地、收腹、投球协调,再由轻球到重球进行练习,然后进行一系列辅助和器械性的辅助练习。

表 2　教学实验前后投掷成绩对比

时间 班级	教学实验前 (人数)	教学实验后(人数,经过三个月)		
	优秀数	良好数	合格数	优秀数
初三 A(40 人)	5	11	22	10
初三 B(38 人)	4	10	24	10
实验班 1(38 人)	5	9	24	13
实验班 2(39 人)	5	8	26	14

三、趣美柔身操,精进核心力

(一)提高体育教师个人素养

通过我们的实践,使得整个组都学会了普拉提基本操和各种柔身操,利用大量业余时间学习相关资料,不断地剖析实心球投掷技术和提高核心力量的解剖分析,使得我们都能理解从大肌肉群带动小肌肉群从面从点到面合力作用。拓宽知识视野,更新知识结构,不断提高教学质量,使得实心球教学水平上了一个台阶。从原来一上课就拿出一些实心球教学到现在的步步为营入手对实心球的教学定位重难点的把控——呈现在我们脑海,基本形成了一种实心球教学与体育学科整合的设计的风格,对不同的学生采用不同的教学方法,使得每个学生在掌握运动技术的基础上也学会了提高核心力量的柔身操,从而提高了学生的身体素质。

(二)提高学生个人能力素质

通过学习,学生在掌握运动技术的基础上学会了提高核心力量的柔身操,在学校开展体质健康测试大平台中,优秀学生很多,2 千克的实心球女子最远距离是12.1 米,这是初三组女子前五名学生,成绩突出。

(三)学校投掷整体成绩提升

2016 学年参加体育中考,每位学生三项总分 30 分,我校平均分 29.1 分,其中最好是掷实心球成绩,考实心球的数是 145 人,则平均分 9.8 分。其次我们通过一段时间的努力和改进,现初二的学生进步很明显。从课堂测试看,2016 学年学校层面测试体质健康标准进行对照(见表 3)。

表 3　我校体质健康抽测成绩

	2015 学年体育抽测	2016—2017 学年体育自测均值
实心球平均成绩	79 分	86 分

总之,教师要做有心人,用心做,不断学习,不断交流,反复地思考和反思,注重每个细节,关注学生,平常进行知识积累,课后及时做好笔记随笔,写好教学反思使自己的业务水平再上一个台阶,为撰写论文提供更多的素材。要进一步研读并落实新课程标准理念,不断提高自己的素养,更好地为学生服务。

参考文献:

[1] 于红妍,王虎,冯春辉,等.核心力量训练与传统力量训练之间关系的理论思考:核心稳定性训练[J].天津体育学院学报,2008,23(6).

[2] 王卫星,廖小军.核心力量训练的作用及方法[J].中国体育教练员,2008,(2).

[3] 于红妍,李敬勇,张春合,等.运动员体能训练的新思路——核心稳定性训练[J].天津体育学院学报,2008(2).

[4] 陈小平,黎涌明.核心稳定力量的训练[J].体育科学,2007(9).

[5] 王卫星,李海肖.竞技运动员的核心力量训练研究[J].北京体育大学学报,2007(8).

[6] 黎涌明,于洪军,资薇,等.论核心力量及其在竞技体育中的训练——起源、问题、发展[J].体育科学,2008(4).

走近美术作品

——激发初中学生学习美术欣赏课的兴趣的策略探索

夏冰倩

【摘　要】在初中美术课程中,美术欣赏课占有重要的地位。初中美术欣赏课有助于提高学生的欣赏能力和评述能力,引导学生在特有的文化情境中理解和欣赏美术作品,感受美术作品带来的美,培养其审美情趣,帮助学生形成正确的审美观。但美术欣赏课在实施过程中,也面临着很多问题,如何激发初中学生学习美术欣赏课的兴趣,让学生真正地走近美术作品本身,实现美术欣赏课的价值,是值得关注和思考的问题。

【关键词】美术欣赏课　美术作品　学习兴趣

一、研究缘起

近几年,杭州市开始进行中小学艺术素养的测评,使各学校艺术教育有了一定的发展,学生学习艺术的氛围也有所提高。教育部下达的《关于印发〈中小学艺术素质测评办法〉等三个文件的通知》,提出要从义务教育阶段开始普及艺术类学习,并且对学校艺术的开展及教育质量进行测评。美术教育作为学校进行审美教育的主要途径,应艺术素质测评的要求,美术素养教育的有效开展就有着特殊的意义。而在当前的美术教育中,仍有着很多的不足,如没有认识到美术教育中美术欣赏的作用,而是以美术技能训练为主,忽视了学生整体艺术素质。在初中阶段,美术欣赏课可以说是美术教学的重要组成部分,在当前美术课程设置中,有着不可替代的教育作用和社会价值。那在现今的初中美术教学中,如何使学生在愉快而又有兴趣的情况下参与欣赏课,既增长知识又提高审美能力,是每个美术教师所要思考的。因此我对如何激发初中生的美术欣赏兴趣进行了调查与研究。

(一)数据调查

在10月份的美术课中,笔者针对七、八、九三个年级开展了美术欣赏课学习兴趣的问卷调查(见表1),并根据调查数据制作了图1。

表1　美术欣赏课学习兴趣问卷调查

美术课程中的四个学习领域,你最喜欢哪一个?	A.造型表现领域
	B.设计应用领域
	C.欣赏评述领域
	D.综合探索领域
你对上美术欣赏课感兴趣吗?	A.非常感兴趣
	B.感兴趣
	C.兴趣一般
	D.不感兴趣
你喜欢美术欣赏课的原因?	A.欣赏课可以学到美学知识,提升审美
	B.欣赏课可以了解国内外名家,开阔眼界
	C.欣赏课作业少,无负担
	D.欣赏课只需要听,不需要动脑
你不喜欢美术欣赏课的原因?	A.考试分值少,或与考试无关
	B.美术作品离生活远,内容枯燥
	C.名家作品丑,无法理解
	D.老师教学方法问题
你认为美术欣赏课要注意哪方面知识的学习?	A.作品基础知识(构图、色彩、线条、造型等)
	B.作品情感分析(背景、作者、情感表达等)
你愿意参与到美术欣赏课堂中对作品的讨论吗?	A.愿意
	B.不愿意
你对老师和美术欣赏课有什么意见和建议?	

学生美术欣赏课兴趣调查

	七年级	八年级	九年级
——●—— 非常感兴趣	12%	14%	25%
——○—— 感兴趣	23%	30%	37%
——■—— 兴趣一般	40%	36%	22%
——□—— 不感兴趣	25%	20%	16%

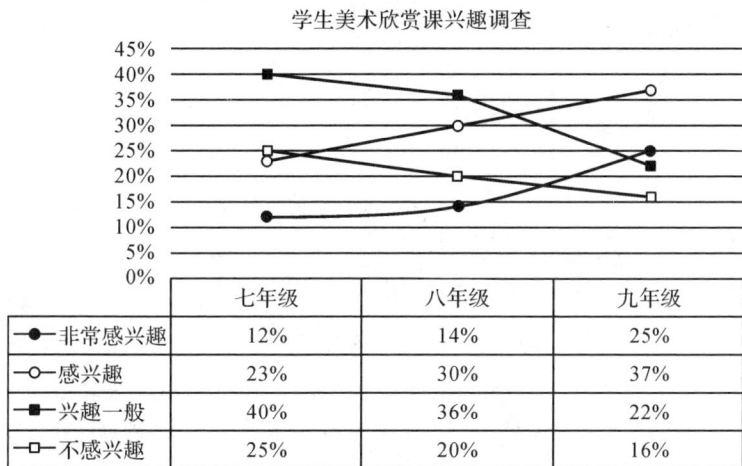

图 1　学生美术欣赏课兴趣调查结果

调查分析结果如下：

①七年级。学生对美术欣赏课不感兴趣的原因大多体现在美术作品内容枯燥，无法理解上。这也是因为初中阶段要欣赏的作品与小学阶段的有很大的差距，像毕加索的《格尔尼卡》《哭泣的女人》等。七年级的学生刚升初中，对美术课的印象还只是画画和手工，所以在四个领域的选择上，78％的学生选择了造型表现、设计应用领域。由于对美术作品的陌生，72％的学生都选择了不愿意参与到课堂当中的讨论。

②八年级。由于初一阶段对初中美术课有了一定的了解，学生对上美术欣赏课的兴趣有了一定的提高，但不感兴趣的还是超过半数。兴趣的提高，主要是因为学生认为欣赏课可以学到美学知识，提升自己审美能力，也有部分学生认为欣赏课的作业少，负担小。而对美术欣赏课的意见和建议，八年级的学生也有自己的看法，他们觉得美术欣赏课可以多一些图片和视频的导入，可以通过看画家的传记去了解美术作品。

③九年级。九年级的学生通过两年的学习，也有越来越多的学生喜欢上了美术欣赏课，不感兴趣的只剩下 16％。他们越来越注重自己审美能力的提高，觉得美术欣赏课可以了解到国内外的画家，而且欣赏课较轻松，在获取知识的同时，还可以放松自己，所以喜欢上了美术欣赏课。而不感兴趣的原因也从无法理解转移到了与考试无关和老师的教学方法上来。由于年级的提高，对老师的要求也越来越高，有越来越多的人愿意参与到作品讨论中，达到 72％。

（二）问题呈现

在此笔者对七、八、九三个年级学生的美术欣赏课程及课堂问题进行梳理（见表2）。

表 2　美术欣赏课程问题梳理

年级	欣赏评述课程	课堂问题重现
七年级	毕加索	"同学们，这节课我们来欣赏一个国外画家的作品。""啊，好无聊呀！"这时，学生异口同声地说。
八年级	与梦前行的画家	"接下去我们来看一下夏加尔的代表作《我与村庄》。"一放出这幅画，就有学生说："老师，这画的什么呀？看也看不懂。"
九年级	马蒂斯的野兽世界	"我们一起来看一下马蒂斯笔下的妻子是什么样的。"放映《绿色条纹》，"好丑啊，怎么像个男人，马蒂斯画得太难看啦。"

从上述片段中可以看出学生对美术欣赏课的兴趣不高，在听课时会感到无从欣赏，甚至枯燥无味，美术欣赏达不到课程标准的要求，教学无法提高学生的欣赏水平，使得审美教育缺失。我们说美术欣赏，是欣赏者对美术作品进行知觉、感受、体会、解释、评价的复杂心理活动过程，其中既有感性的直观体验，又有理性的逻辑思维。那造成美术欣赏课不能达到教学要求，提不起学生兴趣的原因有哪些呢？笔者觉得应该从以下几个方面来讨论。

1. 教师面临的问题

（1）知识储备的不足

美术欣赏课要求教师具备良好的中外美术知识储备。如果教师对课程内容不熟悉，会导致在上课的时候不能透彻分析作品深层含义，无法很好地带领学生真正走进画家的内心世界，使得美术课堂变得枯燥无味、牵强生硬。

（2）教学方式的单一

美术课堂中教师的教学方式单一，主要以讲授法为主，以专业术语、理论知识为主，学生理解不了，不感兴趣，就不能很好地调动学生的积极性。

（3）欣赏重点的不明确

初中阶段的美术欣赏课内容比较多，教师在课程内容的选择上往往难以取舍，无法明确欣赏课程的重点，对作品的分析往往以"文学性"的解释、作品背景、社会影响等讲述代替美术作品本身的欣赏,使学生听起来吃力。

2. 学生面临的问题

(1)对美术课程的不重视

由于初中阶段,学生文化课业压力大,对美术课程的关注少,认为美术只是一门副科,学得好差无关紧要,使得其在美术课堂当中不会投入所有的注意力,更不会深入美术作品本身,去鉴赏提高自己的审美能力。

(2)本身兴趣不足

美术欣赏课程涉及的领域广,学生对于中外美术史的了解少,而且作为初中生,更喜欢动手操作型的活动,如绘画、手工制作等。

(3)欣赏课的难度

美术欣赏课本身就具有一定的难度,学生在欣赏过程中往往会产生"无法理解""看不懂""不喜欢""太抽象"等想法,导致他们产生厌学心理,不能激发他们的兴趣点。

二、研究设计

(一)概念的界定

美术欣赏是欣赏者对美术作品进行知觉、感受、体会和解释、评价的复杂的心理活动过程,其中既有感性的直观体验,又有理性的逻辑思维。

兴趣是在认识活动中积极探究某种事物或从事某种活动的倾向,是个性的心理特征之一。兴趣可分为短暂兴趣和稳定兴趣。

学习兴趣是指对学习内容有一种积极的注意倾向,同时还伴随着一种积极的情绪状态。这种情绪状态鼓舞着学生主动而愉快地学习,而不会感到学习是一种沉重的负担。

(二)研究目标

①探索有效的美术欣赏课的教学方法。教师针对美术欣赏课堂教学中出现的问题进行反思,尝试运用多种教学方式,以多样的课堂环节与形式,充分发挥美术的特色,激发学生的学习兴趣。

②形成良好的美术欣赏课的学习氛围。运用校内外资源,多角度促进良好学习氛围的形成,引导学生积极参与课堂,提高美术欣赏的兴趣。

③获得持久的美术欣赏课的学习兴趣。激发学生美术欣赏课的学习兴趣,并形成持久的情感态度。

④提高常规的美术欣赏课的教学质量。学生美术欣赏兴趣的提高,促进了教学质量的提高,并形成良性循环。

(三)研究内容

1.初中美术欣赏课学生学习兴趣和参与度的问卷调查与研究

(1)初中学生美术欣赏课学习兴趣的影响原因

(2)初中学生美术欣赏课学习兴趣对学习参与度的影响

2.美术欣赏课程实践,寻求有效教学方法

①加强师生对话,共同参与课堂,培养学生独立思考,以师生对话、一问一答、学生间交流为主要互动内容,让学生更好地参与课堂,促进全班共同学习。

②采用同课异构的教学模式,寻找相同美术欣赏内容的课堂当中,不同教学方法的使用对学生学习美术欣赏课的兴趣的影响。

③采用异课同构的教学模式,寻找不同美术欣赏内容的课堂当中,能提高学生学习兴趣的共同有效的教学方法。

3.美术欣赏平台搭建,创建良好欣赏氛围

(1)多媒体巧设趣味的学习氛围

多媒体作为现代教学手段,大大地调动了学生积极性,课堂在多媒体教学下变得更加活泼,更加生动有趣,在活跃学生的思维的同时,激发了学生对美术欣赏课的学习兴趣。

(2)校内外资源巧用的良好氛围

教师利用校内外的美术欣赏资源,开展相关的活动,让学生在自由自主、循序渐进的学习氛围中,能够更好地展开想象的翅膀,充满求知欲望,让个性得到充分的发展。

4.创新评价展开积极的学习氛围

教师的评价很大程度上可以左右学生的学习兴趣,应运用积极的多维评价方式,创新评价体系,提升美术欣赏课的效率。

三、实践操作

（一）欣赏课程实践，探究有效教学方法

教师针对美术欣赏课堂教学中出现的问题进行反思，尝试运用多种教学方式，以多样的课堂环节与形式，充分发挥美术的特色，激发学生的学习兴趣。

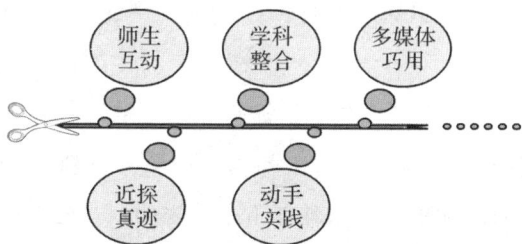

图2　美术欣赏课有效的课堂教学方法

1.师生互动，充分发挥学生自主学习

美术课标要求美术课堂模式要以学生为主体，教师为主导进行教学。美术欣赏课程要摆脱传统的单向灌输的教学模式，注重师生间的互动，充分发挥学生的自主性。教师在授课过程中，要关注学生在欣赏过程中的参与度和感受，与学生展开积极的对话，了解学生对美术作品的真实想法。引导学生以自己的生活经历、情感体验、想象和联想来理解作品，走近作品，感受美术作品所传达的艺术情感。让学生融入欣赏课堂，积极发言表达自己的观点，独立自主地对作品进行探究，在欣赏课中有所收获。

案例1

八（3）班是一个各方面都比较优秀的班级，在其他科目的考试中都有优异的表现。唯独对艺术类的学科兴趣不足，课堂氛围沉闷，学生不愿意与老师有过多的交流。在私下与其他的老师交流中了解到，这个班级平时的学习压力很大，班主任的管理较严苛，而我与他们的互动又比较少，课堂当中学生不敢过多地举手发言，生怕自己扰乱了课堂秩序。但奇怪的是在作业环节，又总是有让我惊喜的作品出现，这让我认识到这个班级的学生还是有一定的美术基础，只是在欣赏评述类领域的课程中，他们只是一味地听我在说，不敢说出自己的真实想法，与老师和同学进行交流，因此导致美术欣赏课堂的沉闷。意识到这点之后，我决定改变自己的教学策

略，在接下去的"毕加索"一课中，我把课堂归还给学生，让他们上台来讲，通过小组讨论，写下自己对毕加索《格尔尼卡》这一幅作品的分析与感悟，并派代表到讲台上与其他同学进行分享，由其他同学与老师进行点评；在"齐白石"一课中，通过一问一答开火车的方式，集中学生的注意力，锻炼他们的胆量，大胆说出自己对作品的想法，让所有同学参与到美术欣赏课堂当中。慢慢地，在课堂当中我拉近了与他们的距离，他们也越来越积极地与我探讨，发表自己的观点，美术欣赏课的课堂氛围好起来了，学生对作品的认识也越来越独到。

2.学科整合，全面深入美术作品赏析

各个学科间的知识是相通的。美术作为一门艺术学科，与音乐、文学、历史等有着密切的联系。因此，初中美术欣赏课不是独立的，教师在进行美术欣赏课教学的时候，应加强与其他学科的联系，融入多种学科知识。

（1）与语文学科相联系

苏轼曾说"诗画本一律，天工与清新"，所谓诗中有画、画中有诗。教师在引导学生欣赏中国画时，要带领学生体会诗句的意境，并以此来加深对作品的理解。

案例 2

在"诗情画意"一课中，教师在带领学生了解中国山水画的知识的同时，也要让他们体会山水画的意境。意境是中国画的特征之一，是山水画的灵魂。在上这课时，南宋画家马远的作品《寒江独钓图》使学生产生很大的共鸣，也与语文学科有了一个完美的结合。一放映这幅画，学生就说："老师，我知道这幅画，这是柳宗元写的那首诗。"话语中，明显感觉出同学们的热情。大家争先恐后地开始背起诗来："千山鸟飞绝，万径人踪灭。孤舟蓑笠翁，独钓寒江雪。"我说："请一个同学来解释一下这首诗。""这是一首五言绝句，诗中描绘了所有山上都没有飞鸟的影子，所有路上也没有人的踪迹，只有在孤零零的小船上坐着个披着蓑衣、戴斗笠的老翁，在寒冷的大雪覆盖的江上独自垂钓。"语文课代表说道。这时，我再对学生进行点拨："马远的《寒江独钓图》在画面中心只有一叶扁舟和垂钓的渔人，船边几条波纹，其余都是完全的空白，既表现水又表现天，形成了水天一色的感觉，让人融入画面中体会到那股孤独与寒意。这不正与柳宗元的《江雪》相通吗？诗人只用了二十个字，就向我们呈现了一幅幽静寒冷的画面：寒雪纷飞的江面，没有飞鸟的痕迹，没有人影的踪迹，只有一叶小舟，一个老翁孤独地坐在寒冷的江心垂钓，淡泊静谧，意味深

长。诗人正是用这一瞬间的深切感受,化为短小精炼、情韵深远的诗句。"说完便看到学生看画时的陶醉,融入意境中,感受到学生已真正地走进山水画的境界,走进美术作品。

图3 《江雪》

诗与画的交融可以说是中国独特的文化特色,教师要巧妙利用语文学科的资源,引导学生利用语文学科知识对美术作品进行深入的赏析。

(2)与历史学科相联系

美术课程具有人文性质,一幅好的美术作品,不仅带给人丰富的想象力,也带给人人文常识。在赏析一幅画时,往往涉及作者的生活环境和时代背景,作品的背后通常伴随着相关的历史故事。在赏析美术作品时,与历史相结合,降低鉴赏的难度的同时,更能够激发学生对美术欣赏课的兴趣。

案例3

在备"辉煌的文艺复兴美术"这一课时,我是迷茫的,因为上这一课要对文艺复兴时期的历史有深刻的了解,不光是学生,老师如果没有一定的认识,上起来也会特别地累。一个偶然的机会我得知历史学科课本中有对《雅典学院》进行介绍。《雅典学院》是拉斐尔描绘古代希腊人勤于思考、激烈辩论的场景。在授课中,我以古希腊的历史为切入点,让学生从画面中的人物去分析作品的主题思想。学生通过历史的学习知道画面中心的柏拉图和亚里士多德是古希腊著名的哲学家,但他们不知道作品中人物的原型,这时我将放映拉斐尔将同时代的人绘入其间,柏拉图是借用达•芬奇的容貌,赫拉克利特是借用米开朗琪罗的形象,还有达•芬奇的自画像,以这些特殊的人物来激发学生的兴趣。整幅画面充满了浓厚的学术讨论和激烈争鸣的氛围。最后,结合学生现有的历史知识和鉴赏能力,进而对这幅画的构图、色彩、人物安排、表情等进行分析,了解这幅画是文艺复兴时期的代表作,表现了人类对智慧和真理的追求。在历史学科知识的帮助下,充分地对作品进行赏析,使学生学有所用,更自信地去欣赏美术作品,提高欣赏的热情。

(3)与音乐学科相联系

美术欣赏课主要是对图片的欣赏,画是无声的,而音乐学科是对旋律的欣赏,是有声的,一个属于视觉艺术,一个属于听觉艺术,如果在美术欣赏课中把视觉与听觉相结合,定会产生不一样的情感体验。

图4　马蒂斯《红色的和谐》

案例4

在欣赏野兽派马蒂斯的《红色的和谐》时,通过《斗牛曲》的导入,让学生沉浸在激昂的音乐中。通过激昂的音乐导入,吸引学生的注意力,循序渐进地开始欣赏课。

课堂实录:听《斗牛曲》,让学生闭着眼去感受。

师问:听的时候,你的眼前呈现的是一幅怎么样的画面? 如果让你用一种颜色来描绘,你会选择哪种颜色?

学生答:红色、黄色等。

师:绝大部分同学都说是红色,今天我们来了解一位与红色有着不解之缘的画家。

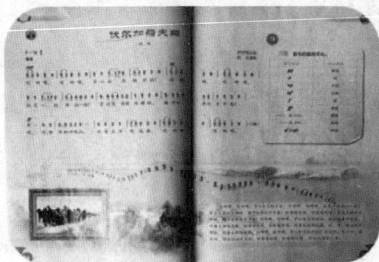

图5　《伏尔加船夫》音乐教材

图6　列宾《伏尔加河上的纤夫》

案例 5

在初三的"美术欣赏与收藏"一课中,有一幅学生熟悉的作品,列宾的《伏尔加河上的纤夫》。在初一的音乐课本中,曾经有对《伏尔加船夫曲》进行赏析。"哎哟嗬,哎哟嗬,齐心合力把纤拉!"整首曲子以男低音贯穿,沉重的号子声由弱到强。在欣赏这幅画之前,先让学生重新聆听一遍这首曲子,讲述歌曲当中浮现的画面。"音乐开始,劳作的纤夫慢慢向我们走来,他们步伐沉重,可以听到微弱的叹息声,表现了他们内心的苦痛;音乐减缓,又不断加强并到高潮,纤夫们步伐渐稳,显示出力量和对未来的向往;音乐到达尾声,纤夫们的步伐复而远去,拖着沉重的货船消失在远方。"我一边放音乐,一边讲述着画面。听完音乐后再放映出《伏尔加河上的纤夫》,学生在看到这幅画的时候瞬间感同身受,对作品和作品中描绘的人物有了了解。在听觉的感触之后,从视觉上感受十一个饱经风霜的劳动者,在炎热的河畔艰难地拖着货船的场景。学生在音乐中激发了对美术作品的兴趣。

3.资源巧用,充分诱发学生乐学情绪

在初中美术欣赏课中巧妙地运用各种资源辅助教学,可以减轻欣赏教学的难度,老师上课讲解思路更清晰,学生学起来更轻松更直观。课前,教师可以利用多媒体进行资料的查询与搜集、备课、制作课件、信息整理等;学生可以利用多媒体提早熟悉美术欣赏课内容,通过预习进行资料的搜集。课间,教师运用多媒体出示与欣赏内容相关的文字、图片、动画、影像、音乐等,创造良好的教学情境,把静态的教学内容变为生动有趣的动态情境,使美术作品的艺术美体现得淋漓尽致,最大限度地刺激了学生的感官,充分地诱发了学生乐学的情绪。另外,教师还可以回归传统课堂,利用相关画集图册,多角度多方法地对作品进行赏析,充分利用现有资源调动学生的兴趣。

(1)教学微课

现在的美术课堂越来越关注微课的运用,美术欣赏课堂中,微课不仅能够把比较繁多、难以理解的欣赏知识点进行简单化、可视化,使学生学习变得更加简便和轻松,还能够通过微课的运用,节省示范的时间,使学生看得更加清楚,激发学生的好奇心和学习兴趣,提高美术欣赏课堂效率。每个欣赏教学环节中,教师都可以引用微课调动学生积极性,通过自己的教学思路,设计符合教学内容的微课,并利用视频剪辑软件,制作出有新意、有个性的微课,创新课堂教学方法。

案例 6

"与梦前行的画家"是对"现代艺术"一课的拓展,主要是介绍法国超现实主义画家夏加尔与梦前行的一生,我恰当地运用美术鉴赏的方法对其各个阶段的一些代表画作进行适当的分析,夏加尔对于初中阶段的学生并不陌生,小学"奇特的梦"一课就对夏加尔作品有过介绍。在上这节课前,我还是让学生对自己的梦境进行了描绘,并以此制作微视频作为"与梦前行的画家"这一课的导入,从一开始就激发起学生美术欣赏课的兴趣。

图 7　微课"奇特的梦境"

课堂实录 1:微视频导入,走进同学们奇特的梦境。

播放学生创作的"奇特的梦境"视频。

【设计意图】视频中放映学生上节课完成的"奇特的梦境"创作画,由学生亲自讲述自己的梦境。通过微视频的形式,以学生自己的梦境进入主题,不仅是对学生上节课作业的总结与肯定,也激发了学生的学习兴趣。

课堂实录 2:教师微课示范"梦中的自己"。

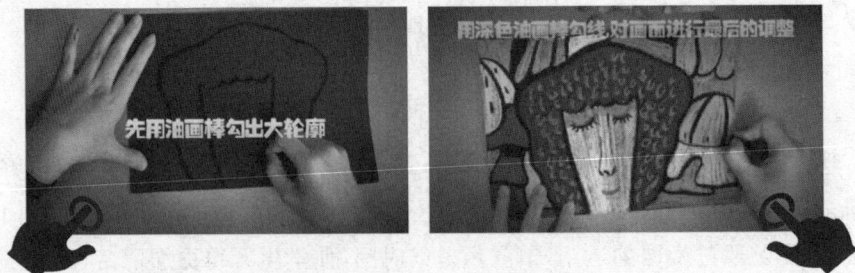

图 8　微课示范"梦中的自己"

【设计意图】相对于传统的课堂示范来说,微视频的引入,不仅打破了场地的限制,节省了时间,同样也更吸引学生的注意力,激发学生的兴趣。

（2）影视资源

在初中美术欣赏课中引入影视视频作为教学的一种手段和方法，不仅可以引起学生的兴趣，还可以使教学达到事半功倍的效果。学生本身对于中外美术史的陌生是教师开展美术欣赏课的难点之一，这时在课堂中导入一些学生熟悉或未接触过的节目、电影、纪录片等对画家或美术作品进行介绍，选取片段以人物传记、历史讲述、情节再现的方式给予学生作品信息，丰富了学生的学习方式，使得学生获取知识更轻松，印象更深刻。

美术欣赏课推荐影视资料	
中国美术欣赏	外国美术欣赏
《国宝档案》	《艺术的力量》
《中国绘画艺术》	《现代艺术之旅》
《中国艺术》	《BBC 现代艺术大师》

（3）名家画册

美术教材中供学生欣赏的作品画面有限，无论是画幅的大小、清晰度还是数量，都很难让学生体会到作品的含义、风格等。除去应用广泛的多媒体资源，精美的画册也可以作为教学资源进行利用。教师可以将不同画家、不同风格的画册带到美术欣赏课堂中，培养学生翻阅名家画册的习惯，从画册的图片、文字描述中自行去赏析美术作品，激发学生欣赏的兴趣。

案例 7

在"诗情画意"一课中，通过欣赏中国山水画作品，分析山水画的基本特点"诗中有画,画中有诗"。所以教师要引导学生学会欣赏,多读画看画,感受山水画的魅力。我将学校图书馆现有的山水画图册带到教室里,带领学生翻阅画册,畅游在精美的画册里。

课堂实录:了解中国山水画"诗情画意"的艺术特点。

小组合作:两个同学一本画册进行赏析,选择你认为与老师黑板上诗句最为搭配的一幅画,来谈谈你的理解(从构图、笔墨、虚实、意境等)。组内交流,每小组选一名同学上台展示发言。

4."真迹"近探,积极创设生动教学情境

美术欣赏课的开设,其中有一个难题就是学生不能直观地近距离接触美术作品,很多欣赏课中学生只是被限制在小小的一张图片中,对于名画所带来的震撼视觉冲击力无从感受。这时教师可以利用网络资源,采用课堂"真迹"再现的方式,将同样尺寸的复刻作品带到课堂当中,让学生直观地感受美术作品,多角度地近探名画,近距离赏析,从视觉、触觉等方面激发学生兴趣,吸引学生的目光,使欣赏课堂变得生动有趣。

(1)一探材质肌理

随着艺术的发展,各种材料进入艺术作品,丰富了作品的艺术表现,使其具有视觉上的冲击力。还有一些美术作品由于时间久远,在作品上留下了历史的痕迹,构成了独特的艺术风景。在近距离地感受美术作品时,教师可以引导学生学习材质肌理的特殊语言,从学生的亲身体验与触摸中,感受美术作品材质肌理的特性。从而在愉快的触碰游戏中,激发学生对美术作品的好奇和兴趣。

案例 8

在介绍后印象派画家凡·高一课中,我将仿制的《星空》带到了课堂上。事先,我用一块布盖住了作品,让学生上讲台进行触摸,说一说自己的感受。学生对于这种游戏,表现积极性非常高,大家纷纷举手。每个组我选择了两名学生代表近距离感受作品的材质肌理。有学生说:"我感觉画面是凹凸不平的。""我感觉上面的肌理是一圈圈的"另一个女生细致地说道。"老师,我感觉我摸到是海浪。""老师,画面上应该由很多颗粒组成,我想画的应该是星星。"大家纷纷说道。通过触觉的感受,学生近距离地体会了画面的肌理,这时,我将布掀开,《星空》呈现在学生面前,说道:"这就是今天我们要赏析的凡·高的《星空》,凡·高的作品的其中一个特点就是对笔触的运用,星星旋转而成的圆的笔触、流云移动的笔触、树木曲直向上的笔触……"同学们有了直接的接触之后,我再对凡·高画面的笔触进行讲解,学生分析理解起来也充满了兴趣,容易多了。

(2)二探美术语言

美术是一门造型艺术,也是一门视觉艺术,不同的艺术家通过不同的美术语言处理艺术形象,而呈现不同的艺术风格。赏析一幅美术作品,必不可少的就是对其线条、色彩、造型、构图等美术语言进行分析。近距离的欣赏"真迹",摆脱了图片大小、清晰度等的限制,让学生可以直观地、完整地细看美术作品,在视觉体验中,一睹作品的真容,大大提高学生欣赏的积极性。

案例 9

2018 年 12 月,我有幸聆听了富阳初中周老师的美术欣赏课《清明上河图》,整节课给我印象最深的就是作品鉴赏环节。以往的美术欣赏课,老师都是让学生从课本、画册或投影上来欣赏作品,而周老师却将长卷《清明上河图》的实物图带到了课堂当中。教室里摆放了展示台,周老师戴着白手套慢慢地将作品展开,学生仿佛置身于博物馆之中,纷纷站起身来凑近去看。周老师事先准备好了放大镜,邀请学生近距离地观察作品。大家拿着放大镜仔细地欣赏着,构图的疏密有致,线条墨色的变化,大家交头接耳地讨论着。整个课堂瞬间活跃起来了,大家的欣赏热情非常高,排着队想一睹《清明上河图》的"真容"。近距离的体验之后,每个同学都有自己的体会,对作品细节处理的认识也更深刻了。

(3)三探情感表达

艺术创作中情感的表达是艺术作品的灵魂。在美术欣赏课中,最后进行的欣赏就是引导学生进行情感的体验,这种体验的过程也是欣赏者与作品所表达出的情感相交融从而产生共鸣的过程。在有了对美术作品材质肌理和美术语言的近距离细致探析后,学生再次来到"真迹"面前,对于再现的美术作品,学生有了直接的情感体验,对于画家的情感表达和作品的时代气息也有了更深刻的体会。

5.动手实践,深切感受美术作品情感

美术欣赏课虽然以鉴赏美术作品为主,但与实际绘画教学是密不可分的。在美术欣赏课堂当中,教师如果能引导学生适当地进行与作品有关的绘画体验,可以使学生更好地理解作品,感受美术作品所传达的艺术情感。

(1)摹一摹

摹,是用纸蒙在原作上写或画,不可改变作品本身的大小。此实践练习可以放在中国工笔画欣赏课中,为了让学生感受白描线条的魅力,在欣赏完相关作品以后,可以让学生进行摹一摹。通过练习,体会画家用笔用墨时的考究,以及作品流露的情感。

(2)临一临

临,是照着原作写或画,可大可小。美术欣赏课中,教师可根据画家的绘画风格和流派,选择其中具有代表性的作品,让学生进行临摹。在临的过程中,学生通过仔细观察画家画面上线条的组合、造型与构图、设色的规律等,将所看到的对照画家的范本进行临画,可以是一组线条、一个块面、一个色块地临,临画过程中观察、分析作者的艺术风格,从中感受作品带给自己的情感。

案例 10

在"马蒂斯的野兽世界"一课中,最后环节让学生动手画一画。

课堂实录:放映马蒂斯的代表作,选取自己喜欢的一个部分进行临摹,体现出野兽派的绘画风格,可以适当地加上自己的想法与感受。

a 展示教师范画。

b 让学生切身去感受野兽派的绘画风格特征,并能加上自己的理解做有创意的表达。

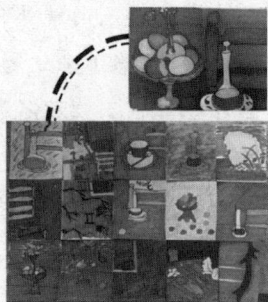
图 9　教师示范和学生作业展示

(3)变一变

在高年级的美术欣赏课中,学生对于美术作品的风格和表现手法有了自己的理解,能够区分不同流派的不同风格。在这样的美术欣赏授课中,教师设计实践练习,可以提高难度,让学生运用所欣赏画家或者流派的风格,进行绘画创作,不仅巩固了基本的美术欣赏知识,也激发了学生的想象力,让学生有创新意识。在创作中感受画家作品情感的同时,也在作品里表达自己的情绪。

案例 11

在"与梦前行的画家"一课中,设计课堂小练习环节。

【教师讲述】夏加尔一生坎坷，却坚持绘画事业、对爱情忠贞不渝，直到晚年功成名就却不忘公益事业，为教堂创作了大量的公益性艺术作品。今天我们就跟随夏加尔的脚步，来画一画梦中的自己。

【课堂练习】"梦中的自己"砂纸主题画。a 用叠加、夸张、变形的方法。b 画出梦境中的自己的奇特之处。

图 10　学生课堂练习和作品展评

（二）欣赏平台搭建，创建良好学习氛围

1. 名人名画上墙，感受名家熏陶

学习氛围的创建对于学生知识的获取有一定的促进作用。在校园里为学生营造具有艺术的氛围，可以熏陶学生艺术气息，提高学生的审美意识。学校和美术教师应该为学生搭建学习美术的平台，在班级或者校园的文化墙上粘贴悬挂中外美术作品，开展"名人名画上墙"活动，让学生时时置身于艺术的氛围中，在平时的观赏中，感受艺术的熏陶，引导学生走近美术作品、走近大师，拓展学生视野，从而培养学生的审美意识和对美的追求。

案例 12

新学期开学，学校举办了教室布置评比，每个班的同学都积极地在教室里进行了精心的布置。七年级 7 班的学生把教室的墙壁当成了画纸，开始了创作。七（7）班的班主任是美术老师，受了老师的影响，班级变成了一个艺术的乐园。教室的每一个角落都被学生利用起来，最令人惊艳的是教室后面的瓷砖，他们把名家作品搬到了教室里，不是用悬挂的方式，而是通过亲手绘制，把黄公望的《富春山居图》生动地复制在墙上。"名人名画上墙"在（七）7 班有了很好地体现，不仅本班的学生时常去欣赏它，也引起了学校其他班级同学和老师的关注。在七年级下册的欣赏课程"富春山居图"中，学生的欣赏热情很高，而且对作品也不那么陌生了，美术老师更利用了这幅临摹的作品,让学生对比去分析黄公望作品中的精彩之处。

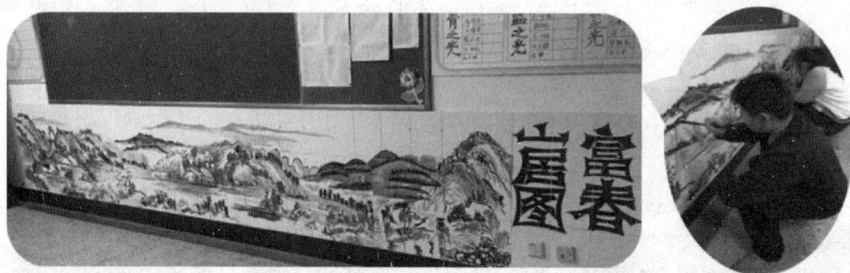

图 11　学生绘制

2.校外展览参观,体验身边艺术

学生走出校园,外出参观展览是学生进行美术学习的另一种方式。美术欣赏课程的学习,不能局限于学校课堂,还要引导学生走出校园,走进美术馆、展览馆,让学生自主地进行欣赏观摩,从参观展览中提高学生的审美意识和鉴赏水平。美术教师可以充分利用周边资源,如高校、博物馆、美术展览馆等,引导学生多去观看,开拓自己的视野,并从美术展览中近距离感受美术作品,激发学生学习美术欣赏课的兴趣。

案例 13

我校位于中国美术学院附近,为了更好地利用周边资源,丰富学生的课余生活,激发学生学习美术的兴趣,学校开展"走近美术馆,感受艺术的魅力"活动,在老师的引导下,感受多样的艺术形式,激励学生用不同的眼光去了解美术、感受美术。本次观展活动是与本校在美院基础部任职的家长一起组织和开展的,具体活动安排见表 4。

表 4　美术展览参观活动方案

活动名称	走近美术馆,感受艺术的魅力
活动地点	中国美术学院象山校区展厅
活动时间	2016 年 10 月 21 日 14:00—15:40
活动对象	初一年级学生
带队老师	班主任、美术老师
活动目的	开拓学生的视野,提高学生的艺术鉴赏能力,进一步激发学生学习美术欣赏课的兴趣。

续 表

活动名称	走近美术馆,感受艺术的魅力
活动过程	1.前期准备 活动规划:制定方案,搜集相关资料,完善安全预案,准备告家长书。 后勤保障:联系活动地点,安排交通工具。 活动指导:美术教师事先前往展厅参观展览,熟悉参展美术作品,届时给学生讲解。 摄影摄像:安排活动记者,对活动的开展进行全程拍摄。 2.活动当天 14:00 开始集合 14:10 带队老师进行安全教育,14:20 出发 14:35 到达目的地,开始活动 15:25 参观结束,安全乘车返校 3.活动总结 师生总结参展感受,学生完成观展心得,教师整理图片,写好简讯。
活动要求	1.注意安全。明确参加活动目的,加强前期的安全教育,跟班老师对班级管理负责任。 2.文明观展。大家要做到轻声慢步,语言文明。 3.有所收获。学生认真参观展览做记录,观后有感,学有所获。

图 12 学生认真观展讨论

本次活动的开展,学生的积极性非常高,美术展览的氛围体验,也使学生对美术欣赏有了更好的认识。在画展中近距离地欣赏名家的作品,让学生能够在老师的带领下,对美术作品有自己的认识,在美术欣赏课堂中,也会结合自己在美术馆看到的作品进行比较分析,如线条、构图、主题立意等。

3.画作鉴赏交流,碰撞思维火花

为了巩固学生学习到的美术欣赏知识,学校可以举办趣味知识竞赛,加深学生对美术作品的印象,以及加强学生对欣赏知识的运用。学生在整个比赛阶段慢慢地走近美术作品,了解美术作品相关知识,营造浓厚的艺术学习氛围,为美术欣赏课程的开设提供了便利。

4.名作情景再现,演绎经典情节

为了让学生更好地了解美术作品内容,教师可以组织学生进行"名画模仿秀"或者"课堂话剧"等活动。让学生真实再现作品内容,模仿名画中人物的表情、神态和情感,感受画家笔下生动的人物个性。或以"课堂话剧"的形式,让学生自主排练美术作品中发生的情景,使美术欣赏课堂不再枯燥。学生能在实践活动中走近美术作品背后的故事,尽情地发挥自己的想象力,激发自己主动走近美术作品进行探索的欲望。

案例 14

在"伏尔加河上的纤夫"赏析课中,学生在音乐中自行欣赏作品两分钟,体会纤夫的心情和作品所传达出来的情绪。在欣赏结束后,组织学生进行画中人物的模仿,模仿作品中纤夫的动态、表情,体会纤夫当时的心情。学生在模仿环节表现积极踊跃,大家自告奋勇地参与到了作品的情境中。接下去根据画面中出现的 11 个人物形象,邀请同学分为 3 组,进行整幅画的情景再现,虽然缺少了绳子的牵引,但同学们互相倚靠着,或垂着头,或佝偻着背,或蹙着眉,在大家的演绎下,可以感受到作品人物传达出来的苦难和无助。我用相机记录下学生的表演,并投影到屏幕上,让其他同学进行对比分析,画家是运用了怎样的绘画语言来表现纤夫的苦难?学生有了亲身感受后,分析起作品来也充满了兴趣。

四、实践成效

2011 年版《义务教育美术课程标准》的课程基本理念表明四点:①面向全体学生;②激发学生学习兴趣;③关注文化与生活;④注重创新精神。其中提到,兴趣是学习美术的基本动力之一。美术课程强调通过发挥美术教学特有的魅力,使课程内容与不同年龄阶段的学生的情意和认知特征相适应,以灵活多样的教学方法,激发学生学习兴趣,并使这种兴趣转化为持久的情感态度。通过一年的探索与研究,得到以下成效。

(一)学生方面

1. 学生美术欣赏课的学习兴趣明显提高

通过一年的教学实践,学生对于美术欣赏课的兴趣有了明显的提高,如下图:

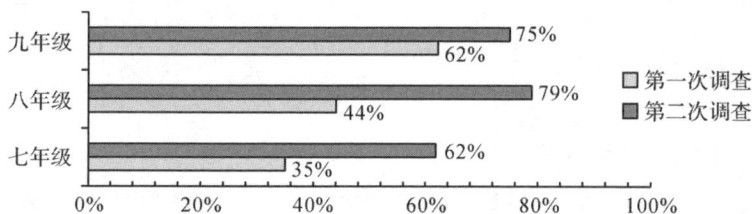

图 13 学生美术欣赏课兴趣对比

从图中可以看出,三个年级的学生对于美术欣赏课的兴趣都有了不同程度的提高,其中八年级的学生兴趣度提升最多。通过课堂的观察和调查分析,八年级的学生对于美术欣赏课本身就有一些认识,掌握一些欣赏的方法,所以对于美术欣赏课的难度本就较为适应,在老师改变教学方法,加入新的有效教学策略后,学生在课堂上的表现更活跃了,学习参与度也随之提高。再加上学校老师构建的良好欣赏氛围,各类相关美术欣赏活动的开展,更是从课堂内外充分激发了学生学习美术欣赏课的兴趣。一年的实践研究,学生慢慢地形成了自己欣赏美术作品的方法,认识了越来越多的中外美术大师,从陌生到熟悉,从不喜欢到感兴趣,一步步在老师的引导下,建立起了学习美术欣赏的信心。

2. 兴趣的激发促进学生美术素养的提高

在一年两个学期的美术检测中,学生对于美术欣赏知识的掌握程度有了大幅度的提高,对于课堂中学习到的和课外积累的美术欣赏知识都能很好地运用,鉴赏美术作品的能力也提升了。具体体现在以下测试调查中(见图 14):

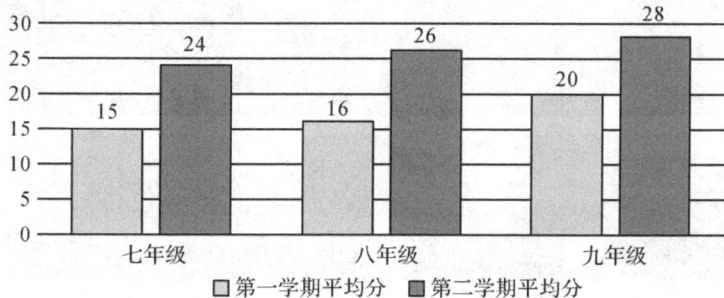

图 14 两个学期美术试卷中美术欣赏部分平均分对比

美术测试卷中美术欣赏知识的分数占全卷的 30％，其中选择填空 10 分，连线题 10 分，作品赏析题 10 分。从数据分析中可以看出，三个年级的测试分数都有大幅度的提升，对于美术欣赏知识的掌握大部分学生是 90％ 以上的正确率，在拓宽了学生中西方美术知识面之外，也提升了学生的美术鉴赏水平，熟练掌握并运用美术欣赏方法。

（二）教师方面

1. 提升教师专业水平发展

通过本课题的研究，针对如何激发学生的美术欣赏课学习兴趣的问题有了很好的解决方法，教师的美术欣赏课也形成了一定的教学方法体系，从课堂内外充分激发学生的兴趣，提高美术欣赏课堂的教学质量。一年的教学实践也提升了教师的专业知识，从一开始对教材内容的不熟悉到深入了解，慢慢走近美术作品和画家背后的故事，从一名学者到故事的讲述者，教师在对学生进行培养的同时，自己也获得了专业的发展。

2. 教学案例的生成和公开课的开展

通过本课题一年多的探究，对初中三年的美术欣赏课进行了梳理和实践，对具有代表性的课程进行案例分析，并通过公开课的展示积累了一些经验，在许多次试课之后，寻求到了适合本节课的教学方法，既提高了课堂的教学效率，也激发了学生的学习兴趣、培养了学生的积极性。

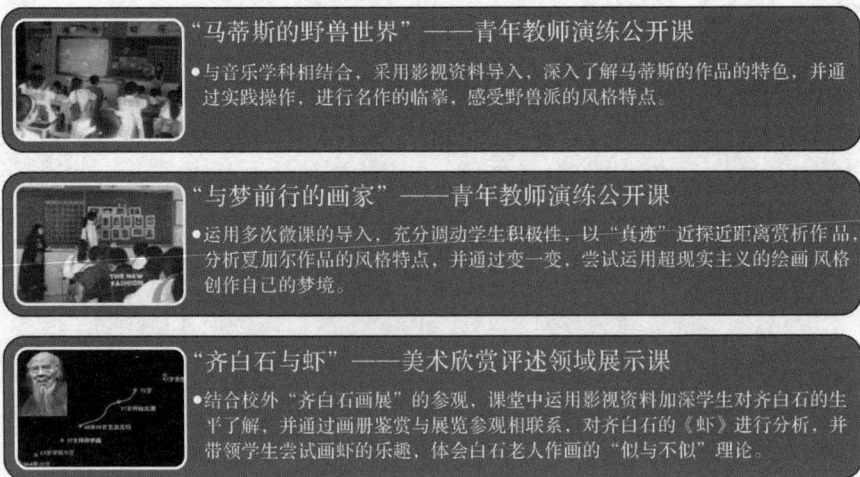

"马蒂斯的野兽世界"——青年教师演练公开课
● 与音乐学科相结合，采用影视资料导入，深入了解马蒂斯的作品的特色，并通过实践操作，进行名作的临摹，感受野兽派的风格特点。

"与梦前行的画家"——青年教师演练公开课
● 运用多次微课的导入，充分调动学生积极性，以"真迹"近距离赏析作品，分析夏加尔作品的风格特点，并通过变一变，尝试运用超现实主义的绘画风格创作自己的梦境。

"齐白石与虾"——美术欣赏评述领域展示课
● 结合校外"齐白石画展"的参观，课堂中运用影视资料加深学生对齐白石的生平了解，并通过画册鉴赏与展览参观相联系，对齐白石的《虾》进行分析，并带领学生尝试画虾的乐趣，体会白石老人作画的"似与不似"理论。

图 15　美术欣赏公开课案例

以上只是美术欣赏课程教学实践中的三节课,虽然不能代表全部初中阶段的欣赏课,但激发学生兴趣的教学方法是互通的。本课题所提出的有效教学方法能够激发学生学习美术欣赏课的兴趣,但也要辅助于学校和老师对于欣赏平台的搭建,这一年中,学校致力于美术欣赏氛围的创建,校园文化建设、师生参展活动的开展、相关竞赛的举办等,都为美术欣赏课程的开展提供了有利的条件。

五、反思

随着美术新课改的实施,美育在初中教学中的地位越来越重要,美术学科也因此成为初中教育的必修课程之一。而作为美术课程体系中的"欣赏·评述"领域对于提升学生的综合素质,促进学生素质的全面发展有着重要的意义。本文针对美术欣赏课中出现的问题,简要地分析了美术欣赏课有效的教学策略。

我想在实际的美术课堂教学中,还能挖掘出很多新颖有效的教学方式,作为美术教师,要不断地学习与探索,巧妙地安排教学活动,为学生营造一个舒适、轻松、有趣的学习氛围。在今后美术教学工作中,如何提高学生美术欣赏能力,改善艺术水平的参差不齐以及培养学生的审美能力,是今后美术教育教学中教师必须不断研究和探索的问题。

参考文献:

[1] 陈颜. 初中美术欣赏课教学的实践与探索[J]. 新课程导学,2011(20).

[2] 周小山,严先元. 新课程的教学策略与方法[M]. 成都:四川大学出版社,2003.

[3] 杨建滨. 中学美术新课程教学论[M]. 北京:高等教育出版社,2003.

[4] 尹少淳. 美术课程标准解读(实验稿)[M]. 北京:北京师范大学出版社,2002.

[5] 吴莉辉. 如何增强初中美术欣赏课的教学效果[J],学园(教育科研),2012(16).

[6] 李碧芬. 初中美术课"欣赏·评述"教学的几点探索[J],考试周刊,2011(53).